知识产权法律与政策前沿问题研究丛书

主编　王迁

U0601724

新技术环境下
合理使用制度的困境与出路

以转换性使用的理解与适用为视角

袁　锋　著

中国人民大学出版社

·北京·

总　序

　　"坐觉苍茫万古意，远自荒烟落日之中来！"

　　知识产权制度是人类文明程度和技术水平发展到一定阶段的产物。为了促进创新，各国大都通过立法创设知识产权，对智力创造成果进行鼓励和保护。自威尼斯 1474 年颁布第一部具有现代意义的专利法以来，世界知识产权制度已经走过了五百多年的历史。如果说 20 世纪以前知识产权制度是一个发展缓慢的、远离法律舞台中央的领域，那么进入 20 世纪，知识产权制度的发展之快可谓日新月异，重要性日益提升，这一制度已成为法律前沿领域。这与全球科技、经济的飞速进步密不可分。20 世纪中后期以来，伴随着以信息为基础的高新技术的快速发展，各国经济和文化交往日益密切，人们迎来了一个以知识为基础经济的崭新时代。随着知识产权保护客体范围和内容的不断扩大和深化，知识产权的地域性在一定程度上被削弱，知识产权法律关系也日益国际化。知识产权日益成为一个企业乃至国家发展的重要战略资源和国际竞争力的重要体现，成为创新创造的关键因素，凸显出前所未有的重要地位。

　　对我国而言，知识产权的最初设立是基于国际压力而被动式立法，但随着国际经济一体化进程的加快，我国越来越认识到知识产权对经济社会发展和科学技术进步的重要性，进而开始主动对知识产权制度进行规划和调整。我国知识产权法制建设的重点也已经由单纯回应外部压力，升格为提升国际规则话语权、改善营商环境和促进本国产业创新发展。党的十八大提出了"加强知识产权保护"的重大命题；党的十八届三中全会则进一步提出了"加强知识产权运用和保护"的指导方针；在党的十九大报告中，习近平总书记强调"倡导创新文化，强化知识产权创造、保护、运用"。在2020年11月30日中共中央政治局举行的集体学习中，习近平总书记更是将知识产权保护工作的重要性提到了前所未有的战略高度：知识产权保护工作关系国家治理体系和治理能力现代化，关系高质量发展，关系人民生活幸福，关系国家对外开放大局，关系国家安全。要加强知识产权保护工作顶层设计，要提高知识产权保护工作法治化水平，要强化知识产权全链条保护，要深化知识产权保护工作体制机制改革，要统筹推进知识产权领域国际合作和竞争，要维护知识产权领域国家安全，进而赋予了新时代知识产权工作新的历史使命。国家"十四五"规划和2035年远景目标也再次强调，要加强知识产权保护，大幅提高科技成果转移转化成效。

在党中央的高度重视下，我国知识产权法律制度进入了快速发展时期，这体现在：一方面，知识产权立法逐步完善，知识产权制度体系逐步健全。如1982年《商标法》制定以来至今已经完成四次修改；1984年《专利法》制定以来至今已经完成四次修改；1990年《著作权法》制定以来至今已经完成三次修改。与此同时，相关法律的配套条例、细则及大量司法解释陆续发布，使知识产权保护规则日益精细。另一方面，我国积极参与知识产权领域的国际合作。1980年，我国加入世界知识产权组织，后来又陆续加入《保护工业产权巴黎公约》《商标国际注册马德里协定》《保护文学和艺术作品伯尔尼公约》等一系列国际公约，以及世界贸易组织的《与贸易有关的知识产权协定》。在新形势下，我国进一步参与世界知识产权组织框架下的全球知识产权治理，在形成新的国际知识产权规则中发出中国声音。2012年，世界知识产权组织保护音像表演外交会议在北京举行。我国发挥积极作用，协调促成几个有争议问题的解决，成功缔结《视听表演北京条约》，充分反映包括中国在内的广大发展中国家的诉求，大大提升了中国在知识产权国际合作方面的影响力。未来我国将更加主动地参与知识产权保护国际条约和国际协定的谈判协商，推动全球知识产权保护合作走深走实。

知识产权法律与政策的制定不但是各国利益博弈和立法的产物，而且离不开理论研究的支撑。新技术条件下，知识产权法面临各种问题与挑战，例如人工智能等新技术和媒体融合等新业态不断出现和变化，越来越多的普通人参与创作并积极传播创作成果，各种新型侵权行为也层出不穷。这些对知识产权的保护提出了新的课题。深入研究知识产权保护方面的最新问题，加强知识产权法律与政策的制定，促进知识产权的保护和运用，已经成为当前法学领域理论研究的前沿。所有这些问题都亟待学术理论界的关注和解决，也亟须学术界对理论研究进行创新，进而为我国知识产权创新驱动战略的实施提供有益指引。据此，本丛书以"知识产权法律与政策前沿问题研究"为主题，组织一批知识产权领域的学者和法官撰写专著。这些作者或是崭露头角的青年才俊，或是具有丰富审判经验、善于理论联系实际的法官。他们长期关注知识产权法领域的前沿问题，具有较为深厚的理论功底和专业素养，对国外知识产权制度的发展历程和国内司法实践中的最新动态了然于心。据此，本丛书是他们对知识产权前沿理论和实践问题进行深入探索的成果，反映了他们对知识产权各领域问题的思考，包括著作权法、专利法、商标法等。他们将通过理论创新，为解决知识产权领域的重大疑难问题建言献策。

此外，"知识产权法律与政策前沿问题研究丛书"的出版也依托于华东政法大学知识产权法律与政策研究院。华东政法大学知识产权法律与政策研究院成立于 2015 年 4 月，致力于对知识产权立法问题、执法问题和知识产权国际应对问题的研究，是集学术问题研究、科研人才培养、国际谈判应对、立法决策咨询四项功能为一体的综合性科研机构。知识产权法律与政策研究院承担国家版权局等部门委托的大量研究任务，为其提供研究报告和咨询意见，承担与《著作权法》修改及国际条约谈判有关的大量研究课题。

德国著名的作家和哲学家费希特在其《论学者的使命》一文中谈道，学者的真正使命在于，"高度注视人类一般的实际发展进程，并经常促进这种发展进程"。学者的进步决定着人类其他领域的进步，"他应当永远走在其他领域的前头"。我想每一位知识产权学者都应高度关注知识产权领域的前沿动态，并将其最深刻的哲思跃然于纸上，奉献给社会，帮助引导知识产权法制朝着科学、理性和公平的方向发展。如此这般，实现建设创新型社会的宏伟蓝图指日可待。这也是本丛书希望完成的使命。

王　迁

2021 年 6 月 1 日于上海

谨以此书献给我最敬爱的曾祖母林德金、爷爷陈汉史、外婆马才香以及外公袁绍岳

目　　录

绪　论

著作权合理使用制度肇始于 18 世纪中期，英国法院在审判实践当中所总结归纳的"合理节略原则"① （fair abridgment doctrine），而后被各国著作权法所吸收，成为著作权法当中的一项核心原则。但合理使用并不只是侵权抗辩，相反，它是平衡创作者和使用者利益，保证公众在著作权界限内自由呼吸的重要工具，因而合理使用制度的构建绝非那么简单。作为著作权法中实现各方利益的调节器，其精心设置的利益平衡机制经常会因技术、经济等方面的发展而被打破，再加上其本身概念的不确定性，使其成为"整部著作权法中最难处理的问题"②。而作为合理使用核心的"转换性使用"更是著作权领域中复杂、令人困惑的难题。

---

① Deazley R. , On the Origin of the Right to Copy: Charting the Movement of Copyright Law in Eighteenth Century Britain （1695—1775）, Hart Publishing, 2004: 82-84.

② Oellar v. Samueloold wynxne, 104 FZd 661, 662 (Zdeir. 1939).

"转换性使用"①（transformative use）最初是由美国法院在司法实践中通过大量司法判例的总结和归纳所发展出来的，是用于判断是否构成合理使用的一个考量因素。美国判例法表明，美国《版权法》第107条规定判断合理使用四要素中的第一个要素"使用的目的和性质"，不仅包括"商业目的"的考量，更为重要的是包括"转换性使用"的考量，甚至有法官和学者认为"转换性使用"是合理使用判断中最为重要的要素。至于"转换性使用"的内涵，由于美国版权法并未对其予以明文规定，因而对其界定大多散见于美国法官的论述当中。② 王迁教授通过对美国案例的总结和归纳，对此提出了精辟的论述：所谓"转换性使用"指的是对原作品的使用并非为了单纯地再现原作品本身的文学、艺术价值或者实现其内在功能或目的，而是通过增加新的美学内容、新的视角、新的理念或通过其他方式，使原作品在被使用过程中具有了新的价值、功能或性质，从而改变了其原先的功能或目的。③ "转换性使用"作为美国衡量合理使用的卓有成效的标准，其影响范围已远超本土范围，越来越多的国家和地区开始借鉴美国的"转换性使用"规则，例如新加坡④等。

近几年来，由于我国网络技术的空前发展和商业模式的日新月异，作品传播形态和利用方式愈加多样化，纷至沓来的是愈加复杂的著作权利益

---

① 对于"transformative use"的翻译，国内有诸多译法，例如李雨峰教授将其翻译为"改造性使用"（李雨峰、张体锐：《滑稽模仿引发的著作权问题》，载《人民司法》2011年第17期，第101页，吴汉东教授将其翻译为"变异性使用"（吴汉东：《著作权合理使用制度研究》，中国人民大学出版社2013年版，第173页），王迁教授将其翻译为"转换性使用"（王迁：《著作权法》，中国人民大学出版社2023年版，第410页）。本书以为"转换性使用"的译法较为准确地表达了"transformative use"的内涵。

② 例如，皮埃尔·莱瓦尔（Leval）法官认为，"转换性使用"即如果对原作品的后续利用过程中添加了新的信息（information）、美感（aesthetics）、洞察力（insights）和理解（understandings），那么此种使用便是丰富社会知识财富的合理使用行为。See Pierre N. Leval, Toward a Fair Use Standard 103 Harv. L. Rev. 1105, 1111 (1990). 再如，"Campbell案"的Souter的法官则认为，如果对原作品的使用是有更进一步的目的或新的性质，加入了新的表达、新的意义或信息，那么该使用则构成"转换性使用"。Campbell v. Acuff-Rose Music, 510 U. S. 569, 579 (1994).

③ 参见王迁：《著作权法》，中国人民大学出版社2023年版，第410页。

④ See Tan D., The Transformative Use Doctrine and Fair Dealing in Singapore: Understanding the "Purpose and Character" of Appropriation Art, Singapore Academy of Law Journal, 2012, 24: 832 - 866.

纠纷，传统合理使用制度在新技术时代的适应性问题显得愈发突出和严峻。当前司法实践中，几类新型技术问题对传统合理使用制度带来了冲击，包括搜索引擎快照侵权案例、数字图书馆侵权案例、短视频侵权案件、游戏直播侵权案例等类型案例，其中尤以文本与数据挖掘（Text and Data Mining，以下简称为"TDM"）著作权侵权争议、短视频侵权案例以及网络游戏直播侵权案例最为典型。就 TDM 著作权侵权案而言，从 TDM 的技术原理来看，相关主体通过获取纸质复制件或数字化内容，撷取内容而形成可挖掘的复制件内容，并经对格式的适当调整后存入数据库，进而对数据库的数据进行分析利用，形成可视化成果。这就涉及对一些构成作品的文本和数据未经许可的使用。当前国内外也爆发了一系列相关著作权纠纷，例如荷兰的"Anne Frank's Diary 案"①、美国的"Authors Guild v. HathiTrust 案"②、"Authors Guild v. Google 案"③ 以及我国的"王某诉谷歌案"④。就短视频侵权案例而言，近年来，网络短视频技术和行业的爆炸式发展，极大释放了普通民众文化创造的能量和价值。克里斯·安德森称之为"创客"力量的崛起。⑤ 然而大量网络用户或自媒体创作者在制作短视频时，往往未经著作权人许可而使用相关影视剧的内容，并对其进行一定程度的"恶搞"，或者穿插个人对影视剧的评论和说明，进而引发了一系列著作权纠纷。例如 2019 年 7 月 31 日，著名自媒体创作者谷阿莫，就因其制作的名为"×分钟带你看完电影"的一系列影评类短视频，而被迪士尼等 5 家影视公司告上法庭。⑥ 再如备受争议的"《三生三世十里桃花》图解电影案"⑦，以及"杭州菲助科技有限公司诉培生（北京）管理咨询有限公司案"等也涉及对网络短视频的加工利用是

---

① Anne Frank's Diary Case，Rechtbank Amsterdam，C/13/583257HA ZA 15－270.

② Authors Guild v. Hathi Trust，755 F. 3d 87 （2nd Cir. 2014）.

③ Authors Guild, Inc. v. Google Inc. ，804 F. 3d 202 （2d Cir. 2015）.

④ 北京市高级人民法院（2013）高民终字第 1221 号民事判决书。

⑤ 参见［美］克里斯·安德森：《创客：新工业革命》，萧潇译，中信出版社 2015 年版，第 30 页。

⑥ 参见殷维：《谷阿莫被迪士尼等 5 家公司起诉侵权》，http：//www. myzaker. com/article/5d424d901bc8e0bc5500008d/（访问日期：2024 年 9 月 2 日）。

⑦ 北京互联网法院（2019）京 0491 民初 663 号民事判决书。

否构成合理使用。① 就网络游戏直播侵权类案例而言，网络游戏直播技术和产业的迅猛发展，使游戏玩家或主播能够真正突破时间和空间的限制，面向广大网络群体开展游戏直播活动。然而游戏玩家或主播往往是未经游戏开发商的许可，对其享有著作权的游戏画面进行直播，这引起了游戏开发商的极大不满。我国近几年爆发的"耀宇诉斗鱼案"、"腾讯诉今日头条等三公司游戏直播案"、"梦幻西游直播案"以及"王者荣耀直播案"更是将这一争议推上了风口浪尖之地。②

上述问题与分歧的根源在于：我国著作权合理使用制度的构造设计大多源于 20 世纪末期的《伯尔尼公约》和《与贸易有关的知识产权协定》（以下简称 TRIPs）规定，将合理使用情形予以非常具体的列举，而我国《著作权法》第 24 条所明确列举的 12 种情形并不包含 TDM、网络短视频改编和网络游戏直播行为等涉及新技术的使用行为。因而受制于 20 世纪时代背景和技术条件的我国合理使用制度，已经无法满足当前的实践需要，也无法跟上技术发展的步伐，对此应该适时进行理论和制度更新。本书以为对于深陷技术"藩篱"的合理使用制度而言，肇始于美国并在司法实践中日趋成熟的转换性使用理论，可以成为解决这些新型疑难问题的关键。近几年来，随着我国相关判例的累积，例如搜索引擎提供的快照服务、滑稽模仿、游戏直播等类型案例也反映了我国司法实践中对"转换性使用"理论的需求。事实上，我国法院为适应审判案例的需要早已在司法实践中适用"转换性使用"规则。例如"梦幻西游直播案"③、"杭州菲助科技有限公司诉培生（北京）管理咨询有限公司案"④、"《鬼吹灯》游戏侵权案"⑤、"向某红与中国电影股份有限公司等著作权侵权案"⑥、"王某诉谷歌案"⑦、

---

① 参见北京知识产权法院（2019）京 73 民终 3534 号民事判决书。

② 参见上海市浦东新区人民法院（2015）浦民三（知）初字第 191 号民事判决书，广州知识产权法院（2019）粤 73 知民初 141 号民事判决书，广东省高级人民法院（2018）粤民终 137 号民事判决书，重庆市第一中级人民法院（2021）渝 01 民终 3805 号民事判决书。

③ 广东省高级人民法院（2018）粤民终 137 号民事判决书。

④ 北京知识产权法院（2019）京 73 民终 3573 号民事判决书。

⑤ 上海知识产权法院（2017）沪 73 民终 324 号民事判决书。

⑥ 北京市朝阳区人民法院（2016）京 0105 民初 50488 号民事判决书。

⑦ 北京市高级人民法院（2013）高民终字第 1221 号民事判决书。

"马某明与广州网易计算机系统有限公司侵害作品信息网络传播权纠纷案"①、"上海美术电影制片厂与浙江新影年代文化传播有限公司侵权案"②、"李某晖与广州华多网络科技有限公司著作权侵权纠纷诉案"③、"中山医院照片侵权案"④ 等，法院都明确讨论了被告行为的"转换性"。

　　然而与之相反，我国学术界虽有学者对"转换性使用"进行研究，但或者对"转换性使用"理论进行简要介绍或阐述⑤，或者对"转换性使用"的判断和适用进行浅尝辄止的尝试⑥，尚未有学者对"转换性使用"规则进行系统和内涵性的解构，尤其对"转换性使用"的具体判断和适用进行细致分析的研究付之阙如。这不仅使我国理论界和实务界对"转换性使用"的认识和理解存在较大分歧，而且也使法院在处理相关问题时缺乏必要的审判标尺。例如针对近年来我国司法实践中涌现的一些新型使用行为，如未经许可对游戏进行直播的定性，一些法院未对"转换性使用"理论予以充分重视，导致相关判决的错误定位，实为遗憾。⑦ 而美国近些年来所出现的几个争议案例，如"Google v. Dracle 案"、"Authors Guild v. Google 案"以及"高德史密斯（Goldsmith）案"等，表明美国法院对"转换性使用"的解释有逐步扩大的趋势，也使得美国版权法理论界和实务界对"转换性使用"的理解和适用争议不断，莫衷一是。因而在这样的学术背景和司法形势下，对新技术环境下"转换性使用"的理解和适用进

---

① 　上海市浦东新区人民法院（2016）沪 0115 民初 88366 号民事判决书。
② 　上海知识产权法院民事判决书（2015）沪知民终字第 730 号民事判决书。
③ 　广州知识产权法院（2017）粤 73 民终 85 号民事判决书。
④ 　广东省佛山市中级人民法院（2015）佛中法知民终字第 159 号民事判决书。
⑤ 　例如朱泮子美：《我国转换性使用规则适用的类型化解析与问题应对》，载《西部学刊》2024 年第 9 期；周贺微：《美国转换性使用转型及对我国的借鉴》，载《新闻界》2019 年第 4 期；罗娇、严之：《著作权合理使用的转换性使用理论研究》，载《人民法治》2018 年第 9 期；谢琳：《论著作权转换性使用之非转换性》，载《学术研究》2017 年第 9 期。
⑥ 　例如金海军：《合理使用认定中"转换性使用"的重新界定——基于"戈德史密斯案"的思考》，载《中国版权》2024 年第 2 期；李杨：《著作权侵权认定中的转换性使用理论适用阐释》，载《北方法学》2023 年第 3 期；华劼：《版权转换性使用规则研究——以挪用艺术的合理使用判定为视角》，载《科技与法律》2019 年第 4 期；孟奇勋、李晓钰、苑大超：《转换性使用规则的判定标准及其完善路径》，载《武汉理工大学学报（社会科学版）》2019 年第 4 期；杨莹：《合理使用裁判中"转换性使用"标准适用》，载《中国出版》2018 年第 18 期。
⑦ 　参见王迁：《电子游戏直播的著作权问题研究》，载《电子知识产权》2016 年第 2 期。

行研究，其理论价值和现实意义日益凸显。新技术语境下的法律叙事已经到来，著作权理论和制度必须作出足够的应对。虽然"学者并非算命先生，预言未来既非其所长，亦非其当为"①，但面对不间断的变化，我们要作出选择：或者对现实条件作出反应，或者对未来可能发生的结果进行计划。② 对新技术环境下著作权合理使用制度的问题，不是"依凭着蓍草和铜钱的占卜艺术"③，而是立足于对其技术发展趋势的梳理和对当下种种现象作出合理解释并进行前瞻性应对，这也是本书的立意所在。

---

① 胡波：《共享模式与知识产权的未来发展——兼评"知识产权替代模式说"》，载《法制与社会发展》2013 年第 4 期。

② 参见郭民生：《未来知识产权制度的愿景》，知识产权出版社 2008 年版，第 186 页。

③ 胡波：《共享模式与知识产权的未来发展——兼评"知识产权替代模式说"》，载《法制与社会发展》2013 年第 4 期。

第一章 | 转换性使用的基础理论

　　"转换性使用"的基础理论是本书研究的逻辑起点，也是探讨下述诸问题的基础，因而有必要首先对其予以明晰。而要理解"转换性使用"理论的内涵与创设意义，追根溯源，梳理该制度的历史演进脉络无疑是最好的解答。早在 1861 年威廉·阿诺德就曾指出，"历史就是法律的本源，法律就是历史的本源"①。著名的制度经济学家道格拉斯·C. 诺思也曾告诫我们，"历史的重要性不仅在于我们可以从过去获得教益，而且在于现在与未来是通过社会制度的连续性与过去连结起来"②。关于"转换性使用"的许多问题唯有追溯过去才能得到解决，历史研究有着最为天然而直接的解释力，结论和判断蕴含在历史的事实之中。据此，本书首先将"转换性使用"作为一种历史和现实存在进行研究，试图从历史的角度追寻"转换性使用"理论的产生和发展历程，以增进对"转换性使用"理论的认识与思考。

---

　　① ［美］詹姆斯·W. 汤普逊：《中世纪晚期欧洲经济社会史》，徐家玲等译，商务印书馆1992 年版，第 587 页。
　　② ［美］道格拉斯·C. 诺思：《制度、制度变迁与经济绩效》，杭行译，格致出版社 2008 年版，第 123 页。

第一节　"转换性使用"理论的起源

一、合理使用制度的产生及问题

著作权法授予创作者对其作品复制的专有控制权，从而为他们提供经济激励，鼓励他们制作信息丰富、知识性强的内容供公众消费。而著作权合理使用制度是各国著作权法当中的一项核心原则，赋予著作权人以外的主体有限的特权，使其可以在不征得著作权人明确同意的情况下，以合理的方式使用受著作权保护的材料。① 合理使用并不只是抗辩，相反，它是基于一些社会政策考量，满足社会对知识和信息需要，保障公众在著作权范围内自由使用的重要工具。因而合理使用制度的构建并非易事，其本身概念的不确定性以及其所肩负的公共使命，使其在技术、文化、经济等复杂因素中不断磨砺，成为著作权法中争议最大且"最难处理的议题"②。

从历史的起源来看，著作权合理使用制度肇始于 18 世纪中期英国法院在审判实践当中总结归纳的"合理节略原则"（fair abridgment doctrine）。在 18 世纪，英国社会上普遍存在一种名为节略（abridgement）的行为，其实质是对长篇作品的缩写或概括，但其合法性一直引发争议。作为世界历史上第一部现代性的著作权法，《安妮女王法》仅赋予著作权人以"机械复制权"（mechanical acts of reproduction），其主要规范的是"擅自印刷、重印和出版"的行为。由于文化活动的大量增多，文化产业快速发展，大量节略作品的出现损害了原创作者的利益，相关纠纷接踵而至。据考证，最早的合理使用案例可追溯至英国 1741 年"Gyles v. Wilcox 案"中对书籍"节略"（abridgement）问题的争议。在本案中，原告盖尔斯（Gyles）

---

① Feliú V. , Lida J. Quo Vadis, Fair Use? The Future of Fair Use After the Warhol Decision, available at https：//ssrn. com/abstract=4780474，http：//dx. doi. org/10. 2139/ssrn. 4780474 (last visted on Sep. 1st, 2024).

② Oellar v. Samueloold wynxne, 104 FZd 661, 662 (Zdeir. 1939).

享有涉案作品的独家出版权，但在原告出版涉案作品之后，被告威尔科克斯（Wilcox）等人对涉案作品进行了节略，并以新的书名投入出版。原告认为被告的节略几乎是对原作品逐字逐句的复制，只做了很小的改动，因此侵犯了自己的著作权。审理该案的是衡平法院大法官哈德威克（Hardwicke），其认为对书籍"节略"行为不同于机械复制，能够衍生出有别于原作的新作品，将有利于促进公共利益。① 在具体判断上主要参考"（1）真实而合理的节略、摘用有著作权的作品，将不承担侵权责任；（2）允许此类节略、使用在于其具有创新、学习和评论的意义。但该判例未能阐明'合理节略'的理由，亦未对摘用的'真实性、合理性'的标准作出说明。"② 需要注意的是，法院在做出此判决的时候，当时的成文法并没有授权除著作权人之外的第三人进行这样的节略。这一合理节略的权利是司法实践中的一个创造，它害怕如果判决被告侵权，依赖于原作而产生的利益就会消失。为了避免这种损失，法官在这一案件中虚构了一个"节略本是一个新作品"事实，就其本意而言，这一虚构的目的，像原创性作品一样，也在于促进学识进步。③

自18世纪中叶起，英国开始陆续处理有关节略问题的著作权争议。到了1803年，在"Cary v. Kearsley案"中，法院第一次使用"合理的使用"（used fairly）代替"合理节略"。在这一案件中，原告为《道路指南》一书的作者，被告在另一本书中对某些地名和距离的描述与原告书中的内容相同。法院认为："道路距离如此准确，两部作品必然相同。原告作品印刷错漏之处，被告作出自己的观察后已有多次纠正，因此不能视为侵权。"法官指出"合理节略"仅指对作品节略、缩写，而"合理的使用"则意味着对他人作品提供的材料有着完全崭新的创造，由此而产生对公众有益的新作品。④ 从1807年到1839年的诸多案例中可得，英国法官关于合理使用的思想逐渐成熟，他们开始使用"合理利用"（fair dealing）的

---

① Gyles v. Wilcox（1740）26 ER 489.

② William F. Patry, Fair Use Privilege in Copyright Law, at 6, 10, 13, 15, 17, 1986. 转引自吴汉东：《论合理使用》，载《法学研究》1995年第4期。

③ William F. Patry, Fair Use Privilege in Copyright Law, the Bureau of National Affairs, Inc., 1995, at 3. 转引自李雨峰：《表达自由与合理使用制度》，载《电子知识产权》2006年第5期。

④ Cary v. Kearsley, 4 Esp. 168（1802）.

概念，以表明引用他人享有著作版权的作品而进行新的创作的合理性，反对简单的复制，从而完全脱离了"合理节略"的原意（如 1839 年"Lewis v. Fullarton 案"①）；他们注意到合理使用必须以尊重作者权益为前提，即引用他人作品而创制的新作品不得挤占原作的市场（1807 年"Roworth v. Wilkes 案"②），引用他人作品必须有数量的限制和对价值的考虑（1836 年"Bramwell v. Halcomb 案"③）。④

之后英国合理节略的相关案例和规则被引入美国，进而影响了美国合理使用制度的构建。美国著名的大法官约瑟夫·斯托里（Joseph Story）在 1841 年的"Folsom v. Marsh 案"中，通过对英国早期判例的总结和分析，归纳出了美国判断合理使用的多要素法。在该案中，被告出版了两卷共计 866 页的乔治·华盛顿传记，其中从原告十二卷的传记中复制了 353 页的内容，对原作享有版权的出版商向法院起诉被告侵犯其版权权利。被告承认上述事实但辩称其使用的作品并不受版权保护，并且即使这些作品受版权保护，被告对原作品的使用也是公平的，因为根据判例，被告所创造出来的作品在本质上是新的作品。斯托里法官将英国判例法中关于合理节略的规则运用于该案，不仅极大扩大了版权人的权利范畴，还创造性地提出了合理使用的三要素规则，使得合理使用制度的雏形形成。斯托里法官提出的三要素分别为：（1）使用作品的性质与目的；（2）引用作品的数量和价值；（3）引用对原作市场销售、存在价值的影响程度。⑤ 而后"合理使用"的概念开始成为美国版权司法的一种默示限制而存在，直到美国 1976 年版权法充分吸收了斯托里法官的"三要素"分析法，并正式确立了美国合理使用判断的"四要素"标准：（1）使用的目的和性质；（2）使用作品的性质；（3）使用作品的数量和质量；（4）使用行为对作品价值和潜在市场的影响。美国 1976 年版权法第 107 条所规定的合理使用条款，一方面，将合理使用确立为一项稳定、独特的法律原则，适用于使用者使

① Lewis v. Fullarton，(1839) 2 Beav. 6；48 ER 1080.
② Roworth v. Wilkes，1 Camp. 94.
③ Bramwell v. Halcomb (1836) 2 My & Cr 737.
④ See William F. Patry，"Fair Use Privilege in Copyright Law"，at 6，10，13，15，17，1986. 转引自吴汉东：《论合理使用》，载《法学研究》1995 年第 4 期。
⑤ 吴汉东：《著作权合理使用研究》，中国政法大学出版社 1996 年版，第 16 页。

用版权表达的情况，否则将侵犯版权所有者的专有权；另一方面，规定了法院在分析合理使用时应该要考虑的四个因素。

美国 1976 年版权法国会立法报告指出，国会将合理使用原则编纂成文，部分是为让法院更容易理解该原则。第 107 条对合理使用原则的陈述只是为使用者确定何时适用该原则提供一些指导，而并不意在制定明确的规则，因为特定情况下可能会出现无穷无尽、难以预料的情况和组合。立法者赞同合理使用的目的和一般范围，但不希望僵化与限制该理论，特别是在技术快速发展的时期，除对何为合理使用和适用于它的一些标准进行非常广泛的法定解释外，法院还必须根据个案自由调整该理论以应对特殊情况。第 107 条旨在将目前合理使用的司法理论成文化，而非以任何方式改变、缩小或扩大。① 从国会立法报告可看出美国立法机关将合理使用原则设计为一种开放式的规范，由法院进一步具化，没有明确统一的规则，让法院依不同新的特定情况适用该规则。② 一方面，这体现了美国立法机关和法院间的分工，将法官制定的合理使用标准编纂入法，仅提供合理使用非常广泛的法定解释，但不减损法院的审判权力，保留法院的司法规则制定权，允许法官根据不同的个案调整该原则。另一方面，立法机关也充分认识到，合理使用案件非常复杂，立法者无法为每一个可能发生的版权纠纷案件编撰明确而又统一的规则，只能制定一个灵活的标准，法院通过适用这一标准，来应对社会的发展和技术的变化。因而合理使用的适用绝非一直维持现状，而是因案制宜。③

但美国合理使用制度是结合个案的要素分析法，因而排除了法律以公式的方式精确表达这些规则的可能性④，增加了司法成本，难以在事前予以预测，同时四要素本身具有高度的抽象性，不同法院对各个要素的理解

① See Litman J. D., Copyright Compromise and Legislative History, Cornell L. Rev., 1986，72：857.

② See Elkin-Koren N., Fischman-Afori O. Rulifying Fair Use, Ariz. L. Rev., 2017，59：161.

③ See Sag M., God in the Machine: A New Structural Analysis of Copyright's Fair Use Doctrine, Mich. Telecomm. & Tech. L. Rev., 2004，11：381.

④ 参见［美］阿瑟·R. 米勒、迈克尔·H. 戴维斯：《知识产权概要》，周林、孙建红、张灏译，中国社会科学出版社 1997 年版，第 232 页。

和认识并不统一，在美国司法实践当中经常发生同案不同判的判例，这使得合理使用在司法审判中具有强烈的不确定性。"法院未能解释如何区分侵权复制和合理使用复制。法院往往是凭直觉做出决定的，没有任何真正的解释。法律的混乱在很大程度上是由于高等法院的粗心大意造成的。法院毫无必要地提出了许多无益、分散注意力、适得其反的主张，这些主张与具体案件的结果毫无关系，却造成了无尽的混乱和伤害。"① 美国 1976 年版权法国会立法报告也曾明确指出：虽然法院曾一次又一次地对合理使用学说做出考虑与判决，却没有对其形成真正的定义。事实上，因为该学说属于衡平法上的合理性规则，不可能有可普遍适用的定义，且每一件引发问题的个案都必须依其自身的事实做出决定。② 正如斯托里法官在审理 1841 年的 "Folsom v. Marsh 案"中所言，"合理使用制度是一个复杂而令人困惑的问题，对其运用不但无法轻易获得一个令人满意的结论，也无法总结归纳出一套适用于所有案例的通用规则"③。

二、"创造性使用"与"转换性使用"的渊源

即便是 1841 年斯托里法官对合理使用的总结以及 1976 年美国版权法对这些规则的成文化也并未对合理使用原则的内涵和目标进行阐释，因而也无法阻止美国合理使用审判实践的乱象。尤其是合理使用第一项要素"使用目的和性质"在个案运用时，许多法官产生了较大的分歧，即便是美国联邦最高法院也常常做出相左的判决。时任纽约南区地方法院的皮埃尔·莱瓦尔（Pierre Leval）法官却认为，合理使用的认定并非没有价值导向而是具有清晰的指引规则。为纠正美国过往合理使用纠纷的司法乱象，莱瓦尔法官通过对自己多年审判实践的总结，在 1990 年《哈佛法律评论》（Harvard Law Review）发表的《合理使用标准》（*Toward a Fair Use Standard*）中首次提出了"转换性使用"理论。他认为，"合理使用不应该视为是版权规则例外的混乱不堪的篮子，更不应该视为是管制法律主体

---

① Leval P. N. ，Campbell as Fair Use Blueprint，Wash. L. Rev. ，2015，90：597.
② See H. R. Rep. ，No. 94 - 1476.
③ Folsom v. Marsh，9. F. Cas. 342，345（C. C. D. Mass. 1841）.

原则的背离，而是版权法当中一个更加理性的、整体的部分，其本身是为了实现法律目的的必要"①。莱瓦尔法官从当时司法实践中零星散见的"创造性使用"（productive use）（或有学者称其为"生产性使用"）原则中获得启示，进而首次提出了转换性使用（transformative use）的概念。事实上，直接刺激莱瓦尔法官提出转换性使用理论的动因，与当时美国联邦最高法院审理的两个重要案例有关。

第一个案例便是直接涉及"创造性使用"问题的"Sony 案"。虽然美国版权学界对"创造性使用"的起源有不少疑义，有学者认为这一概念最初来源于一份学生笔记②，但主流观点还是认为，"创造性使用"最初来源于美国学者塞尔茨（Leon E. Seltzer）在 1978 年发表的一部著作③，随后被司法实践所借鉴和采纳④，并且在 1981 年美国历史上著名的"Sony 案"中被完整阐述并使用。该案原告环球城市制片公司与迪士尼制片公司合作，拥有大量电影作品的版权。他们通过授权影院放映、授权在有线电视和网络电视上有限播放、联合地方电视台重播节目以及营销预录录像带或录像磁盘等方式行使自己的权利。该案被告索尼公司在美国推出了一款 Betamax 家用录像机（VTR）。这款家用录像机的使用十分便利，既可以在用户观看某一节目时直接进行录制，又可以在用户观看某一节目时对同一时间的其他节目进行录制，还可以在用户不便观看时预约录制某一节目。在录制时该款家用录像机还能够自动跳过广告部分。因此，该款产品一经推出便广受欢迎，一度风靡美国市场。索尼公司通过各种零售点生产和销售了数百万台 Betamax 录像机。但拥有大量电视节目的版权人环球城市制片公司认为，索尼公司的行为虽然为用户带来福祉，但是是建立在侵害它们版权利益的基础上的，于是就此向法院起诉索尼公司侵权。该案的

---

① Leval P. N. , Toward a Fair Use Standard, Harvard law review, 1990, 103 (5): 1107.

② See Balganesh S. , Menell P S. Going "Beyond" Mere Transformation: Warhol and Reconciliation of the Derivative Work Right and Fair Use, Columbia Journal of Law & the Arts, 2024: 47.

③ See Seltzer L. E. , Exemptions and Fair Use in Copyright: The Exclusive Rights Tensions in the 1976 Copyright Act, Harvard University Press, 1978: 37 - 38.

④ See Shipley D. E. , A Transformative Use Taxonomy: Making Sense of the Transformative Use Standard, Wayne L. Rev. , 2017, 63: 267.

焦点在于，个人用户使用索尼公司产品对受版权法保护的版权作品进行复制的行为是否侵害了版权人的利益。初审法院认为个人用户使用该款家用录像机录制版权节目的行为并不构成版权侵权，因而索尼公司制造、售卖家用录像机的行为也不构成间接侵权。

审理此案的美国联邦第九巡回上诉法院引用了塞尔茨学者的观点，即作为一个门槛事项，合理使用仅适用于对其他作品的"创造性使用"，而不适用于对作品的"内在"使用。① 创造性使用是指不同于原著作权人的使用目的，且出于有利于社会公共利益的目的而对作品进行使用的行为。索尼生产的家庭录像机虽然具有改变观看电视节目的时间的"时移"（time-shifting）功能，但其仅限于家庭内的私人性质的活动，没有社会公共利益价值，因而不构成创造性使用，法院最终否定了其构成合理使用的可能。②

环球公司对此辩称，"创造性使用"是一种非常狭隘的理论，其适用范围非常窄，例如学术、研究、评论或新闻报道，而且仅限于"少量使用的情况下"。美国联邦最高法院最终撤销了上诉法院的审判，并没有采纳"创造性使用"理论。在最终意见中，美国联邦最高法院指出，版权法没有明确规定任何人要对另一方的侵权行为负责。但是，没有这种措辞并不妨碍某些没有直接参与侵权的主体承担责任。要确立替代责任，原告必须证明被告在明知侵权的情况下，诱导、造成或实质上促成了他人的侵权行为。美国联邦最高法院承认用户对 Betamax 家庭录像机的使用不构成侵权，但其主要聚焦于未经授权的"时移"属于合理使用。美国联邦最高法院的分析没有明确关注合理使用的第一要素"使用目的和性质"，且在未作任何解释的情况下，不仅对商业性进行了权衡，还采用了抵消推定。如果 Betamax 被用于以商业或营利为目的制作复制件，这种使用将被推定为不公平，然而私人家庭使用的"时移"显然应被定性为非商业、非营利活动。美国联邦最高法院确实详细阐述了与第四要素相关的标准和证据，认为原告必须证明某种有意义的使用具有损害的可能性。美国联邦最高法院

① See Seltzer L. E., Exemptions and Fair Use in Copyright: The Exclusive Rights Tensions in the 1976 Copyright Act, Harvard University Press, 1978: 37 - 38.

② See Universal City Studios, Inc. v. Sony Corporation of America, 659 F. 2d, 970 (1981).

推定商业使用会造成损害，并指出对于非商业使用而言，需判断如若使用变得普遍是否会损害作品的市场。① 因此，美国联邦最高法院认为，主要用于"时移"目的的 Betamax 家庭录像机并没有对那些将其作品授权给免费电视的版权持有者造成实质性损害，也没有贬低版权内容的价值，因此构成合理使用。法院还认为，仅为合法、非侵权目的而广泛使用产品的发行行为并不构成对他人的侵权。由于录像机具有商业上重要的非侵权用途，从而否定了该案中的共同责任。② 但总的来说，法院显然没有一个合理使用分析的确切理论或一般标准。关于使用的目的和特征，法院拒绝将"创造性使用"作为门槛调查，但却没有留下任何东西来指导未来的分析。法院对第二要素的讨论只是事后的想法，就如何评估一项使用的市场效果提供了有限的指导，该使用依赖于一个现已被放弃的推定，但事实证明该推定适得其反。

在"Sony 案"的最高法院终审判决中，少数派法官布莱克蒙（Blackmun）持反对意见，他支持美国联邦第九巡回上诉法院采纳的"创造性使用"标准，并认为家庭录像机的私人使用无法构成创造性使用，不可能构成合理使用。布莱克蒙法官认为，国会的本意是保护版权所有者免受新技术的影响，而采纳更苛刻的举证标准将无法实现这一目标。要构成创造性使用必须符合两个要件：（1）足够的创造性，即必须是新的作品；（2）有利于实现社会公共利益。③ 但 Betamax 家庭录像机的消费者只是为了其自身的私人目的复制电视节目，而不是为了促进某种新的作品的创新，无法实现社会公共利益价值。同时布莱克蒙法官认为，创造性使用是合理使用的一个可反驳的要求，只要版权所有者提出一些证据，证明创造性使用可能造成损害，使用者就必须反驳这些证据，才能在合理使用诉讼中胜诉。④ 非常有意思的是，虽然美国联邦最高法院终审意见没有采纳"创造性使用"理论，但终审意见也没有对"创造性使用"理论进行了完全否定，因为终

---

① See Sony Corp. of America v. Universal City Studios, Inc., 464 U. S. 417, 451 (1984).

② See Sony Corp. of America v. Universal City Studios, Inc., 464 U. S. 417, 449 (1984).

③ See Sony Corporation of America, et al., v. Universal City Studios, Inc., et al., 464 U. S. 417, 480 (1984).

④ See Sony Corporation of America, et al., v. Universal City Studios, Inc., et al., 464 U. S. 417, 455 (1984).

审意见指出：即便不能适用创造性使用理论来完全决定一项行为是否构成合理使用，但创造性使用有益于平衡著作权法中复杂的利益关系。①

"Sony 案"之后没多久，在美国爆发了另外一个重要案例，即"Harper & Row 案"。虽然此案的裁决并不聚焦于"创造性使用"，但它引发了 Leval 法官对合理使用规则之功能和适用的反思。在"Harper & Row 案"中，出版商拥有福特总统未出版回忆录的版权。一家名为《国家报》（The Nation）的杂志在该回忆录正式发行之前获得了一份副本，并发表了一篇直接引用该回忆录内容的文章，因此引发了这一著作权纠纷。此案涉及对福特总统未出版的自传手稿的利用能否构成合理使用的问题，在当时引发了非常大的争议。美国联邦最高法院在 1985 年对此案作出了判决，最高法院认为，尽管该回忆录是一部事实作品，但对该杂志的逐字复制构成了版权侵权，因为它盗用了原始表达方式。这一具有里程碑意义的判决为逐字复制问题提供了重要指导。

首先，该案的核心争议在于福特总统自传手稿的未出版性质，法院采用了合理使用的默示许可理论，认为这种许可来自作者选择出版的行为。因此，法院将首次出版视为附属的专有权，并增加了新的合理使用推定，禁止使用未出版的作品。最高法院还强调了作者控制其未发表言论的首次公开传播的权利，这一权利通常大于合理使用的主张。② 其次，由于法院认为本案的实质是关于侵犯首次出版权的问题，因此法院根据本案的事实，结合美国《版权法》第 107 条对合理使用四要素都进行了分析。就第一要素"使用的目的和性质"而言，法院虽认定《国家报》的新闻报道构成"创造性使用"，但未深入阐述创造性使用的具体法律含义及其在合理使用判断中的权重。相反，其倾向于将该要素主要视为市场分析，在重申"Sony 案"反对商业用途的推定基础上，法院将第四要素"市场要素"纳入了第一要素的分析。法院指出，除了根据第四要素考虑商业使用是否发生在结构良好的市场中，还能如何根据第一要素确定"惯常价格"以评估商业使用的影响？法院还将善意的模糊效果视为与使用性质相关。法院阐

---

① See Sony Corporation of America, et al. v. Universal City Studios, Inc., et al., 464 U. S. 417, 455 (1984).

② See Harper & Row, Pub., Inc. v. Nation Enters., 471 U. S. 539, 560 (1985).

述了公平使用的默示同意理论，并强化了这一争议的"公平独家"性质，将《国家报》的行为定性为"故意利用窃取的手稿"。因此，法院认为，任何对版权材料的商业利用都被推定为不公平的，因为它侵犯了版权所有者的专有权。此处的商业性不仅指获利意图，更指是否实际从材料中获益而未按惯例向版权所有者支付补偿。关于第二要素"使用作品的性质"，法院在很大程度上重复并美化了其对未出版作品的首次出版权和使用权的观点。关于第三要素"使用作品的数量和质量"，美国联邦最高法院采纳了地区法院的观点，即被告使用了"该书的核心部分"，且其选择性地复制了最具吸引力的片段，进一步确认了其侵权行为。在谈到第四要素"使用行为对作品价值和潜在市场的影响"时，法院依据尼默学者（Nimmer）的论文以及当时流行的法经济学解释，明确指出第四要素是被告能够主张合理使用最重要的依据。法院对市场采取了限制性解释，认为《国家报》发表引文的目的虽在于呈现福特总统的个人见解，但此举"直接侵占了作品出版前应有的市场份额"①。因此，美国联邦最高法院最终判决，被告未经许可从福特总统未出版的自传手稿中摘录约 300 字并出版，属于版权侵权行为，而非合理使用。

"Harper & Row 案"的美国联邦最高法院终审意见表明，法院认为商业使用通常不利于合理使用的认定，因为它使使用者能够在不对版权所有者进行适当补偿的情况下获利。尽管如此，如果考虑到所有相关因素，作品的未出版状态本身并不排除合理使用。从本质上讲，"Harper & Row 案"的美国联邦最高法院终审意见强调了商业意图和市场要素在确定合理使用时的关键作用。② 但在"Harper & Row 案"中，布伦南（Brennan）法官、怀特（White）法官和马歇尔（Marshall）法官一起提出了反对意见，他们对合理使用判断有截然不同的理解。反对意见一方面不同意商业性在法院分析第一要素中的作用，指出第 107 条中的许多使用通常都是商业性的，并不能因为使用的商业性质就直接认定其不符合第一要素；另一

① Harper & Row，Pub.，Inc. v. Nation Enters.，471 U. S. 539，566（1985）.
② See Feliú V.，Lida J. Quo Vadis, Fair Use?，The Future of Fair Use After the Warhol Decision，available at https：//ssrn. com/abstract = 4780474，http：//dx. doi. org/10. 2139/ssrn. 4780474（last visited on Sep. 1 st，2024）.

方面，反对意见接受了法院将第四要素视为是合理使用判断中"最重要因素"的观点，但随后指责终审意见将分析焦点放在整篇文章的市场影响上，而非仅限于所使用的受保护表达部分的市场影响。[①]

美国联邦最高法院在"Sony案"和"Harper & Row案"中没有提供合理使用的一般分析框架。法院在分析中主要依据默示许可理论，同时充满了非专业的公平或道德意识，但美国联邦最高法院并没有提供一个标准或理论来指导对第107条中的因素进行分析。尤其是在"Harper & Row案"之后，由于缺乏一般性指导，美国联邦第二巡回法院就合理使用的范围爆发了一场概念拉锯战，关于传记作者在合理使用作品时应享有多大的自由度（这一问题与"Harper & Row案"中的问题十分类似）的尖锐分歧揭示了更深层次的裂痕。一些涉案的巡回法官也在法律期刊上进一步阐述了各自的立场。当时任纽约南区地方法院的莱瓦尔法官是相关案件的地区法官，对当时美国联邦第二巡回法院乃至于最高法院对合理使用审判乱象感到失望，并且根据他多年的审判实践经验以及对美国合理使用判例的总结归纳，他开始思考是否需要"一套有说服力的指导原则"，以避免法官只是"根据临时的正义感"来裁决案件，而"没有一个永久性的框架"来帮助指导他们的解释。这些思考促使他在1990年的《哈佛法律评论》（Harvard Law Review）中发表了《合理使用标准》（Toward a Fair Use Standard）。[②]

其一，莱瓦尔法官指出，美国版权法第107条在如何确认合理使用方面几乎没有提供任何指导。例如，第107条指示法院需审查二次使用的"目的和性质"以及"被使用作品的性质"，然而在阐述对批评性、教育性和非营利性用途相较于商业性用途的偏好之外，该条款对于二次使用的"目的与性质"的具体界定显得颇为笼统。同样，对于"被使用作品的性质"的重要性，该条款亦没有提供任何线索。尽管该法也指示我们关注所获取材料的数量和质量，以及使用对潜在版权市场的影响，但在界定何为

---

① See Carroll M. W. , Jaszi P. A. , The Triumph of Three Big Ideas in Fair Use Jurisprudence，Tulane Law Review，2024，99（2）.

② See Carroll M. W. , Jaszi P. A. , The Triumph of Three Big Ideas in Fair Use Jurisprudence，Tulane Law Review，2024，99（2）.

可接受的使用限度与过度使用的界限上，缺乏明确的指导。此外，尽管该法允许其他因素可能会对这一问题产生影响，但没有确定任何因素。值得注意的是，尽管存在上述指导的缺失，法官们却往往既不表达对此的不满，也未积极尝试填补这一法律空白。在关于特定使用行为是否构成合理使用的裁决中，法院倾向于将合理使用的定义视为一种预设的共识基础，但这种共识的假设实则站不住脚。事实上，法官们之间对于合理使用的具体内涵并未形成统一认识，早期的判例亦难以作为预测后续判决走向的可靠依据。这些判例反映的是对合理使用含义广泛且各异的解读。裁决结果并非受一致原则的支配，而似乎是对个别事实模式的直觉反应。合理性的概念往往更多的是为了满足私有财产的需要，而不是为了实现版权促进创新的立法目的。这种困惑不仅困扰着司法界，也令作家、历史学家、出版商及其法律顾问感到无所适从，他们只能在猜测中面对版权纠纷。合理使用理论本不该如此神秘，也不该依赖于主观臆断，不应被视为版权规则的一揽子例外情况，也不应被视为对该法律体系指导原则的背离，相反，它应被视为版权的一个必要的、不可分割的组成部分，遵守它是实现该法律目标的必要条件。[①]

其二，莱瓦尔法官批评了过往法院的一些意见，指出：在"Sony 案"之前，推动合理使用认定的最重要力量一直是"创造性使用"这一概念。但法院对创造性使用的误读"剥夺了合理使用最重要的罗盘方位"，导致该理论"在没有指导标准的情况下漫无目的地漂流"。被称为"创造性使用原理的信徒"的莱瓦尔法官，试图复兴并深化创造性使用分析，将其纳入一个更大的、以原则为基础的合理使用原则框架。他通过对"创造性使用"理论予以细化和完善，进一步提出了转换性使用理论。莱瓦尔法官首先指出版权以促进科学与文艺进步的公共利益增加为根本目的，而设置作者权利仅仅是一种刺激创作的手段，但是此种权利设计制度会导致作者权利独占的垄断，进而会妨碍公众对知识的利用和创作，而合理使用制度便是平衡权利垄断，解决此种问题的一种制度设计。合理使用并非版权垄断

---

① See Leval P. N., Toward a Fair Use Standard, Harvard Law Review, 1990, 103 (5): 1105 - 1136.

制度的偏离，而是整体制度中的一个富有逻辑性的规则体系。因此，莱瓦尔法官主张在解释合理使用各要素时应该回归到版权法促进公共利益的根本目的，以此作为合理使用判断标准的指导原则。其次，其认为合理使用第一要素"使用的目的与性质"是合理使用判断的重心；第二要素"作品的性质"即使不满足也不足以否定合理使用的构成；第三要素"使用作品的数量和质量"是作为衡量第一要素是否合理的依据，同时也是判断第四要素"对作品潜在市场的影响"的辅助因素；第四要素虽然重要，但以往法院似乎过于强调这个要素的重要性了，并不是对版权人市场造成任何损害都会导致对合理使用的否定评价。

莱瓦尔法官认为：在解释这一要素时，要避免以往仅限于"商业性还是非商业性使用"二分法的讨论，而是要注重对"使用是否构成和多大程度上具有转换性"进行判断，也就是，转换使用方式或是转换使用目的，对使用的转换性必须达到使得被引用的内容能与原作明显相区别，由此提出了"转换性使用"的概念。"版权制度的目标是为公众利益刺激创作，而被诉侵权行为是否达到了这一目标，是其能否构成合理使用的极其重要的问题……简单地判断该行为是否正当是不够的，更重要的是这种'正当性'有多强。"莱瓦尔法官深信，依据版权法的功利主义原则解释合理使用制度，便有助于构建一个适于司法实践的，合理、实用的指导原则。他进一步提出："判断正当性应看被诉侵权行为是否以及在多少程度上具有'转换性'。此类使用必须与原作具有不同的目的或方式，并且具有创造性。对原作品的重新包装或纯粹复制难以达到这一标准，但如果被诉侵权行为对原作品添加了新的价值——如，被引用内容作为原始材料，被转换进了新信息、新美感、新思考和新理解之中——那么这正是合理使用原则为了社会利益而要保护的行为。"[①] 莱瓦尔法官进一步举例认为，"转换性使用可以包括批评作品（criticizing the quoted work），揭示作者个性（exposing the character of the original author），证明事实（proving a fact），或者为了支持或反驳原作品中的观点而对其进行概述（summarizing an idea）。此外，戏仿（parody）、象征（symbolism）、美学展示（aesthetic declara-

---

① Leval P. N.，Toward a Fair Use Standard，Harvard Law Review，1990，103（5）：1111.

tions）等其他多种使用方式皆可属于转换性使用"①。

三、"Campbell 案"对转换性使用理论的适用

莱瓦尔法官的观点提出之后受到不少学者的争议和批判，例如劳拉·G. 拉佩（Laura G. Lape）教授就认为莱瓦尔法官对"转换性使用"的界定不明确，并且过分夸大了其在合理使用判断中的地位与作用。② 莱瓦尔法官的观点提出之后也仅有个别法院赞同并将其适用于判决当中，例如在"Basic Books，Inc. 案"中，纽约南区的一位法官从莱瓦尔法官的文章中汲取了理念和术语，并将其用于判决一起涉及课程资料包的合理使用案件。法官认为该案件并不涉及"转换性使用"，因为其内容几乎不具有"转换性"，也没有增进公共福利。③ 再如在"Twin Peaks Prods 案"中，美国联邦第二巡回法院引用了"转换性使用"术语并加以应用，并赋予了它独立的分析意义。④ 事实上，莱瓦尔法官本人将其文章的逻辑纳入了他所审理的"Am. Geophysical Union 案"，他认为"Sony 案"的判决认可了两种合理使用的观点："变革性、生产性、非取代性"的使用和非商业使用。在这个案件中，他具体化了转换性使用的内涵和逻辑。⑤

而真正使其广为人知的是 1994 年美国联邦最高法院所判决的"Campbell 案"。在此案中，原告是 1964 年《啊，漂亮女人》（*Oh，Pretty Woman*）歌曲的版权人，被告说唱乐团 2 Live Crew 未经许可对其歌曲进行滑稽模仿（parody），并创作了新的歌曲《漂亮女人》（*Pretty Woman*）。被告对原作进行了改编，将原作展现的天真、浪漫的情感和风格，转变为对人性的瑕疵、堕落和生活的丑陋等不同样貌的讽刺。就内容上而言，被告仅

---

① Leval P. N.，Toward a Fair Use Standard，Harvard Law Review，1990，103（5）：1111.

② See Laura G. Lape，Transforming Fair Use：the Productive Use Factor in Fair Use Doctrine，58 Alb. L. Rev. 677，724（1995）.

③ See Basic Books，Inc. v. Kinko's Graphics Corp.，758 F. Supp. 1522，1530 - 1531（S. D. N. Y. 1991）.

④ See Twin Peaks Prods.，Inc. v. Publ'ns Int'l，Ltd.，996 F. 2d 1366，1375（2d Cir. 1993）.

⑤ See Am. Geophysical Union v. Texaco，Inc. 802 F. Supp. 1，12 - 13（S. D. N. Y. 1992）.

复制了原作的第一行歌词，但是原作的核心歌词，随后便跳脱了原作的歌词脉络，产生新的、独特的音乐和鼓声。与之前的"索尼案"类似，本案也经历了两次翻转判决。初审法院认为被告的使用属于滑稽模仿，构成合理使用。然而案件到了美国联邦第六巡回上诉法院审理程序时，上诉法院引用了"索尼案"，采纳了其关于任何商业性使用皆非合理使用的推定①，并称地区法院不够重视这一推定。美国联邦第六巡回上诉法院最终认为说唱乐团的使用具有商业性质，由此可以推定涉案使用行为不具有合理性且会对版权人的市场造成损害，而且涉案使用行为过多地使用了原作品，超出了合理使用允许的限度，认定本案不构成合理使用。② 说唱乐团不服，向美国联邦最高法院提起上诉，联邦最高法院最终推翻了上诉法院的判决，而主审的苏特（Souter）法官所依据的理论正是"转换性使用"理论。

问题在于苏特法官为何会推翻美国联邦第六巡回上诉法院的判决，并无视"索尼案"的判决，转而适用一个在当时看来并不具有影响力的理论。其原因很有可能是：一方面，在美国联邦最高法院诉讼流程中，词曲作者的答辩状中就"使用作品的数量和质量"的意见部分，引用了"Twin Peaks Prods 案"的观点，该案的审理恰恰引用了莱瓦尔法官的观点，提出了"转换性使用"的定义，将其与"创造性使用"和公共福利的理念联系起来③；另一方面，在本案过程中，在作为法庭之友提交的答辩状中，美国公民自由联盟引用了莱瓦尔法官的文章来说明合理使用在版权法中的作用。④ 当然，很有可能 Souter 法官早就注意到了转换性使用理论。总而言之，苏特法官在此案的终审意见当中运用的就是转换性使用的分析框架。

首先，苏特法官在判决书中对过往判例过分强调"商业性还是非商业性使用"的二分法进行了纠正，明确指出，商业性要素仅是第一要素的考

---

① See Sony，464 U. S.，at 451.

② See Campbell，510 U. S.，at 574.

③ See Brief for Composers and Songwriters，et al.，as Amici Curiae Supporting Respondent，at 20 - 21，Campbell v. Acuff-Rose Music，Inc.，510 U. S. 569（1994）（No. 92 - 1292）.

④ See Brief of American Civil Liberties Union as Amicus Curiae in Support of Petitioners，at 11 - 12，Campbell v. Acuff-Rose Music，Inc.，510 U. S. 569（1994）（No. 92 - 1292）.

量因素之一，"使用的目的与性质"的核心要素应该是认定被告的行为是否具有"转换性"，也即被告对原作品的使用是否有更进一步的目的或新的性质，加入了新的表达、新的意义或信息。苏特法官高度肯定了"转换性使用"理论，他认为尽管"转换性使用"对于合理使用来说并非绝对必要，但"转换性使用"对版权法促进科学艺术进步的客观目的来说具有重要意义。"转换性使用"是保证版权法界限内"自由呼吸"的合理使用原则的核心，被告的使用越是具有转换性，美国版权法第107条的不利于合理使用判断的其他要素便显得越无足轻重，因而被告的行为就越有可能构成合理使用。① 法院认为，必须根据第一要素中的目的来判断使用的数量和质量。被告对原作歌词的使用构成讽刺性模仿，具有较高程度的转换性，允许大量借用。其次，美国联邦最高法院开始审查第四要素"对作品潜在市场的影响"，说明此项要素与转化性使用之间的关系。该法院认为就此要件而言，不仅需要考量使用人特定行为将造成的市场损害程度，还需考量该行为对原作的潜在市场所带来的实质负面影响。该法院指出，判断市场损害应基于一般商业实践，区分可补救的市场影响与不可补救的贬损。潜在的衍生用途市场只包括原创作品的创作者一般会开发或授权他人开发的用途，然而富有想象力的作品的创作者不可能许可他人对自己的作品进行评论或嘲讽，这就从潜在许可市场的概念中排除了这类用途。该法院认为，如果被告使用行为具有转化性，市场替代效果产生不确定性，则对于市场侵害也可能没那么容易推断。因此在讽刺性模仿的情况下，被告使用较不会影响到原著作市场，也就是不会产生市场替代性。本案"双语组合"（2 Live Crew）的歌曲不仅是讽刺性模仿之作，也是一种饶舌音乐，因此对饶舌音乐市场的影响亦为本案审查重点。然而，本案的相关证据并无法证明"双语组合"的歌曲会对原作产生市场替代性，或是影响其衍生作品的市场。② 最后，美国联邦最高法院认为第六巡回上诉法院在判断第一要素和第四要素时错误地利用"商业推定"，指出在讽刺性模仿案例中，应更侧重于评估作品是否构成转换性使用，以此作为更为恰当的判断标准。③

---

① See Campbell v. Acuff-Rose Music，510 U. S. 569，579（1994）.
② See Campbell，510 U. S.，at 593.
③ See Campbell，510 U. S.，at 594.

美国联邦最高法院对"Campbell案"的判决是合理使用理论发展的分水岭,其价值主要体现为以下几点:其一,转换性使用进一步丰富了合理使用的内涵,使得合理使用不再仅仅被视为是对专有权利的一种限制,而是对推动实现版权法的核心立法目的(促进作品创新)起着非常关键的作用。虽然美国下级法院需时以充分吸纳"Campbell案"的指导精神,但转换使用分析已逐渐成为解决合理使用争议时美国司法实践的主导范式。① 其二,"Campbell案"推翻了"索尼案"和"Harper & Row案"所确立的"商业性推定"及市场要素在合理使用评估中的核心地位,转而确立了转换性使用作为首要且核心的判断要素。被告的使用越是具有转换性,美国版权法第107条不利于合理使用判断的其他要素便显得越无足轻重,被告的行为就越有可能构成合理使用。具体而言,作品的商业性使用虽然可能蕴含不同层次的商业目的,但其重要性将依据转换性使用的程度而被相应削弱或增强。② 其三,"Campbell案"有效解决了美国司法在以往运用合理使用四要素分析法时存在的零散无序、缺乏系统关联及统一方法的问题。通过将第一要素中的"使用目的与性质"与第三要素中的"使用数量与质量"紧密关联,该案构建了一个围绕以公众利益为中心的综合评估框架,即在美国版权法第107条下,系统考量这些要素如何共同影响版权作品的市场状况,为合理使用判断提供了一个更为全面、科学的分析方法。

第二节 "转换性使用"理论的发展

莱瓦尔法官所创设的"转换性使用"理论经美国联邦最高法院在"Campbell案"中应用之后,成为合理使用判断的重要标准,被下级法院所采纳,得到广泛运用。然而随着司法实践的累积,各种新型案件层出不穷,"Campbell案"所暴露的问题也日益突出:一方面,"Campbell案"

---

① See Carroll M. W., Jaszi P. A., The Triumph of Three Big Ideas in Fair Use Jurisprudence, Tulane Law Review, 2024, 99 (2).

② See William F. Patry, 4 Patry On Copyright §10: 21 (2022).

中争议的主要是滑稽模仿对"转换性使用"理论的适用，那么其他类型的案件是否可以完全适用？其边界何在？另一方面，"Campbell 案"中法官所提出的"转换性使用"定义太过于抽象和广泛，关于什么是"更进一步的目的或新的性质"以及什么是"新的表达、新的意义或信息"，其并未提出一个较为具体、方便司法适用的标准，这使得美国不同法院对"转换性使用"理论的认识存在较大的分歧，因而不同的法院基于审判实践的需要对"转换性使用"的内涵不断予以拓展，这主要体现在以下几类案件当中。

一、"滑稽模仿"和"嘲讽性表演"类案件

"Campbell 案"所涉及的滑稽模仿类案件主要是借用原作内容进而实现对原作批判、讽刺的目的，例如直接评论或批评原作，或针对原作进行嘲笑或戏仿。这被法院认为是可以构成"转换性使用"，被理论和实务界称为"滑稽模仿"。在美国司法实践当中，"滑稽模仿"构成合理使用的可能性是比较大的。例如在"Leibovitz 案"中，原告安妮·莱博维茨（Annie Leibovitz）为知名摄影师，其拍摄了当时怀孕的女演员黛米·摩尔（Demi Moore）的裸体照片。被告为喜剧演员，其利用原告拍摄照片的部分内容，与电影情节的概念以及主角演员的人物头像，叠加在裸体孕妇黛米·摩尔身上。最终海报所呈现的内容是，将黛米·摩尔脸上的严肃、散发母性光辉的表情，和喜剧演员中表现出滑稽、傻笑的脸作对比，以此来讽刺原作所展现的严肃性，甚至自命不凡（pretentiousness）的表情所产生的不认同感。法院经审理认为，被告的使用行为可以构成"滑稽模仿"，进而构成合理使用。[①] 在"Suntrust Bank 案"中，原告是 *Gone With the Wind*（《飘》）的著作权人，而被告为出版 *The Wind Done Gone*（《飘过的风》）一书的出版社，作者为 Alice Randall。这部小说从一个黑奴和奴隶主的混血女儿辛纳拉（斯嘉丽同父异母妹妹）的视角，重新讲述了《飘》中发生的故事。小说换用了代号来称呼《飘》中的绝大多数人

---

① See Leibovitz v. Paramount Pictures Corp. , 137F. 3d 109（2d Cir. 1998）.

物，主要用来描述美国南方奴隶制度和种族的关系。审理法院认为，被告对原告作品的利用并非一般性评论，讽刺性模仿特征很明显，被告作品在讽刺性模仿中推翻了原作中的传统种族角色，将有权势的白人描绘成愚蠢或无能的，并赋予每个黑人角色拥有不同的智慧、内涵、美丽和勇气的个性。因此，被告作品具有转化性价值，带来了社会效益，可以构成较高程度的转换性使用。相较而言，被告作品的商业性使用性质变得并不那么重要，因而可以构成合理使用。① 在"Dhillon v. Does 1 - 10 案"中，原告为美国加州共和党的国会议员候选人，她将自己的头像照片用于政治活动。被告在网上发表了一篇针对原告政治行文的评论文章，并在文章当中利用了原告的照片。原告认为，被告对其照片的使用侵犯了其著作权。但法院经审理认为，原告使用照片的目的，是以拍摄照片为手段积极推销自己、为其政治生涯铺路，主要起到的是一种识别功能。而原告对原告照片的利用是作为对原告的政治批评、评论的一部分，并在文章中添加了针对原告的政治行为、观点。因此，被告为了批评原告的政治观点而将原告的照片置于其文章中，可以构成讽刺性模仿，具有转换性，可以构成合理使用。②

再如在"Jacobs 案"中，原告是《电子烟（*Vape*）》电影的著作权人，其在电影中利用了被告电影 *Grease* 不少桥段和内容。原告向法院提出了合理使用的确认之诉，原告认为其拍摄电影是针对被告电影《油脂（*Grease*）》的讽刺性模仿，属于合理使用。美国纽约南区地方法院经审理认为，*Vape* 利用 *Grease* 中相关桥段和内容来讽刺、嘲笑 *Grease* 相关情节的荒诞，并且 *Vape* 通过改编歌词，使用千禧年流行语中的流行文化元素、现代镜头和夸张评论，来批判 *Grease* 所呈现的厌女和性别歧视的内涵。因此，就第一要素而言，*Vape* 的使用行为可以构成讽刺性模仿，具有较高的转换性。并且法院认为，原告对原作模仿的重点在于对原作的可识别性，因此即便利用了原作当中的重要角色和场景也是实现这一讽刺目的的必要限度，况且原告也针对剧本进行了大幅的修改，以新的批判眼光来重

---

① See Suntrust Bank v. Houghton Miflin Co. ，268 F. 3d 1257 （11th Cir. 2001）.
② See Dhillon v. Does 1 - 10，2014 WL722592 （N. D. Cal2014）.

新诠释原作中的固有元素，因此第三要素也有利于原告。此外，法院认为 *Vape* 无法视为 *Grease* 的衍生作品，因为其描述的方式完全相反，并且其对原作的讽刺模仿即便对原作市场造成损害也不属于著作权法所要处理的市场损害影响，因此第四要素也有利于原告。最终法院认为原告的使用行为构成合理使用。[①] 在"Adjmi v. DLT Entertainment Ltd. 案"中，原告为一名编剧，拥有《三人行（*Three's Company*）》电视剧剧本的版权，被告也是一名编剧，创作了一个名为 *3C* 的剧本，其内容虽以原告作品的剧情（恐同、吸毒、性等议题）为前提，且拥有相同的场景与人物角色，而区别在于被告将原告的作品转换成了颠倒是非、黑暗的版本。法院认为，尽管两部电影之间有许多相似之处，但 *3C* 显然是对 *Three's Company* 的一次转型。*3C* 借用了 *Three's Company* 中广为人知的角色设定、场景布局以及情节脉络，巧妙地将原作中那个充满阳光气息的 20 世纪 70 年代圣莫尼卡风情，翻转为一个截然相反的、幽暗扭曲的世界。*3C* 绝不是对 *Three's Company* 的"重复"，而是对它的解构。它通过将原作转化为一种梦魇般的存在，利用 *Three's Company* 原有的叙事框架，对原作中某些主题与现象的轻松乃至有时显得肤浅的处理方式进行了批判与反思。因此，法院认为，鉴于该剧展现出了高度转换性，即使场景、服装、风格和节奏等某些元素与 *Three's Company* 中的完全相同，第一要素也仍然可以成为支持其构成合理使用的有力论据。[②]

"滑稽模仿"本质是借用原作内容来实现对原作的批判、讽刺的目的，是美国司法实践当中典型的转换性使用类型，但如果他人借用原作内容并非对原作进行批判、讽刺，而是对其他主题，例如政治、经济或文化进行批判、讽刺呢？也就是说，他人将原作作为批判、讽刺的手段而不是目标，他人利用原作来评论其他作品或进行讽刺，其二次创作的作品仍与原作有某种潜在的批判性关联。理论界和实务界将此类行为称为"嘲讽性表演"（satire）。美国理论界和司法实践对此呈现出截然相反的两派观点。一种观点认为，嘲讽性表演不属于转换性使用，也无法构成合理使用。以

---

① See Sketchworks Indus. Strength Comedy，Inc. v. Jacobs，2022 U. S. Dist. LEXIS 86331 (S. D. N. Y. 2022).

② See David Adjmi v. DLT Entertainment Ltd.，，97 F. Supp. 3d 512（S. D. N. Y. 2015).

波斯纳为代表的法经济学派对"Campbell 案"作出了新的解释：其以经济学替代产品和互补产品的区分为依据，认为"嘲讽性表演"通常是原作的一种幽默的替代品，通过提供替代品减少了读者对原作的需求，同时由于"嘲讽性表演"并非针对原作进行批评、讽刺，其与原作者达成许可的可能性较大，因而不构成合理使用。① 在司法实践当中也有法院赞成这一观点。例如在"Dr. Seuss Enterprises 案"中，被告利用著名儿童读物《帽子里的猫》（*The Cat in the Hat*）中的人物和元素，创作了《帽子里没有猫》（*The Cat Not in the Hat*），被告对苏斯博士的原作内容进行了相当大的改动，并且使用原作中的经典意象和韵律来取笑"辛普森案"的审判和法院系统。美国联邦第九巡回上诉法院依据"Campbell 案"的判决认为，虽然新作品的表现形式完全不同于原儿童作品，讲述的故事也完全不同，但法院认为新作品借鉴了原作品过多的要素、风格和主题，而且由于被告使用原作的目的不是对原作进行评论或批评，而是批评或嘲讽与原作不相干的主题，其模仿的目的仅是为引起注意而不具有联结两者之必要。因此当原作品的创造性艺术属性在新作品中得到体现时，缺乏适当的理由。也就是说法院认为只有以原作为讽刺、批判目的才可以构成"转换性使用"，而本案被告借用原告的作品来讽刺"辛普森案"，因而没有对原作产生"新的意义、表达"，不构成"转换性使用"。② 又如在"Rogers 案"中，原告罗杰斯（Rogers）是一名职业艺术家兼摄影师，罗杰斯曾受委托拍摄了一张照片，照片内容为"一对微笑的夫妇抱着一窝可爱的小狗"。被告昆斯（Koons）是一名艺术家和雕塑家，他未经许可根据罗杰斯所拍照片的内容制作了三维雕塑作品，雕塑的整体内容也是"一对微笑的夫妇抱着一窝可爱的小狗"。原告向法院提起侵权之诉，被告昆斯提出合理使用原则作为抗辩，他坚持认为"一窝小狗"是一种合理的社会批评，并声称他属于美国艺术家流派，他们认为商品和媒体图像的大规模生产导致了社会质量的下降，他所属的这一艺术传统通过将这些图像融入艺

---

① 参见［美］威廉·M. 兰德斯、理查德·A. 波斯纳：《知识产权法的经济结构》，金海军译，北京大学出版社 2005 年版，第 188 - 202 页。

② See Dr. Seuss Enterprises，L. P. v. Penguin Books USA，Inc.，109 F. 3d 1394，1401 (9th Cir. 1997).

术作品中，对融入的对象以及创造它的政治和经济体系进行批判性评论。而美国联邦第二巡回上诉法院则认为，虽然讽刺的内容不一定仅限于被复制的作品，而且可能像上诉人对其作品所强调的那样，是对现代社会的戏仿，但被复制的作品必须至少部分是戏仿的对象，否则就没有必要去联结该作品。该法院强调："这是一条必要的规则，否则复制者使用他人受版权保护的作品来对整个社会的某些方面提出意见将变得毫无限制。如果仅仅因为侵权者声称使用了更高或不同的艺术目的，就可以将对受版权保护表达的侵犯证明为合理使用——且不确保公众对原作品的了解——那么合理使用辩护就没有切实可行的界限。"①

再如在"TY，Inc. v. Publications International，Ltd. 案"中，被告出版了一本名为《豆豆娃收藏指南：热爱者的全面手册》（*For the Love of Beanie Babies：A Collector's Guide*）的书，三个版本都包含原告生产制造的"豆豆娃"毛绒玩具系列中几乎所有产品的彩色照片。这些书中所使用原告的 Beanie Babies 玩具的照片可以分为四大类：（1）封面上的照片；（2）奇幻场景中的整页集体照；（3）"填充"照片；（4）每个玩具旁边的单独照片。并且每张照片的旁边都附上了对这些照片的评论和说明。法院经审理认为，被告并未改变原告受版权保护的玩具或授权衍生品在四类照片中的任何一种中的原始表达方式。它们仅用于装饰、美学目的并帮助销售书籍。这些事实对被告不利，并且在一定程度上，虽然集体照和个人照片在书籍的后续版本中具有一些评论元素，但这本书的主要"目的"不是对"豆豆娃"玩具进行批评或评论，其本质目的是为爱好者提供美观且具有装饰性的"豆豆娃"照片集，因此不构成转换性使用。并且法院在判决中引用了经济学中的互补与替代的概念，作为思考合理使用原则中第四要素潜在市场影响，经济学中的互补是指商品间并未产生需求的冲突，对其中一商品的需求增加，反而会带动、提升另一商品的需求，因此如果使用行为属于互补状态下的利用，则可以构成合理使用。审理法院认为：滑稽模仿则是此种情形的代表，滑稽模仿重在批评原作，原作通常不会发展此种类型的创作，因而不会对原作的市场产生替代效应。

---

① Rogers v. Koons，960 F. 2d 301，310 (2d Cir. 1992).

然而嘲讽性表演则是单纯搞笑，属于原作的幽默替代品，往往无法构成合理使用。①

　　而另一种观点则主张"嘲讽性表演"可以构成"转换性使用"。例如在"Mattel案"中，原告Mattel公司为芭比娃娃的制造商，被告是一位摄影师，他创作了一系列以裸体芭比娃娃为核心，展现多样化性感姿态的摄影作品。此举引发了原告的版权侵权诉讼。在审理此案时，美国联邦第九巡回上诉法院在考察合理使用第一要素"使用的目的和性质"时引用了"Campbell案"的观点，认为要构成转换性使用，需要对作品增加新信息、新美感、新思考和新理解，为原作添加新的目的与特性，在这一点上嘲讽性表演和讽刺性模仿具有相同的性质。被告对赤裸的芭比娃娃的使用行为，虽然不是对芭比娃娃本身进行批评或讽刺，但是被告利用芭比娃娃说明其对性别歧视和女性地位的影响，可以构成"转换性使用"。Mattel公司长期为芭比娃娃设计多样服装与迷人生活场景，塑造出美丽、富有与魅力的形象，旨在将其作为理想化美国女性及少女的象征。然而，被告则认为这种美化神话促使社会将女性物化，因此他通过创作，使芭比娃娃呈现出疲惫不堪的状态，并通过与庞大厨房电器的对比，凸显其无助，以此讽刺芭比娃娃形象将性别角色固化以及对女性社会地位的潜在伤害。法院还特别声明在考察第一要素时仅需注意使用的目的和性质，至于戏仿的内容和品位与是否构成合理使用无关，因为若由单纯受法律训练的人来对作品的品位进行评判将是十分危险的举动，也超出合理使用的目的。② 在"Arrow Productions, Ltd. 案"中，原告为一个娱乐公司，拥有一部名为《深喉》的影片，被告以《深喉》中的明星作为传记的主角，拍摄了名为《洛夫莱斯》（*Lovelace*）的电影，其中记录了主角的悲剧人生，且在电影中利用了原作中相似的电影场景，因此原告认为被告侵犯了其版权。法院经审理认为，新作对原作的使用具有合理性：内容上，新作添加了新的批判性观点，主要是呈现某位女星的悲剧性的故事，其使用的场景与原作中的有明显的不同，且新作包含了演员、制作人、导演、摄影师的对话，展

---

① See Ty, Inc. v. Publ'ns Int'l, Ltd. , 333 F. Supp. 2d 705 (N. D. Ill. 2004).

② See Mattel Inc. v. Walking Mountain Prods，353 F. 3d 792，802 (9th Cir. 2003).

现了一个毫无戒心的业余演员，在拍摄《深喉》时的焦虑与不安；目的上，原作作为色情影片，侧重于色情场景的描绘，而新作则通过非裸露镜头，以批评和反思的态度记录了女性参与色情影片制作的复杂情感，实现了使用目的上的转换。①

再如在"N. Jersey Media Grp.，Inc. v. Pirro 案"中，原告是一家报社，指控被告侵犯了原告的标志性照片《2001 年 9 月 11 日，三名消防员在世贸中心废墟升起美国国旗》的版权。Fox News 发布了一张照片，将该作品与四名美国海军陆战队员在硫磺岛升起美国国旗的经典二战照片进行了对比（"组合图像"），并发布在了与 Fox News 电视节目《珍妮法官的正义》（*Justice with Judge Jeanine*）相关的脸书（Facebook）页面上。被告辩称，他们发布的组合图像受到版权法的"合理使用"的保护。法院认为，原告的目的仅为报道当天的新闻消息，而被告却是将原图像与硫磺岛事件之间联系起来，提醒世人永不忘记第二次世界大战中的英勇行为。此外，被告对原作进行了尺寸上的调整，并巧妙地将其与硫磺岛事件相结合，同时添加了"永不忘记"（Never forget）这一短语。此举在内容上不仅保留了原作的元素，还融入了被告自身希望引导读者思考、揭示的深层含义，产生了讨论与评论的效应，且这一目的与原告创作原作的初衷截然不同，因此具有转换性，可以构成合理使用。② 在"Northland Family Planning Clinic，Inc. 案"中，Northland 公司于 2009 年年底制作了"Northland 视频"，用于宣传、咨询和教育活动，以消除社会对堕胎的歧视。但从 2011 年年初开始，被告未经 Northland 公司许可使用"Northland 视频"的未修改片段制作了一系列视频。被告的主要论点是，其制作的视频是对"Northland 视频"的戏仿，旨在批评、评论和贬低叙述者的冷静态度以及她所传达的"好女人选择终止妊娠和堕胎是'正常'的"信息。审理法院在案件当中通过对美国过往案例的回溯，同时承认了"滑稽模仿"和"讽刺性表演"的正当性和合理性，并指出，"相比之下，当原作与涉嫌侵权者对更广泛主题的评论无关时，该作品更适合被定性为

---

① See Arrow Productions，Ltd. v Weinstein Co. LLC，44 F. Supp. 3d 359（S. D. N. Y. 2014）.

② See N. Jersey Media Grp.，Inc. v. Pirro，74 F. Supp. 3d 605（D. D. C. 2014）.

讽刺性表演"。但法院同时指出,"根据合理使用原则,滑稽模仿比讽刺性表演享有更多的自由,因为滑稽模仿必然要求滑稽模仿者模仿原作以表达其观点,而讽刺性表演'可以自成体系',因此需要进一步证明其借用行为的合理性。"而法院最终认定,被告对原告作品的利用属于滑稽模仿,因为它们将"Northland 视频"的片段与堕胎程序的恐怖图像交替使用,以嘲笑原作品所传达的堕胎是"正常"的且好女人会选择终止妊娠的信息,实现了对原作品信息的"颠覆"。视频中,冷静、体贴的医生解释堕胎无害的片段与胎儿被残忍处理的震撼画面交替出现,形成了强烈的对比与冲击,有效地传达了被告的批判立场。①

二、"挪用艺术"类案件

第二类是将原作未作任何修改而完整置于新的情境下,赋予其新的内涵和美感,最为典型的是"挪用艺术"类案件。"挪用艺术"可追溯至立体派画家巴勃罗·毕加索(Pablo Picasso)与乔治·布拉克(Georges Braque)在 20 年代初期共同创作的立体主义拼贴作品,并且兴起于 20 世纪后半叶,是一种后现代的艺术创作手法。② 挪用艺术家常常从广告、电影、报纸、网络等不同来源中获得照片、影片、音乐、文字等不同媒体的素材,然后通过复制、剪贴、改变比例、加入新元素等方式,将现成的艺术品或文化符号融入自身的艺术创作中,重新组合成新的作品。③ 因此,"挪用艺术"与现代主义艺术区别最大的地方在于,相较于现代主义强调"原创","挪用艺术"则更多地借用已有的风格或实物(包括作品),通过艺术家的二次创作,使原作在不同背景(语境)下传达出新的理解或意义,有时甚至体现的是一种反传统、反权威的批判精神。④ 例如被誉为后

① See Northland Family Planning Clinic,Inc. v. Ctr. for Bio-Ethical Reform,868 F. Supp. 2d 962 (C. D. Cal. 2012).

② See Joel Eisinger,Trace and Transformation,Univ. of New Mexico Press,1995:263.

③ 参见胡心兰:《再论挪用艺术与著作权合理使用原则》,载《月旦民商法杂志》2023 年第 12 期。

④ 参见乔妮:《"挪用艺术作品"是否构成著作权侵权——"转换性使用"标准?》,载 http://zhihedongfang. com/article-10432/(访问日期:2024 年 9 月 2 日)。

现代艺术之父的法国艺术家马塞尔·杜尚曾在一般五金行买到的男士用小便斗签上"R. Mutt 1917"，将其命名为"Fountain"（喷泉），并将其送往现代艺术展览上展示且加以宣传。该作品被誉为后现代艺术的开端之作，被视为 20 世纪现代艺术发展的重要里程碑，它改变了艺术史的发展轨迹。艺术评论家认为，马塞尔·杜尚以全新的视角审视艺术，将日常生活中的物品视为艺术的对象，将日常生活用品的地位提升为艺术品，挑战了传统艺术对高雅、纯粹和唯美的定义，扩展了艺术的边界，蕴含着批评传统文化和形式美学的达达主义思想。① 艺术家普林斯重新翻拍了万宝路"牛仔"系列的香烟广告，他剪掉了万宝路香烟广告的所有文字，并将其像艺术品一样加框。普林斯希望通过这种方式来表达美国文化中的冒险、自力更生和坚韧的丰富象征。女性摄影师谢丽·莱文（Sherrie Levine），其作品的最大特征就是完全翻拍、裁剪其他男性摄影师如爱德华·韦斯顿（Edward Weston）、沃克·埃文斯（Walker Evans）的摄影作品。这些挪用艺术家的创作目的是透过转化现成素材，探索原作的意义或文化符号的含义。② 到了第二次世界大战之后的 1960 年代，随着工业与印刷技术的进步，以探讨并反讽通俗文化及大规模生产消费形态为主的普普艺术（Pop Art）开始兴盛。例如艺术家安迪·沃霍尔（Andy Warhol）创作的"Campbell's Soup Cans"（康宝汤罐）系列作品，及其运用影视明星如玛丽连·梦露（Marilyn Monroe）、中国领导人毛泽东等人的头像创作的名人系列作品等。再如艺术家伊莱恩·斯特蒂文特（Elaine Sturtevant）以刻意精细的手法再现马塞尔·杜尚及同辈挪用艺术家沃霍尔、利希滕斯坦（Warhol、Lichtenstein）等人的作品而闻名。③

　　著作艺术家毕加索曾言"杰出的艺术家模仿，伟大的艺术家盗窃"。挪用艺术被定义为"艺术家在其作品中，运用经过些许转变后的既存物品或影像"。因此，挪用艺术的本质即在"复制"。挪用艺术家无可避免要使

---

① See Art Term，Readymade TATE，available at https：//www. tate. org. uk/art/art-terms/r/readymade（last visited on Sep. 1st，2024）.

② 参见胡心兰：《再论挪用艺术与著作权合理使用原则》，载《月旦民商法杂志》2023 年第 12 期。

③ 参见胡心兰：《做了一个"挪用"的动作——论转化性于挪用艺术之适用》，载《东海大学法学研究》2016 年第 8 期。

用既成物品或他人的作品作为其自身作品的素材①，这就势必会引发相关著作权纠纷。事实上，也确实如此，挪用艺术在美国艺术领域的盛行，引发了一系列著作权纠纷。近几年来理论界和实务界对于挪用艺术的正当性产生了非常大的争议，其争议焦点在于"转换性使用"理论是否适用于此类案件。

例如在 2006 年，著名挪用艺术家艮斯（Koons）因利用他人摄影作品而被他人起诉。该案中，艮斯受他人委托创作了名为"尼亚加拉"的拼贴画作。该艺术作品以美国尼亚加拉瓜大瀑布为背景，画作中央有一个巨大的巧克力布朗尼加冰激凌、一盘甜甜圈、一盘苹果派，再叠上四双女性小腿以下的部位。而其中一位女性双腿则来自摄影师安德里亚·布兰奇（Andrea Blanch）所拍摄的照片。安德里亚·布兰奇知悉后将艮斯告上法庭。在一审判决中，纽约南区联邦地方法院认为艮斯利用布兰奇照片的行为构成合理使用，理由包括在第一要素中。一审法院认为艮斯的行为构成转换性使用，并且原告布兰奇的照片不可能触及艮斯作品"Niagara"所占据的市场，故无损害可言。② 而后布兰奇上诉至美国联邦第二巡回上诉法院。在分析艮斯的行为是否构成合理使用时，上诉法院将讨论的重点集中于原告行为的转换性上。法院同意艮斯称其利用布兰奇照片的目的与布兰奇原始创作该照片的目的是完全不同的说法。而两者在创作及使用的目的上具有极大差异，此为艮斯使用行为具有"转化性"的体现。上诉法院引用艮斯自己的话为其使用目的进行注释："虽然在《魅力》（*Allure*）杂志中照片上的双腿看似平淡无奇，我却将其纳入我的作品中，而不是我自己拍摄的双腿，是因为该照片'随处可见'的特性正是我所要传递的核心信息。该照片是大众传媒风格的典型……通过提取《魅力》杂志中该照片的部分图像，我得以对杂志所提倡与映射的文化倾向及态度进行剖析与评论，采用既有图像确保了评论的真实性与精准度，强化了我的论述力度，

---

① See Richard H. Chused，Appropriation Art：Law and Culture-An Exploration of the Ways Creativity，Legal Norms and Artistic Energy Interact in the Digital Age，at http：//www. rhchused. com/AppArtHome. html（last visted on Sep. 1st，2024）.

② See Blanch v. Koons，396 F. Supp. 2d 476（S. D. N. Y. 2005）.

进而有助于大众准确理解我意欲传达的深层意义。"① 然而在此后发生的
"Glen E. Friedman 案"则出现了不同的观点。系争照片是摄影师弗里德
曼（Friedman）于 1985 年为知名嘻哈音乐组合 Run-DMC 所摄的照片，
并曾于 1994 年在《去你的英雄》（*Fuck You Heroes*）一书中刊登这张照
片。被告盖塔（Guetta）在网络当中偶然发现了系争照片，进而创作了
"老照片"（Old Photo）"破纪录"（Broken Records）"模版"（Stencil）和
"横幅作品"（Banner Work）四件作品。法院在分析时指出，盖塔虽移除
了四件作品的背景并改变了颜色，然而这些微小的变化并没有改变原告照
片中的人物仍然清晰可见且易于识别的事实。在合理使用第一项要件的分
析下，法院认为，"在考虑作品是否具有转化性时，应询问是否存在'对
（原始）材料进行智力的考量与判断，以产生真实、实质上的结晶'"。而
被告盖塔的作品并没有展现出"具转化性的另类利用"目的。原告和被告
都是艺术家，双方都在公开展示的视觉艺术作品中使用系争照片。尽管两
者各自的艺术作品所要传达的讯息以及传达的媒介不同，惟被告所使用的
方式并没有明显到使其使用具有转化性的性质。此外，因原告曾将照片用
于商业用途，并出售给收藏家，因此原告对系争照片的商业和艺术用途与
被告的利用行为具有竞争关系，被告不能以制作侵害原告受著作权保护的
作品来占有这个市场，因此判决该案被告败诉。②

　　将"挪用艺术"版权争议推向风口浪尖的是"卡里乌（Cariou）案"，
此案历经两审，于 2014 年由美国联邦第二巡回法院作出最终判决。③ "卡
里乌案"中原告摄影师卡里乌（Patrick Gariou）花了六年的时间在牙买
加丛林中拍摄了有关拉斯特法里教徒（Rastafarians）族人与其生活环境
的照片，进而创作了自己的 CanalZone 系列作品，并最终出版了所拍摄的
肖像和风景黑白照片集《是的，拉斯特》（*Yes，Rasta*）。被告理查德·普
林斯（Richard Prince）是挪用艺术家，其未经许可将原告几张照片进行

---

　　①　Koons Ⅱ，467 F. 3d，at 255.
　　②　See Friedman，2011 WL 3510890，at 7.
　　③　由于美国联邦最高法院拒绝对此案进行再审，所以在一段时间内，该案对于第二巡回地
区的法院就具有先例的作用，并且由于该地区是世界上艺术文化市场起源最早也是最发达地区之
一，所以势必也会对美国其他地区法院审理类似案件产生重大影响。

挪用（涉及复制原始照片并进行各种转换，如增加尺寸、模糊或锐化、添加内容、部分彩色，或将多张照片合成一起及与其他作品合成等），成一系列名为运河区的绘画和拼贴画，并在一家画廊中展出。理查德·普林斯自己承认，他在从事挪用艺术创作时并没有试图要传递什么特色意义，在创作系争画作时，其亦无意针对原作品或更广泛的文化层面做任何评论。本案引起艺术界高度关注，艺术界多持支持普林斯立场，而摄影界则多持支持卡里乌立场。2011 年美国纽约州南区联邦地方法院作出一审判决，一审法官引用"Rogers 案"中关于合理使用"实际可行的界线"的必要规则，拒绝理查德·普林斯所辩称的，若将原作当成"原始材料"，则不论对被利用原作是否有为任何形式的评论，挪用艺术本身即为合理使用的主张。最终一审法院认为，要构成"转换性使用"就必须以某种形式对原作进行批评或评论，由于被告明确否定了其是出于批判或评论的目的进行"挪用"，因而不构成"转换性使用"。然而本案上诉至美国联邦第二巡回上诉法院后却被完全翻盘。上诉法院在本案中分析理查德·普林斯的拼贴作品是否转化了卡里乌的摄影作品时，否决一审判决中认为"欲构成转化性，则利用他人作品，须对被利用作品附加评论或批评"的要求，指出法律并没有要求利用人一定要对被利用作品或其著作权人予以评论或批评始可构成转化，除列于著作权法第 107 条前言中的各种目的以外之利用行为也有可能成立合理使用。上诉法院引用了美国联邦最高法院在"Campbell案"中的"新的表达、意涵与信息"，其通过比较普林斯与卡里乌作品的诸多不同之处，包括卡里乌的照片是为赞叹拉斯特法里教徒族人与环境的自然之美，而理查德·普林斯粗糙、不和谐的作品则充满杂乱与挑衅，包括两者作品之颜色、大小、印刷模式及媒材等均不相同，甚至销售价格与客群差异也是上诉法院"观察"的重点。此外，关于一审法院认定理查德·普林斯利用行为不成立转化，称其"对其他人之著作毫不在乎"的关键证词，上诉法院不予理会，反而以理查德·普林斯证词中称"我所做的事情，完全就是我试着将它改变成完全不同的东西……我试着创造一种绝妙的、最潮、最新的现代音乐场景"，认定是理查德·普林斯作品与卡里乌的作品间具有"截然不同的呈现方式与美感"。上诉法院对此采用的判断方式，即转换性是否"合理地被感知"。因此，在美国联邦第二巡回上诉法院将两者作品"并列"比较后，判定理查德·普林斯的作品具有不同特质，将卡里乌的摄影作品赋予新的表达，运用新的美学创意与沟通方式，因而产生了与卡里乌作品不同的独特结果。然而，此一"合理地被感知"的转化性判断标准，正是本案系争的 30 件理查德·普林斯作品中，有 5 件因仅有"些微改变"而无法立即判定其转化性的原因。最终二审法院认为二次使用就算是出于版权法第 107 条所规定的批判、评论、新闻报道、教育、研究以外的目的，只要对原作的使用可以产生"新的表达、意义或信息"，就仍然可以构成合理使用，同时二次创作是否具有"新的表达、美感或信息"应该是由理性的普通公众来判断，而无论被告是否具有"转换"的主观目的，这最终推翻了一审判决，认定被告对原告作品的大部分使用行为可以构成"转换性使用"。① 但指定陪席的上诉法院华莱士法官在部分不同意见书中引用"Campbell 案"中法官曾引用霍姆斯大法官的"美学不歧视"原则："只受过法学训练的人，于最限缩亦最明显的界限之外，将自己当作某著作物之价值的最终判定者，是一件相当危险的事。"②

美国联邦第二巡回法院原本想通过"卡里乌案"平息对挪用艺术类案件的争端，但此案之后，关于挪用艺术是否构成转换性使用的争议在美国司法实践中却更加激烈，赞同和反对之声各执一词。例如在此后判决的"Seltzer 案"中，被告斯托布（Staub）在为"年轻岁月"（Green Day）乐队一首名为"东边的鬼地方"（*East Jesus Nowhere*）的歌曲所制作的背景影片中，采用了本案原告街头艺术家 Seltzer 于 2003 年的创作"惊声标志"（*Scream Icon*）。"年轻岁月"乐队未经原告许可在其巡演时使用了原告创作的画作作为其演唱会的背景，具体而言，斯托布对原"惊声标志"画作进行了改造，原本呈现的是一张看似迷茫无助、痛苦尖叫的脸庞，斯托布却改变了其基本色调，并巧妙地添加了一道泼墨般的红色十字架，用意在于反映"东边的鬼地方"歌词中所描绘的表里不一的虚假宗教，以及以信仰为名而产生的暴力。美国联邦第九巡回上诉法院认为，虽然"惊声

---

① Cariou v. Prince，714 F. 3d 694（2d Cir. 2013）.

② Cariou v. Prince，784 F. Supp. 2d 337（S. O. N. Y. 2011）.

标志"在整部影片中相当突出，但仅作为原始素材，属于处理信仰与基督教议题之影片的构成要素。斯托布背景影片中对"惊声标志"稍作修改以配合"东边的鬼地方"歌词内容的行为，传达了与原著作完全不同的新的意境和认知，传达了新的信息和美感，与原作截然不同，且没有过分的商业性目的。① 而在"Morris v. Guetta 案"中，原告丹尼斯·莫里斯（Dennis Morris）是一名摄影师，其于 1977 年为"性手枪"（Sex Pistols）乐团成员西德·维瑟斯（Sid Vicious）拍摄了一张黑白照片，西德·维瑟斯在照片中摆出其自行设计的歪头眨眼的俏皮姿势。被告盖塔利用系争照片创作出七件艺术作品，其中有以高对比黑白呈现，有些加了几笔飞溅的油彩，还有以破碎的黑胶唱片拼贴而成，也有以添加墨镜或金发改变造型的不同风格。审判法院认为，艺术作品的商业性质就合理使用而言不具有决定性，"关键在于被告之利用行为是否具有转化性与正当性"。法院认为，被告作品没有明显地传递出新的表达、意义或信息，或为进一步之目的或不同之性质而增添新的东西。虽然被告在这些作品中增加某些新的元素，唯被告利用系争照片的核心部分，即西德·维瑟斯摆出特定姿势并歪着头眨眼，且被告亦无说明其作品除了作为具有装饰性的艺术作品外的任何效益。因此，法院认为被控作品并不具有转换性。② 在另外一件具有类似案情的"Morris v. Young 案"中，摄影师丹尼斯·莫里斯为"性手枪"乐团拍摄的照片，被另一位艺术家拉塞尔·扬（Russell Young）未经许可的改编和使用。拉塞尔·扬在他的证词中表示不记得在创作作品时为什么决定使用系争照片，也不记得创作这些作品的动机是什么，以及是否试图透过使用作品来批评任何事物。然而，他在后来的声明中声称他创作艺术是为了对社会规范、价值观等等进行社会评论。然因其未说明证词前后不一致的原因，法院拒绝考虑拉塞尔·扬在其声明中关于利用作品的目的和意图的陈述，此一结果影响拉塞尔·扬在合理使用第一项要件下"使用目的与性质"的主张，除其承认他只是透过添加色彩、稍微裁剪和改变媒介来修改系争照片外，拉塞尔·扬没有说明他创作这些作品的目的，法院亦

---

① See Seltzer v. Green Day，Inc.，725 F. 3d 1170，1173 - 1174（9th Cir. 2013）.

② See Guetta，2013 WL 440127，at 8.

无法从作品的表面看出任何新的表达或评论来提升转化的可能性。在法院看来，这些作品除了强调乐队本就具有的特征外，没有任何其他表达。因此，法院认定被告对原告作品的使用不具有转换性。①

　　2023 年在美国爆发了极具争议的"高德史密斯（Goldsmith）案"，鉴于挪用艺术所引发的剧烈争端使得美国联邦最高法院最终审理和判决了此案，此案在某种程度上对挪用艺术类问题进行了正面回应。此案的基本案情如下：1981 年，《新闻周刊》委托高德史密斯为当时崭露头角的流行巨星普林斯·罗杰斯·尼尔森（Prince Rogers Nelson）拍照，之后《新闻周刊》刊登了高德史密斯拍摄的一张照片并配以一篇关于普林斯·罗杰斯·尼尔森的文章。1984 年美国著名时尚杂志《名利场》委托安迪·沃霍尔（Andy Warhol）为其创作插图，安迪·沃霍尔使用了高德史密斯所拍摄的普林斯·罗杰斯·尼尔森照片并创作了一幅名为"紫耀"（Purple Fame）的普林斯·罗杰斯·尼尔森肖像作品，这幅肖像与一篇关于普林斯的文章被一起刊登在了《名利场》杂志上。在此过程中，《名利场》与高德史密斯签订了一项有限许可协议，允许其使用高德史密斯的一张普林斯照片作为"插图创作的艺术家参考"，并明确限定使用次数为"一次"。但高德史密斯不知道的是，安迪·沃霍尔以该张普林斯的照片为基础，创作了共 16 幅"普林斯系列"的作品。安迪·沃霍尔过世后，由安迪·沃霍尔基金会（简称 AWF）取得相关作品的著作权。2016 年，照片中的主人公普林斯逝世，《名利场》杂志的母公司（康泰纳仕）向 AWF 询问是否可以将 1984 年的《名利场》图片重新用于纪念普林斯的特刊中。当康泰纳仕了解到安迪·沃霍尔创作的其他"普林斯系列"图片时，它选择从 AWF 购买"普林斯系列"中的一部作品"橙色王子"（Orange Prince）作为杂志封面。直到此时，高德史密斯才在康泰纳仕的杂志封面上见到"橙色王子"，从而得知安迪·沃霍尔创作了完整的"普林斯系列"。高德史密斯随即向 AWF 提出指控，认为其摄影作品的著作权受到了侵犯。然而，AWF 先发制人，向法院先行提起了确权之诉，即要求法院宣告其对高德史密斯作品的使用属于合理使用，并未构成对高德史密

① See Morris v. Young，925 F. Supp. 2d 1078，1086（2013）.

斯版权的侵犯。需要明确的是，高德史密斯并非针对安迪·沃霍尔所创作的"普林斯系列"本身，而是聚焦于 AWF 将"普林斯系列"授权给康泰纳仕杂志的行为，认为此举侵害了其权利。

美国纽约州南区联邦地方法院经审理认为，安迪·沃霍尔采用了一种新颖的表达方式与美学视角，其创造成果与高德史密斯的原作品截然不同，"普林斯系列"的每一部作品都可以被合理地认为是高德史密斯照片的"转化"。正如高德史密斯自述，其摄影初衷在于捕捉并揭示被摄者的身份特质，然而高德史密斯照片中精心强调的细节在安迪·沃霍尔的"普林斯系列"中却被巧妙地淡化，使得高德史密斯照片中所展现的普林斯的人性特质几乎已经消失，而是将普林斯从一位"不自在、脆弱"的人变成"一个标志性的、超越生命的人物"，这一转变具有显著的转换性。进一步而言，"普林斯系列"的每一件作品都可以立即被识别为安迪·沃霍尔所创作的作品，而不是高德史密斯所拍摄的普林斯的照片，就像安迪·沃霍尔对玛丽莲·梦露和毛泽东图像的呈现，大家可以马上识别出这是安迪·沃霍尔的作品，而非该等人物的写实肖像一样。此外，法院还指出，普林斯系列作品并非高德史密斯摄影作品的替代品，因而不会在市场取代原作品而造成损害。①

尽管一审法院在判决书中大量引用"帕特里克·卡里乌（Cariou）案"，但上诉法院却称"帕特里克·卡里乌案"之标准是"我们法院认可转化性作品的高水平标志"，上诉法院强调，基于美学不歧视原则，法官不应承担艺术评论家的角色，而应寻求争议作品背后的意图或意义。二审法院认为法官必须审查二次创作的作品对原著作原始材料的使用是否应用在"完全不同的、新的艺术目的和性质"上，从而使二次创作的作品有别于原作品中的"原始材料"。尽管上诉法院并不认为原作在二次创作作品中必须是"几乎不可识别的"，只有在二次创作的作品中，转化性的目的和性质至少必须包含某种东西，而不仅仅是将另一位艺术家的风格强加在原作上，从而使二次创作作品还是可以识别原著作中的基本要素。所以二

---

① See Andy Warhol Found. for Visual Arts，Inc. v. Goldsmith.，382 F. Supp. 3d 312，330 - 331 (S. D. N. Y. 2019).

审法院得出结论，如果将安迪·沃霍尔与高德史密斯的作品排在一起看，"普林斯系列"并不具有第一项判断标准中的转换性。二审法院认为，本案中讨论的两件作品的总体目的和功能毫无疑问是相同的，从广义上论，它们不仅是作为视觉艺术作品创作的，而且从狭义上论，它们是同一个人的肖像。"一件作品是否具有转换性，不能仅仅取决于艺术家的陈述或感知的意图，也不能取决于评论家或就此处而言，法官——从作品中得出的意义或印象，否则著作权法可能会'承认任何改变都是转换性的'"，"法官必须审查利用作品对其素材来源的使用是否具有'根本上不同且新的'艺术目的和性质，从而得以区别利用作品与用于创作它的'原始材料'"，法院认为沃霍尔的作品在法律上不具转换性，因为其作品与高德史密斯的照片"具有相同的总体目的"——即均为视觉艺术作品，而没有根本上不同的且新的艺术目的和性质。上诉法院作出不利于 AWF 的判决，正适逢重新阐释合理使用原则内涵的最高法院"Google v. Oracle 案"判决的出现，在此背景下，以帕梅拉·萨缪尔森（Pamela Samuelson）教授为首的 60 多位知识产权学者和实务专家共同联名向美国联邦第二巡回上诉法院提交了"法院之友意见书"，旨在支持 AWF 案的裁决，敦促法院依据"Google v. Oracle 案"确立的合理使用分析框架，重新考量 AWF 案的裁决，并提出四点理由：（1）上诉法院关于转换性使用的定义与"Google v. Oracle 案"不相符；（2）"Google v. Oracle 案"要求应加重合理使用四要素间关系的衡量；（3）"Google v. Oracle 案"明确表示合理使用原则可限缩演绎作品的范围；（4）"Google v. Oracle 案"要求在评估合理使用的第四要素时，应更多地聚焦于公众接触新作品的可能性与便利性。尽管接受了 AWF 关于重新审理的请求，美国联邦第二巡回上诉法院在重新审视其裁决立场时，仍然指出本案与"Google v. Oracle 案"的本质差异：本案涉及的是传统艺术领域的问题，而"Google v. Oracle 案"则聚焦于新技术环境下的计算机软件版权争议。因此，法院认为不宜直接将"Google v. Oracle 案"的规则简单套用于本案。

但由于此案争议颇多，美国联邦最高法院最终决定同意重新审理此案，之后大量学者、实务界人士以及艺术人士向最高法院提出了"法院之友意见书"，这些意见书从不同角度对此案发表意见，各执一词，莫衷一是，例如言论自由、如何且由谁认定艺术作品的转换性目的、著作权人演绎作品与授权市场的范围与认定等。美国联邦最高法院经审慎审理后，最终由索托马约尔（Sotomayor）大法官主笔并正式发布了终审意见。索托马约尔大法官在判决中引用了"Campbell 案"，聚焦于第一项要件的核心，即探讨"新作品是否仅仅是对原作的'替代'，还是为了新的目的或性质增添了独特元素"，同时省略了"Campbell 案"中关于"转换性"定义的特定部分，即未直接提及"以新的表达、意义或信息改造原作"的具体表述，而是聚焦于"利用原作是否旨在实现与原作相同或高度相似的目的，从而构成'替代'或'取代'"。她进一步阐明，并非所有利用行为都能轻易依据美国版权法第 107 条前言所列举的类型（如评论或讲评）判定为较低替代性，而是需要评估"利用行为与原作是否具有相同目的或性质，或是为了更进一步的目的及性质，这往往是一个程度问题"。索托马约尔大法官强调，尽管多数利用行为可能包含进一步目的或新增元素，但这并不足以自动构成合理使用，关键在于探究"系争使用行为在何种程度上与原作的目的及性质相区别"。她进一步指出，"转化性利用"所需的转化程度，应超越简单演绎作品的转变层次。通过对比"Campbell 案"中的"滑稽模仿"与"嘲讽性表演"，她提出，若利用他人作品对于达成利用者新目的是"合理且必要的"，则该行为或可视为正当。特别地，"滑稽模仿"需通过模仿原作来传达新观点，而任何形式的原作评论或讲评亦需利用原作内容以建立"连接"。针对 AWF 对高德史密斯照片的利用，索托马约尔大法官认为，AWF 并未针对照片本身提出令人信服的正当性理由，且对于 AWF 主张沃霍尔的"普林斯系列"赋予照片"新的意义与信息"，她持保留态度，指出并非任何"新的意义与信息"都能自动正当化使用行为，而是需结合使用目的进行综合判断。她认同美国联邦第二巡回法院的观点，即添加新美学或新表达的二次创作并不必然具备转化性，且转化性的判断应基于客观分析，而非单纯依赖艺术家的主观意图或评论家的解读。在本案中，AWF 将争议作品授权给康泰纳仕杂志，作为纪念杂志封面介绍已逝巨星普林斯·罗杰斯·尼尔森，这一用途与高德史密斯照片原有的杂志、出版品肖像介绍用途高度相似。索托马约尔大法官认为，AWF

未能提供除传达新意义或信息之外，使用高德史密斯照片的独立正当性理由。因此，尽管"橙色王子"可能传达了新的意义，但 AWF 的使用行为并未构成转换性使用，其目的与高德史密斯照片的典型用途过于接近，缺乏必要的正当性基础。[①]

但撰写反对意见书的卡根（Kagan）法官则认为，安迪·沃霍尔在当代艺术中具有非常高的地位与贡献，沃霍尔的"挪用艺术"将传统美术与大众文化联结在一起，其画作犹如雷霆万钧改变了现代艺术，沃霍尔创造了令人震撼的转换性艺术。本案中沃霍尔的"橙色王子"与高德史密斯的原作相比较，两件作品在构图、表现形式、色调和媒介等几乎所有的美学特质上均是不同的，且随着形式的变化，意义也无可争议地发生了变化。也正因为两者间具有"美学与意义上之鸿沟"，康泰纳仕（Condé Nast）的《名利场》杂志选择了沃霍尔的作品而不是高德史密斯的照片。但多数意见却倾向于认为这种差异并不显著，仿佛仅是将"沃霍尔风格"作为 Instagram 滤镜般简单地叠加于高德史密斯的照片之上，从而忽略了沃霍尔从根本上改变了系争照片的性质和意义。他们认定，两件作品均作为普林斯的肖像存在，且均被杂志用于描述普林斯的故事，因此具有基本一致的商业用途。总而言之，仅因为 AWF 与康泰纳仕签订了授权合同，不论"普林斯系列"作品的形象与意义如何转化，根据第一要素分析，仍对 AWF 不利。因此，卡根法官主张，沃霍尔的画作在原作基础上增添了新元素，是转换性使用的典型体现。他强调，任何创作都是建立在已有作品的基础之上，艺术家从个人经历、文学作品、音乐、风景或画作欣赏中汲取灵感，融入自己的视角、创意、技艺或技术，从而创造出新的作品。创作过程从不是无中生有，而是对既有素材的重新诠释与升华。卡根大法官遗憾地指出："创造性的发展正是通过不断的利用、再利用、框架构建与重构来实现的。每一件作品都是站在前人的肩膀上，而后续的作品又在此基础上继续前行。随着时间的推移，这种复制与创新循环往复……今天，

[①]　See Andy Warhol Foundation for the Visual Arts，Inc. v. Goldsmith，No. 1：7 - cv - 02532，11 F. 4th 26（2d Cir. 2021）.

法院因未能认识到转换性复制的价值，首次偏离了创造力运作的固有轨迹。"①

三、"新技术使用"类案件

第三类是基于不同的目的和功能，利用网络、数字化等新技术对原作进行新型使用，甚至是完整利用原作的整个部分，其中尤以搜索引擎所提供的快照服务类案件（包括网页快照、缩略图等）和"谷歌数字图书馆案"最为典型。其与"Campbell 案"相比最大的不同点在于，原法院所指的典型"转换性使用"必须改变原作，对原作增加"新的表达、意义或信息"，但是搜索引擎所提供的快照服务以及谷歌图书对原作的数字化利用相对原作而言，并没有添加任何新的要素，而是具有不同的目的和功能。例如在 Field v. Google 案中，法院认为被告所提供的网页快照功能并非简单地再现网页中的内容，而是在被链网站因网络问题而无法被访问时，使用户得以了解该网站的信息。网页快照还可以方便用户对新旧网页进行对比、利用网页快照高亮的关键词快速查找信息等功能，因而可以构成"转换性使用"。② 如在"Perfect 10 v. Google 案"中，法院认为对于被告所提供的缩略图服务而言，由于微缩图与原图相比是尺寸较小、分辨率极低的图片，原图是基于娱乐或美学目的而作，而搜索引擎提供的缩略图服务并非为单纯再现原图的美感，而是方便用户快速接触信息的指引工具，因而具有高度的"转换性"。③ 再如在备受争议的美国"Authors Guild v. Google 案"中，法院认为谷歌虽然未经授权对受版权保护的著作加以数字化，但是其向用户提供的搜索功能可以帮助用户找到含有特定词汇和短语的数字化图书，同时其片段浏览功能可以帮助用户根据短语的上下文来评估相关图书是否在其兴趣范围之内，因而其复制目的有高度"转

---

① Andy Warhol Found. for the Visual Arts v. GoldSmith，143 S. Ct. 1258，215 L. Ed. 2d 473 (2023).

② See Blake A. Field v. Google，412 F. Supp. 2d 1106，1118 - 1119（D. Nev. 2006）.

③ See Perfect 10 v. Google，508 F. 3d 1146，1168（9th Cir. 2007）.

换性"而不构成侵权。① 此外，一些案例还涉及其他类型的新型使用方式，例如利用原作内容建立论文防抄袭系统和新闻跟踪的数据库，在这些案例中，大多数法院都认为可以构成"转换性使用"。②

从美国"转换性使用"理论的发展轨迹可以看出，莱瓦尔法官创设"转换性使用"理论的最初用意是为了给合理使用的认定提供一个清晰的指导规则，便于各法院达成共识，进而纠正美国过往合理使用纠纷的司法乱象。然而合理使用认定的复杂性以及由于日新月异的技术发展所不断催生的各类新型作品的使用方式，使得"转换性使用"理论的内涵和范围不断予以扩展，理论界和实务界对"转换性使用"的认识和理解逐渐产生了较大分歧，这似乎也背离了创设"转换性使用"理论的初衷。但不可否认的是，"转换性使用"已经日益成为当前司法实务中判断合理使用的一个重要因素，对"转换性使用"理论的研究价值和意义也日益凸显出来。

（一）计算机软件的反向工程

计算机软件是以人类可读的源代码编写的，但它通常是以目标代码的形式发布的，目标代码是一串只有计算机才能读懂的 0 和 1。软件受版权保护，但所有的软件都执行功能，并包含不享有版权保护的思想和信息。获取这些不受版权保护的组件对于建立可与原始软件相互操作的程序至关重要。为提取这些不受版权保护的互操作性关键而对软件进行逆向工程是否合法的问题，成为独立软件公司之间冲突的一个关键问题。例如在1991 年的"Sega Genesis v. Accolade 案"中，原告世嘉公司（Sega Genesis）是一家游戏开发商和销售商，而被告 Accolade 是一家开发和销售视频游戏的公司。世嘉公司的商业模式之一是将受版权保护的软件授权给独立的视频游戏开发商，而后者则负责开发和销售世嘉游戏机兼容的视频游戏。被告 Accolade 公司试图在不与世嘉公司签订许可协议的情况下开发与世嘉公司兼容的游戏。为开发可与世嘉游戏机兼容的游戏卡带，Accolade 对于世嘉的电玩游戏程式进行逆向工程，将世嘉制造的游戏光碟

---

① See Authors Guild，Inc. v. Google Inc.，804 F. 3d 202，229（2d Cir. 2015）.

② See White v. W. Pub'g Corp.，29 F. Supp. 3d 396（S. D. N. Y，2014）；Fox News Network，LLC v. TVEyes，Inc.，43 F. Supp. 3d 379（S. D. N. Y，2014）；A. V. ex rel. Vanderhye v. iParadigms，LLC，562 F. 3d 630（4th Cir. 2009）.

的目的代码反编译为原始代码，并以此找出世嘉游戏机的接口规格，后将该接口规格复制使用在自己所开发的游戏光碟上。世嘉后来开发出新一代的世嘉游戏机，并在新版的世嘉游戏机中安装了商标安全系统（Trademark Security System，以下简称 TMSS），该系统可用游戏光碟的 TMSS 初始码进行验证，只有装有 TMSS 初始码的游戏光碟才能顺利在游戏机上运作。TMSS 初始码通过验证时，控制屏幕显示特定信息。Accolade 再一次又利用逆向工程在游戏光碟中找到了 TMSS 初始化代码，并将它复制使用在其后所开发的游戏光碟中。世嘉为此向法院提起诉讼，主张 Accolade 未经许可将其所开发制造的游戏光碟的目的码反编译构成著作权侵害。审理此案的美国联邦第九巡回法院强调了保护作品的表达不受剥削性复制的重要性，同时通过保留软件中的思想和功能组件的不受保护的地位来实现创新和竞争。法院认定 Accolade 对世嘉游戏的复制行为构成合理使用，原因在于其复制旨在达成"与世嘉游戏机兼容的功能性需求"——针对那些依据版权法不应获得保护的功能元素进行的复制。法院关于"Accolade 公司复制世嘉公司代码的行为系出于合法且本质上非开发性之目的"的论断极具说服力，深刻体现了版权法保护原创表达之精髓，并将代码中非表达性成分的竞争性再利用视为服务于"本质上非开发性目的"的正当行为。法院在判决书中进一步阐明："为催生独立的创造性表达而进行的作品复制，与单纯窃取他人创造性成果之间存在本质区别。"此外，Accolade 公司此举旨在实现与世嘉游戏机兼容的功能性目标，不仅满足了市场需求，还惠及了广大公众。因此，在合理使用的第一要素上，被告方的立场得到了有力支持。① 美国联邦第九巡回法院最终认定该行为可以构成合理使用，其指出"当技术变革使得版权法的某个方面或适用变得模糊不清时，应当根据该法的公共政策对其进行解释，例如排除功能性设计。"

近十年后，美国联邦第九巡回法院在"Sony Computer v. Connectix 案"中处理了同样的问题。原告 Sony 为电玩游戏系统的研发制造商，其开发制造并销售 PlayStation 游戏机及其专用的游戏软件，同时也授权其他公司制造专用于该游戏机的软件。被告 Connectix. 制造并销售一款名

---

① See Sega Enters.，Ltd. v. Accolade，Inc.，977 F. 2d 1510，1523（9th Cir. 1992）.

为 Virtual Game Station 的软件，该软件可用以模拟 PlayStation 游戏机的功能，因而借由将该软件下载至电脑当中，消费者即可利用该电脑来执行原先只能于 PlayStation 游戏机中执行的游戏软件。为开发 Virtual Game Station 程式，Connectix 对于 PlayStation 游戏机中的基本输入输出系统（Basic Input and Output System，以下简称 BIOS）进行逆向工程，并在逆向工程的过程中复制了 Sony BIOS 的程序代码。Sony 对此向法院起诉，主张 Connectix 侵害著作权，随后并要求法院核发禁制令。与 "Sega v. Accolade 案" 的判决一致，法院认为，如果对软件的复制对于获得软件的功能元素是必要的，那么这种复制可以作为合理使用得到保护。法院再次明确承认，"合理使用原则保留了公众对受版权保护的计算机软件程序中嵌入的思想和功能元素的使用权"。上诉法院认为，尽管 PlayStation 游戏机与 Virtual Game Station 在功能上及画面输出具有相似性，但 Virtual Game Station 本身为全新的产品，Sony 也未主张 Virtual Game Station 本身包含有侵害 Sony 著作权的目的码，因而认定 Connectix 开发 Virtual Game Station 应是属于一种转化性使用。并且，如同 "Sega v. Accolade 案"，Connectix 对可受版权保护素材进行临时复制，其商业利用仅是间接、衍生目的而已，因此合理使用第一要素有利于合理使用的认定。关于对原作潜在市场或价值的影响，上诉法院确认 Connectix 所开发的 Virtual Game Station 确实对于 PlayStation 游戏机产生了替代性，影响 Sony 的收益，但上诉法院认为由于 Virtual Game Station 是一种转化性使用，且其并非单单只是取代 PlayStation 游戏机，而是可供 Sony 或其授权的游戏执行运作的合法竞争平台，故而即便 Sony 因此竞争而有经济上的损失，但也不能据此认定即无法成立合理使用。[①]

在 2021 年的 "Google v. Oracle 案" 中，再次引发了逆向工程的法律争议。Google（谷歌）在 2005 年收购 Android 公司，由于当时的软件开发者很多是以 Sun Microsystems 所开发的 Java 程式语言作为撰写软件的工具，约有六百万名的程式设计者已花费相当多的时间与精力学习使用 Java 程式语言，并利用 Java SE 平台开发设计主要应用在桌上型或笔记本

---

① See Sony Computer Entm't, Inc. v. Connectix Corp., 203 F. 3d 596，603（9th Cir. 2000）.

型电脑的应用程序，因此在收购 Android 不久后，谷歌随即与 Sun Micro-systems 洽谈整个 Java 平台授权使用的可能性。然而，基于目标产品应用的差异性，谷歌并不打算要使所有利用自己平台所开发的软件皆可与 Java 平台相容、互通，此与 Sun Microsystems 开发 Java 时最强调的互通性理念相违背，故双方授权谈判失败。此后谷歌便决定自己开发一款新的专为智能手机技术量身设计的软件平台，即 Android 平台。为了建立 Android 平台，谷歌撰写了数百万行新的程序代码，但为了要使数百万已熟悉使用 Java 程式语言的程式设计者在使用 Android 平台时可以简单上手，谷歌将 37 个 Java SE API 套件的宣告码复制使用于 Android 平台，大约有11 500行程式码与 Java SE 程序代码相同。2009 年，原告 Oracle（甲骨文）斥资 74 亿美元收购 Sun Microsystems。次年 Oracle 即向美国法院提起版权和专利权侵权诉讼。双方至此展开了长达十年以上的诉讼，其间历经加州北区联邦地方法院判决、美国联邦巡回上诉法院逆转，并最终由联邦最高法院作出终审判决。

地区法院法官审理后认定，不论是 Java API 的宣告码抑或其整体结构、次序及组织均不受著作权所保护，因而判决谷歌就此所为的复制并不构成版权侵权。而上诉法院则认为，电脑程式本质上必然带有功能性，不能因此即谓电脑程式无法为著作权保护。一组用以命令电脑实现预定功能之指令结构可能包含可受著作权保护之表达，该表达能否受著作权保护，重点应在于是否存有其他种表达方式而可用以实现相同功能，而非其是否具有功能性。据此，原审法院既已认定涉讼的 37 个 Java API 套件之结构、次序及组织具有原创性，且遭复制使用的宣告码又得以他种方式重新编写组织而实现相同功能，自应认定该些套件应可为版权所保护涉案的 37 个 Java API 套件的宣告码及其结构、次序及组织皆可为著作权所保护，但就谷歌所为的复制是否构成合理使用，上诉法院认为仍有事证尚待调查，故将案件撤销发回地区法院重审。谷歌不服二审法院判决提起上诉，请求移审范围包括 Java API 套件宣告码及其结构、次序及组织是否受版权保护，以及本案中谷歌复制使用 Java API 宣告码是否构成合理使用。美国联邦最高法院裁决同意受理谷歌提出的上诉，并在假定 Java API 套件的宣告码及其结构、次序及组织在可受著作权保护的前提下，重点在于审查谷歌复制行为是否构成合理使用，尤其是在转换性使用的判断上。联邦最高法院认为谷歌确实复制了部分的 Java API 套件，且是基于相同原因而重制，但实际上任何电脑程式被重制后，往往都会被以相同的方式来利用，故在此之分析应进一步探究个案中更具体的复制目的与性质。联邦最高法院认为，谷歌开发具有高度创意且可用于智能手机操作环境的新平台，其复制使用部分 Java API 宣告码，某种程度是为了要让程式设计者便于使用该平台，此与著作权本身所要达成的鼓励创新进步之宪法目的是相一致的。并且谷歌仅在为满足开发智能手机程式所需的必要范围内重制 Java API 套件，以使程式设计者在使用 Android 平台时，无须再重新学习新的语法，同时并以自己编写的执行码实行套件之方法任务，因此联邦最高法院认定本案谷歌的使用具有转换性。在利用目的是否出于商业考量部分，联邦最高法院认为非商业用途使用虽有利认定成立合理使用，但并不表示基于商业目的使用不利认定成立合理使用，且事实上许多常见合理使用多是出于商业目的而使用。因此，利用目的是否具商业性质对于是否成立合理使用之判断而言并非关键因素。美国联邦最高法院最终认为，谷歌复制行为可以构成合理使用。[①]

（二）搜索引擎对快照、缩略图的使用

数字时代互联网搜索引擎依靠软件代理机制在网络上"爬取"并复制数十亿的版权作品，因此在实践当中引发了重大的版权纠纷，主要包括网页快照和缩略图两类侵权案件。

就网页快照侵权案而言，其核心功能不是简单地再现网页中的作品，而是在被链网站因网络堵塞或网站服务器临时关闭而无法被访问时，提供一种途径使用户得以了解该网站中曾经存在的信息。如果网页能够被正常访问，绝大多数用户是不会去点击"网页快照"选项的。在"Field v. Google 案"中，法院认为"网页快照"属于对作品的"转换性使用"，并额外阐述了其构成转换性使用的几点依据。首先，"网页快照"能够使用户发现链接所指网页在内容上作出的改动。因为链接所指网页更新之后，"网页快照"中存储的网页还是保持原样，用户可以进行比对从而发

---

① See Google LLC v. Oracle Am. ，Inc. ，141 S. Ct. 1183，209 L. Ed. 2d 311 （2021）.

现变化之处。例如，在美国总统选举期间，候选人网站上的承诺可能随民意波动而频繁调整，"网页快照"便成为研究者追踪这些变化的有力工具。其次，"网页快照"通过高亮显示用户搜索的关键词，极大提升了信息检索的效率，这一功能是原始网页所不具备的。[①] 最后，只要设置合理，"网页快照"也不会代替用户对原告网站中作品的访问，反而能作为有益补充。在"Field v. Google 案"中，法院认为，Google 的程序设计确保了对"网页快照"的访问不能代替对原始网页的访问，具体体现在两方面：一是明确告知用户当前查看的是快照而非实时网页，并提示原始网页可能已经更新；二是清晰标注原始网页的 URL 及链接，便于用户直接跳转。同时，Google 的搜索协议使其他网站能够通过在网页中加入简单的指令，阻止 Google 对其设置"网页快照"。法院指出，上百亿网站选择允许 Google 设置"网页快照"，说明他们均没有将"网页快照"视为自己网页的替代品，也即"网页快照"并不会影响网站中作品的潜在市场价值。[②]

对于"缩略图"类案件而言，被告都是经营图像搜索引擎的科技公司，而原告享有相关图像的版权，这些图像被搜索引擎以缩略图的形式予以呈现，但存储在被告的网站上。搜索引擎提供缩略图的工作原理如下：用户在搜索引擎中输入关键词之后，搜索引擎的自动化计算机程序"爬虫"将根据用户的文本搜索内容穿越网络，并自动生成一个索引菜单。该菜单中显示的搜索图像是低分辨率的"缩略图"。这些缩略图是由搜索引擎制作副本时产生并呈现的。然而一旦用户选择了某个缩略图，用户的互联网浏览器就会被定向至原始图像所在位置以加载完整图像。在"Kelly v. Arriba 案"中，法院认为搜索引擎对版权照片的使用（用小图搜索大图）属于有创造性的合理使用，该使用通过加强信息收集能力而服务于大众。[③] 此种使用在使用目的上仅适用于识别链接，具有公益性；在使用的数量和质量上都尽可能将图片缩小，并且未故意破坏图片的完整性；使用对版权价值和潜在市场都不造成影响。美国联邦第九巡回法院将制作缩略图供图像搜索引擎使用的行为视为转换性行为，因为被告制作和显示缩略

---

① See Blake A. Field v. Google，412 F. Supp. 2d 1106，at. 1118 - 1119 （D. Nev. 2006）.

② See Blake A. Field v. Google，412 F. Supp. 2d 1106，at. 1121 - 1122 （D. Nev. 2006）.

③ See Kelly v. Arriba soft，336 F. 3d 811，816 （9th Cir. 2003）.

图的目的完全"与作者创作和使用图像的任何审美目的无关"①。在每个案件中，搜索引擎的使用"与版权所有者的使用——改善互联网上的信息获取而非艺术表达——具有不同的功能"②。在"Perfect 10 v. Google 案"和"Perfect 10 v. Amazon. com 案"中，法院同样认为，制作和展示"缩略图"的目的就是快速有效地将搜索结果以视觉画面的方式展示给 Google 图片搜索的用户③，搜索引擎公司"将图片转化为指向用户信息源的指针"，这"为原作提供了全新的用途"④。因此"缩略图"具有高度的"转换性"。

对于第四要素，由于"缩略图"的清晰度和分辨率与原尺寸图片或照片相比大幅降低，无法取代原尺寸图片或照片，用户仍然需要进入原图所在网站才能实现欣赏图片艺术的目的，因而通常情况下其并不会对原告受版权保护作品的潜在市场或价值产生影响。在"Field v. Google 案"中，法院认为，有大量证据表明网站所有者并未就其作品的使用提出付费要求。尽管 Google 的"缓存链接"长期存在，且业界已有明确的准则禁止搜索引擎直接展示网页内容，但拥有上百亿网页资源的所有者还是选择允许此类链接的显示。尽管这些所有者能够轻易地阻止"缓存链接"，但包括像迪士尼、体育画报、美国在线以及读者文摘等知名网络内容提供商，均允许指向其网站的"缓存链接"被展示。⑤ 在"Perfect 10 v. Google 案"的二审判决中，法院同样强调："由于'缩略图'对全尺寸照片而言不具有替代性，因此其不会削弱摄影师出售或许可使用全尺寸照片的能力。"⑥

（三）抄袭检测软件

互联网为现代学生提供了获得信息、分析和意见的途径。然而，这种信息来源的多样性也伴随着一个显著的弊端——为抄袭提供了前所未有的便利。对于互联网上的抄袭问题，一个日益普遍的应对措施是要求学生通

① Kelly v. Arriba soft，336 F. 3d 811，816（9th Cir. 2003）.
② Kelly v. Arriba soft，336 F. 3d，818 - 819（9th Cir. 2003）.
③ See Perfect 10 v. Google，508 F. 3d 1146，1165（9th Cir. 2007）.
④ Perfect 10 v. Google，508 F. 3d 1146 1165（9th Cir. 2007）.
⑤ See Blake A. Field v. Google，412 F. Supp. 2d 1121 - 1122（D. Nev. 2006）.
⑥ Perfect 10 v. Google，508 F. 3d 1146，1168（9th Cir. 2007）.

过各类计算机化的抄袭检验系统进行作品检测。这些系统通过比对新提交的论文与互联网上的资料库及先前提交的论文数据库，有效识别出不正当的抄袭行为。例如在"A. V. v. iParadigms，LLC 案"中，被告 iParadigm 公司拥有并运营着 Turnitin 抄袭检测服务，许多高中和大学都在使用该服务，教师可以将学生的论文与存储的学生论文和期刊论文的大型数据库进行比对。2006 年两名弗吉尼亚州的学生起诉 iParadigms 公司使用了他们在高中时撰写的论文。除其他观点外，他们的律师认为 iParadigms 对论文的使用不具有转换性，"因为存档过程并没有给作品增加任何东西"。但地区法院和美国联邦第四巡回上诉法院反驳了这一论点，称其"明显被误导"。使用受版权保护的作品并不一定要改变或增加作品的内容才具有转换性。相反，它可以在功能或目的上具有转化性，而实际上并不增加原作品的内容。美国联邦第四巡回上诉法院援引"Perfect 10 v. Google 案"作为这一立场的依据，并特别强调了功能性使用的"高度转换性"，"iParadigms 对这些作品的使用完全与表达内容无关，而是为了检测和阻止剽窃行为。"因此，学生论文的"表达"性质在此情境下并不重要，因为 iParadigms 的使用基于的是检测抄袭的"历史事实"，而非作品的创作性内容。法院进一步阐释，iParadigms 公司使用学生作品的性质和目的是具有转换性的，因为被告将论文用于完全不同的目的，即防止抄袭和保护学生的书面作品不被抄袭。抄袭检测软件依赖于对学生学期论文的整个副本以及学生可能非法抄袭的任何作品的访问；但不一定导致其处理的任何受版权保护的内容显示给终端用户，或由其阅读。正如上诉法院所解释的，"iParadigms 对原告作品的使用只与作品的比较价值有关，并没有削弱学生创造的积极性"，并且"通过使用 Turnitin 的教育机构网络提供了实质性的公共利益"。即使它存储了整个文件，也没有公布完整的复制件供公众访问和观看，也即被告对版权作品的数字拷贝的使用被认为与表达内容完全无关，具有转换性，最终认定构成合理使用。①

（四）数字图书馆

在美国发生的两起数字图书馆侵权案都与谷歌公司有关。第一起案件

---

① See A. V. ex rel. Vanderhye v. iParadigms，LLC，562 F. 3d 630，645（4th Cir. 2009).

是"Authors Guild v. HathiTrust 案"。HathiTrust 为参与谷歌图书项目的大学图书馆的数字化藏书提供了一个数字存储库，旨在加速数字人文学科的研究进程。美国作者协会对 HathiTrust 提起诉讼，指控其创建了一个数字图书馆，其中包含谷歌从大学图书馆合作伙伴的藏书中扫描出的几百万本仍处于版权期内的图书的数字化内容。作者协会认为 HathiTrust 的存在本身就是一个非法数据库。然而，HathiTrust 为其数字图书馆的合理性进行了抗辩，主张存在三类合理使用情形：第一，全文检索功能，帮助研究人员定位包含满足其查询需求的条目的图书，从而指引他们在实体书库中找到相关书籍；第二，使阅读障碍者能够查阅图书全文；第三，保存图书馆收藏的图书，以应对书籍可能遭受的严重损坏或毁灭性事件（如自然灾害）。美国联邦第二巡回法院经审理后认为，"创建一个可全文搜索的数据库是一种典型的转换性使用，因为文字搜索的结果在目的、特征、表达、意义和信息上都与其来源页（乃至整本书）有所不同。事实上，我们可以看出原文和 HDL 全文搜索的结果之间几乎没有任何相似之处"[1]。法院认为，通过扫描仍处于版权期内的图书的完整副本并将其永久存储在数据库中，可以进一步"改变用途"，允许对图书内容进行"数据挖掘"。这种使用并没有通过复制和存储实体产生新的表达，对扫描书籍进行"挖掘"的输出并不是为了揭示其表达方式，而是为了提取信息，例如有关词语使用频率的信息，或者在数百万本书的语料库中，特定词语或短语首次出现的日期范围。为了创建这样一个数据库，有必要复制整本书。由于 HathiTrust 的搜索功能并不向读者提供书籍内容，而只是提供有关书籍内容的信息，因此数据库的使用不会取代读者对书籍的需求，也不会损害书籍的市场。法院驳回了作者协会关于 HathiTrust 本应许可这种使用以及安全漏洞风险可能导致未来损害的推测，因为有确凿无疑的证据表明了 HathiTrust 采取了强有力的安全措施。针对阅读障碍者的使用情形，法院认为对 HathiTrust 语料库的这种使用是公平的，"通过以残疾人可访问的格式提供版权作品，HathiTrust 使更多的受众能够阅读这些作品，但 HathiTrust 使用的根本目的与作者的原始目的相同"。尽管

---

① Authors Guild，Inc. v. Hathitrust，755 F. 3d 87，97 - 98 (2d Cir. 2014).

如此，目的因素还是有利于 HathiTrust 的合理使用抗辩，因为让阅读障碍者与视力正常者一样阅读图书内容是有益于社会的。法院相信出版商只向阅读障碍者提供了很小比例的图书的证据，因此市场影响因素也有利于合理使用。因此，在"Authors Guild v. HathiTrust 案"判决中，法院作出了有利于 HathiTrust 的判决。

　　第二起案件是"Authors Guild v. Google 案"。谷歌自 2004 年发起"数字图书馆计划"（Google Library Project），将书籍进行数位扫描、转换成机器可读取文字，再进行书籍索引。自 2004 年起，谷歌扫描的书籍超过二千万本，而谷歌拥有所有书籍的原始扫描图档，并储存在其服务器中。这项计划使 Google Books 搜寻引擎得以创建完成。一般大众可以在 Google Books 网页上输入关键字，搜寻结果则会显示拥有该关键字的相关书籍列表。有时搜寻结果会提供购买书籍的链接，或显示可借阅该书籍的图书馆，而谷歌并没有从 Google Books 中获利，该搜寻页面上也没有展示广告。简而言之，Google Books 所提供的功能包括：一、免费提供搜寻功能，让使用者得以知悉包含关键字之相关书籍，或是确认书籍中是否包含有使用者期待的关键字词。二、查询关键字词后，透过片段浏览功能试读最多三段包含有该关键字的上下文。美国作家协会于 2005 年提出诉讼后，先与谷歌进行协商，起初谷歌停止扫描行为，但后来谷歌主张其行为构成合理使用并继续执行其数字图书馆计划，因此双方最终对簿公堂。双方争议焦点为谷歌将大量书籍全文扫描并建立大众免费搜寻的系统（Google Books），"全文扫描"的行为是否属于合理使用行为。2013 年 11 月，地区法院认为谷歌将书籍全文扫描以利搜寻的使用方式属于合理使用行为，该使用行为具有转换性，且片段阅览功能使具著作权保护的书籍内容受到适当限制，Google Books 也不会对原作产生市场替代性。美国作家协会将案件上诉至美国联邦第二巡回上诉法院。美国联邦第二巡回法院经审理认为，就 Google Books 搜寻功能而言，谷歌将众多书籍复制、转为数位形式，目的是让使用者得以识别含有其感兴趣字词的相关书籍。法院认为此利用行为具有高度转换性目的。就片段浏览功能而言，谷歌将书籍的每个页面划分成微小片段，透过适量阅读关键字的上下文，让使用者得以评估搜寻结果是否为其所欲找寻的书籍，且同时又不会展示过多内容，以至于影响到著作权人的利益。因此，法院认为片段阅览功能增添了搜寻功能的价值，因此第一要素有利于谷歌。同时谷歌扫描书籍的商业动机也没有削弱其合理使用的抗辩。法院不相信"谷歌篡夺了原告进入与谷歌提供的功能基本相同的有偿和无偿许可市场的机会"，称这一论点不成立，"部分原因是许可市场实际上涉及的功能与谷歌提供的功能截然不同，部分原因是作者的演绎权利并不包括提供（谷歌提供的）有关（其）作品的信息的专有权"。原告关于因所谓的安全风险或谷歌图书馆合作伙伴可能会侵犯谷歌提供给他们的数字拷贝而可能导致未来侵权的论点也不能令法院信服。法院对原告关于片段具有替代效应，从而损害图书市场的说法做出了详细回应。法院承认，片段确实展示了语料库中图书的某些表达部分，但同时指出，"片段浏览充其量是在投入大量人力之后，产生不连续的、微小的片段，总计不超过图书的16%。正因为如此，片段浏览不会对权利人的版权价值造成任何重大损害，也不会减少他们的版权收入"。即使谷歌提供的片段确实造成了一些图书销售损失或者一些销售损失的可能性，但这并不足以使副本成为有效竞争的替代品，从而使第四要素向有利于原版权利人的方向倾斜。因为第四要素要求必须对原作品的使用需对"版权作品的潜在市场或价值产生重大的影响"[①]。

（五）其他新技术类案件

除前述新技术引发的比较典型的版权侵权案件外，在司法实践当中还爆发了其他类型的新技术案件，在这些案件当中法院都讨论了转换性使用理论的适用，具体如下。

1. "Fox News Network v. TVEyes案"

TVEyes是一家媒体公司，其将所录制的包括Fox新闻频道等超过1 400个电视与广播频道的内容整合为资料库，以每月500美元的会费提供其客户收看、收藏、下载，并可与他人分享不超过十分钟的电视节目片段。Fox新闻频道向法院提起诉讼，主张TVEyes未经许可播送Fox频道节目的视听内容供其客户接触，侵害了Fox新闻频道对该等节目内容所享

[①] Authors Guild v. Google，Inc.，804 F.3d 202，116 U.S.P.Q. 2d（BNA）1423（2d Cir. 2015）.

有的版权。"Fox News Network v. TVEyes 案"在某种程度上与"Authors Guild v. Google 案"类似，TVEyes 具有搜索功能，用户能够根据自己的兴趣搜索和定位电视节目片段。然而，两者之间存在一些关键区别：其一，复制的材料为视听媒体和相关的字幕文本（而不是谷歌图书中的纯文本）；其二，使用该服务需要支付费用每月 500 美元，而不提供给私人消费者供个人使用。TVEyes 录制了每周 7 天、每天 24 小时播放的所有 1 400 个电视和广播频道的节目。同时，它还复制了内容所附的字幕文本，并在必要时运用语音转文本技术以增强信息的获取。随后，该系统将这些生成的文本与庞大的视听内容数据库相结合，提供强大的文本搜索功能。对于每个搜索结果，用户可以浏览自搜索词提及前 14 秒起算的、长达 10 分钟的录制片段。用户可播放的片段数量不受限制，但 TVEyes 声称会防止用户观看连续的片段。所有录制的内容将在播放 32 天后被 TVEyes 删除，但用户可以将搜索结果中的特定片段存档，这些片段将无限期地提供给该用户。

　　一审纽约州南区联邦地方法院判决 TVEyes 让其客户可以关键字搜寻影片、观看所搜寻之影片、将影片储存于 TVEyes 服务器等功能可以成立合理使用，但美国联邦第二巡回法院推翻了这一判决，认为不能因为 TVEyes 的个别功能而豁免其整体服务的法律责任。Fox 新闻频道在上诉过程中并没有对搜索功能提出异议，而是专注于质疑观看功能的合法性。美国联邦第二巡回上诉法院经审理认为，美国最高法院在"Sony 案"提出的"时间转换"（Time-Shift）属于转换性使用的一种类型，"因为其借由二次使用行为可达成提升信息传递效率的转化性目的，且不会过度地损害权利人之商业利益"。TVEyes 采用了适度的转换技术（类似于索尼的时间转换技术），因为"它几乎可以即时访问一部分材料以及有关材料的信息，而这些信息原本是无法检索的，或者只能通过极其不方便或低效的方式检索"。与索尼一样，它使客户能够"在方便的时间和地点观看他们想要的节目，而不是在广播的时间和地点"。而 TVEyes 的观看功能正是此类可达成实现提高效率这一变革性目的的技术，用户不必为了解感兴趣话题的讨论情况而观看 32 天的节目，这种效率和便利性使观看功能至少在某种程度上具有变革性。并且法院通过比对"Authors Guild v. Google

案"中的被判定为符合转化性要素的"搜寻功能"和"片段阅览功能"（Snippet View），认为 TVEyes 的观看功能亦具有类似的变革性，因为它帮助用户从海量节目中精确筛选出所需信息。然而，该服务的商业性质被认为超越了这种"适度"的变革性范畴。尽管承认 TVEyes 的观看功能具有"一定程度上"的变革性目的，但法院认为 TVEyes 被用于与福克斯新闻观众相同的目的，即获取报道信息。在评估合理使用的第四项要素时，法院参照了"Authors Guild v. Google 案"的判决，强调关键在于复制品是否会作为原作的替代品或衍生物进入市场，从而严重损害版权人的经济利益。TVEyes 使客户能够观看 Fox 新闻频道的几乎所有节目，实际上剥夺了 Fox 从 TVEyes 或类似实体获得的授权收益的机会，因此第四项要件不利于 TVEyes。经综合考量四项要素，法院最终判定 TVEyes 的利用行为不成立合理使用。①

2. "Capitol Records v. ReDigi 案"

被告 ReDigi 由 Ossenmacher 和 Rudolph 于 2009 年创立，旨在构建技术平台以促进合法购买的数字音乐文件的合法再流通市场。为了参与 ReDigi 市场，用户必须在 ReDigi 网站上注册，然后下载并安装市场应用程序。ReDigi 通过其系统版本 1.0 为那些合法从 iTunes 等平台购得文件并希望转售的用户，特别是包含原告音乐作品在内的数字音乐文件，提供了交易服务。ReDigi 系统版本 1.0 的运行方式如下：（1）音乐管理器：拥有合法从 iTunes 购买的数字音乐文件并打算使用 ReDigi 系统转售该文件的人（"用户"）必须首先下载并安装 ReDigi 的"音乐管理器"软件程序（"音乐管理器"）到其计算机上。安装音乐管理器后，它会分析打算转售的数字文件，验证该文件最初是否合法从 iTunes 购买，并扫描该文件是否有篡改迹象。如果该文件是合法购买的，音乐管理器将其视为可以转售的"合格文件"。（2）数据迁移：ReDigi 用户必须将文件传输到 ReDigi 的远程服务器，即"云存储"。为了实现此传输，ReDigi 开发了一种与传统文件传输不同的新方法。传统过程是在接收目的地复制数字文件，以便在传输完成后，文件同时存在于接收设备和传输源设备上。（3）转售：符合

① See Fox News Network，LLC v. TVEyes，Inc.，124 F. Supp. 3d 325（S. D. N. Y. 2015）.

条件的文件一旦"迁移"到 ReDigi 的服务器，用户便可以利用 ReDigi 的市场功能转售该文件。如果转售，ReDigi 将向新购买者提供该文件的独家访问权限。ReDigi 将文件下载到新购买者的计算机或其他设备（同时从其自己的服务器中删除该文件），或将文件保留在新购买者在 ReDigi 服务器上的云存储中，新购买者可以从云存储中收听音乐。（4）重复文件处理：为避免用户保留已售出的文件副本，Music Manager 会持续监控用户的计算机硬盘和连接设备以检测重复文件，一旦发现即提示用户删除。然而，2012 年 1 月，原告提起诉讼，主张 ReDigi 系统版本 1.0 在运行过程中未经授权复制和发行了原告的版权作品，侵犯了原告的版权。

美国纽约南区联邦地区法院经审理认定，ReDigi 对原告音乐文件进行网络转售构成侵权，理由有二：第一，在 ReDigi 转让过程中涉及的复制方式侵犯了原告的复制权；第二，通过 ReDigi 出售的数字文件属于非法复制品，无法适用发行权用尽原则，因为发行权用尽原则仅适用于"合法制作的特定录音制品"。ReDigi 不服，提起上诉。美国联邦第二巡回上诉法院的 Leval 法官审理了此案。针对 ReDigi 提出的发行权用尽原则，Leval 法官与初审法官的见解一致。再针对 ReDigi 提出的合理使用抗辩，Leval 法官进行了分析。就第一要素"使用的目的与性质"而言，Leval 法官在引用了"Authors Guild v. Google 案""A. V. v. iParadigms，LLC案"等"大量、无差别复制"的目的转化性案例，以及前述 TVEyes 案关于科学技术促进提升信息传递效率也符合转化性要素的论点后，指出 ReDigi 不会对受版权保护的作品进行任何更改。它不会提供批评、评论，不会提供有关该作品的信息，也不会以更方便、更易用的形式向已获得接收内容权利的人提供内容。ReDigi 所做的本质上是为数字音乐文件的转售提供市场，转售与权利持有人对相同录制音乐的销售形成竞争。因此，第一要素不利于 ReDigi。而就第四要素"使用行为对原作潜在市场的影响"而言，莱瓦尔法官指出前述 TVEyes 案中引用 Google Books 有关替代物或衍生物会严重剥夺原权利人收益的论点，而 ReDigi 复制原告作品转售给相同的消费群，目的是与原告的唱片销售市场竞争，且其网络副本不会因为是"二手"而在品质上与原本有所差别，唯一的差别是副本的价格较原本低廉。因此，第四项要件不利于合理使用之成立。因此，法院认为，即使 ReDigi 被认为具有一些微弱的变革性目的，但这一目的也被 ReDigi 通过在版权持有人合法市场中的直接竞争对原告版权价值造成的重大损害所掩盖，为消费者提供了从版权持有人处购买的替代品。综上，莱瓦尔法官判定 ReDigi 不成立合理使用。[①]

3. "Associated Press v. Meltwater U. S. Holdings，Inc. 案"

被告 Meltwater News 为新闻聚合平台，业务遍及 27 个国家。Meltwater News 订阅者可以使用 Meltwater 的 "全球媒体监测" 产品，该产品提供一套在线服务，能使用户根据互联网上的新闻文章中某些单词或短语的出现情况以实现对新闻动态的实时监控并接收这些新闻文章的摘录。Meltwater 使用自动计算机程序或算法从在线新闻源复制或 "抓取" 文章，对文章进行索引，并根据搜索查询结果向客户提供文章的逐字摘录。本案原告是美联社，旗下拥有全美 1 400 多家报纸，员工约 3 700 人。美联社每天发布 1 000 至 2 000 篇新闻文章。美联社主要指控 Meltwater 侵犯了美联社对其所发表新闻报道的版权。具体而言，Meltwater 利用计算机程序自动从网络环境中抓取新闻文章，并在其每周一至周五定期发送给订阅用户的报告中，纳入了包括众多美联社报道在内的新闻摘录。Meltwater 并不否认其从美联社报道中摘录了受版权法保护的表达性内容，但针对美联社的版权侵权指控提出了合理使用的辩护。Meltwater 辩称其对文章的使用是合理的，因为 Meltwater News 在功能上类似于互联网搜索引擎，仅为订阅用户提供有限数量的版权材料作为查询响应，旨在引导用户进一步观看在线信息源。此外，Meltwater 还强调，其服务在本质上构成了对原作品的转换性使用，即通过对原作品内容的重新组织与呈现，赋予了新的信息价值或功能。

法院对此指出如下。

首先，Meltwater 新闻报道的目的和用途，以及新闻报道中注册文章的摘录，都不是变革性的。Meltwater 使用其计算机程序自动捕获和重新发布新闻文章中的指定文本片段，而不在其新闻报道中添加任何评论或见解。Meltwater 复制美联社内容是为了直接从未经稀释的使用版权材料中

---

① See Capitol Records，LLC v. ReDigi Inc.，910 F. 3d 649，661（2d Cir. 2018）.

赚钱。这是其商业模式的核心特征，而不是其使用版权材料的附带结果。因此，Meltwater 自己的营销材料传达出替代美联社新闻服务的意图也就不足为奇了。

其次，Meltwater 认为其对登记文章的使用具有变革性，这一论点基于一个核心观点展开：它试图将 Meltwater News 定位为搜索引擎，该引擎旨在引导用户至在线信息源，其搜索结果能够揭示特定单词或短语在互联网上的"出现位置、时间、频率及上下文"等信息。然而，根据 Meltwater 的说法，搜索引擎的设计和功能应该降低用户将搜索引擎显示的材料用于与原始作品相同用途的可能性。但是 Meltwater 自己对互联网搜索引擎的描述与 Meltwater News 本身的运作方式并不一致。Meltwater News 是昂贵的订阅服务，其宣传内容是新闻剪辑服务，而不是一种用于提升互联网内容访问便捷性的公共工具。此外，Meltwater 选择不提供证据证明 Meltwater News 的客户实际上使用其服务来改善他们对其新闻提要中摘录的新闻报道的访问，这进一步证实了 Meltwater News 的设计或运营并非旨在促进对原始新闻报道的全面访问。

再次，本案争议与"Perfect 10 v. Amazon. com 案"和"Kelly v. Arriba 案"中涉及的问题之间有几个区别。第一点，也是最明显的一点，是前述两案中合理使用的抗辩被应用于执行转换性工作的搜索引擎之上。与"Perfect 10 v. Amazon. com 案"和"Kelly v. Arriba 案"中的搜索不同，Meltwater 的搜索不公开，并且针对特定内容提供商列表运行。简而言之，仅凭使用算法从互联网上抓取和复制内容，并不能自动将 Meltwater 视为执行转换性工作的搜索引擎。第二个需要注意的是，Meltwater 所依据的两项美国联邦第九巡回法院的判决几乎没有支持其论点，即只要复制的内容与原件相符，该复制行为即构成合理使用。美国联邦第九巡回法院的两项裁决所涉及的作品是照片，照片本质上是不可分割的。无论是"Perfect 10 v. Amazon. com 案"还是"Kelly v. Arriba 案"都无法为 Meltwater 的主张提供有力支持，即它在搜索结果中显示多少注册物品无关紧要。美国联邦第九巡回法院强调缩略图的尺寸小、分辨率低，理由是缩略图无法充分替代受版权保护的作品。若 Meltwater 抓取并展示受版权保护的新闻报道全文，则其难以再声称其商业模式仅限于作为引导读者深入阅读原始报道的搜索引擎。此外，Meltwater 对搜索引擎的讨论在某种程度上也偏离了主题。虽然了解 Meltwater News 的运作方式很重要，但即使它是一个搜索引擎，也仍然有必要检查 Meltwater 是否违反了《版权法》。"Perfect 10 v. Amazon. com 案"和"Kelly v. Arriba 案"在搜索引擎创建的网页背景下讨论了合理使用抗辩的问题，并发现这些被告可以提出抗辩，但这一事实并不能免除 Meltwater 的独立举证责任，即证明其向订阅者展示的特定搜索结果符合合理使用要求。换句话说，使用搜索引擎机制从互联网上抓取资料并将其提供给消费者以响应他们的搜索请求，并不能使被告免受《版权法》规定的行为标准，包括合理使用辩护的法定体现。同样的，如果被告的使用"明显不同于"作品创作的"原始目的"，则该使用可能是改造性的。但是，正如上面所讨论的，Meltwater 并没有表明它是如何运作的。根据本记录中无可争议的事实，Meltwater 提供了与传统新闻剪辑服务相当的在线服务。事实上，Meltwater 将自己描述为增加了"传统新闻剪辑市场改变游戏规则的技术"。这项功能并没有什么变革性。

最后，Meltwater 试图为其复制《注册条款》的行为辩护，指出它利用从互联网上获取的内容也为其订阅者提供仪表板分析等服务。Meltwater 辩称，这种材料的使用构成了转化性使用。法院并不质疑 Meltwater 展示任何分析结果向其订阅者提供。美联社并未辩称通过这些工具分析其公开内容侵犯了其权利。然而，展示这种分析——无论是以图形方式展示报道的地理分布、语气还是 Meltwater 包含的任何其他变量——都是一项完全独立的服务，与发布受版权保护的文章摘录无关。Meltwater 也提供多种分析工具这一事实并不意味着其复制和重新分发文章摘录具有变革性。

总之，Meltwater 使用美联社文章并不构成转换性使用。[①]

---

① See Associated Press v. Meltwater U. S. Holdings，Inc.，931 F. Supp. 2d 554（fn. 13）(S. D. N. Y. 2013).

第二章 | 转换性使用的性质与地位

转换性使用的性质及其在合理使用判断中的地位是当前学界和实务界争议较大之处，有必要对其进行正本清源。总结国内外的相关案例和研究成果会发现，其主要问题体现在：其一，近年来在学理界甚至司法实践中日益兴起一种观点，即"合理使用是使用者的权利"，与此观点相映衬，也有学者主张将"转换性使用"与合理使用的地位等同，甚至将"转换性使用"定性为使用者的一项独立权利。① 这一观点是否合理？其二，在司法实践中，法院往往在认定被告行为构成"转换性使用"之后就倾向于认定被告的行为构成合理使用，但问题在于：当"转化性使用"要素和"对作品潜在市场的影响"要素矛盾时该如何权衡？哪一个要素是合理使用判断的主导要素？上述问题直接影响到相关著作权纠纷的侵权判定和法律适用，有必要进一步加以辨析和研究，故而本书将在下文进行探讨。

---

① See Mary W. S. Wong，"Transformative" User-Generated Content in Copyright Law：Infringing Derivative Works or Fair Use?，11 Vand. J. Ent. & Tech. L. 1075，1108（2009）. 尤杰：《数字传播时代的版权与言论自由权之争——对转换性使用的哲学思考》，2011年上海大学博士学位论文，第55-56页。

第一节　"转换性使用"的性质之争

　　"转换性使用"是合理使用判断的一个考量要素，而当前学界的主流观点认为，合理使用的性质是一种特权（privilege）而非一种权利（right），亦即版权人主张使用者无权使用时，使用者可以就其使用原作具有正当性来进行侵权豁免的积极抗辩（affirmative defense）。① 但近来有学者主张，当前对合理使用的定性是以版权所有者权利为出发点与归结点，这样的思路从根本上贬抑了转换性使用者的权利主体地位，使版权作品的转换性使用者从一开始就处于一种弱势地位，并使得相关案件的审理天然地偏向版权所有者。只有明确承认转换性使用者拥有一项与版权的权利地位相当的使用者权利，法院对合理使用原则的解读才会更为宽容，从而也才会更趋向中立与平衡。② 这一观点体现了两层含义：一是"转换性使用"与合理使用的地位等同，二是将"转换性使用"定性为使用者的一项独立权利。这一观点的主张也并非无源之水，其与近年来在学理界甚至司法实践中日益兴起的"合理使用是权利"的主张相映衬。例如美国著名的莱曼·雷·帕特森（Lyman Ray Patterson）教授③、莉迪亚·帕拉斯·洛伦（Lydia Pallas Loren）教授④以及加拿大的迈克尔·盖斯特教授⑤都

---

① See Ned Snow, Proving Fair Use: Burden of Proof as Burden of Speech, Cardozo L. Rev., 2010, 31: 1781-1822.

② See Mary W. S. Wong, Tranformative User-Generated Content in Copyright Law: Infringing Derivative Works or Fair Use, Vand. J. Ent. & Tech. L., 2008, 11: 1075-1139. 尤杰：《数字传播时代的版权与言论自由权之争——对转换性使用的哲学思考》，2011 年上海大学博士学位论文，第 55-56 页。

③ 参见［美］莱曼·雷·帕特森、斯坦利·W. 林德伯格：《版权的本质：保护使用者权利的法律》，郑重译，法律出版社 2015 年版，第 153-176 页。

④ See LydiaPallas Loren, Fair Use: An Affirmative Defense, Wash. L. Rev., 2015, 90: 685-712.

⑤ 参见［加］迈克尔·盖斯特：《为了公共利益——加拿大版权法的未来》，李静译，知识产权出版社 2008 年版，第 325 页。

认为合理使用并不只是使用者的一种抗辩，更是使用者行使权利的表现。在司法实践当中也有不少法院赞同这一观点，例如美国的"Princeton Univ. Press 案"①、"Bateman 案"② 和"Lenz 案"③，加拿大地区法院曾经审理的"Alberta（Education）案"④ 以及最高法院审理的"CCH Canadian Ltd. 案"⑤ 等。

上述对合理使用性质的争论影响了学理界对"转换性使用"性质的认定，因而辨析合理使用的性质显得十分必要。在明确合理使用的性质之前，首先应该厘清特权与权利之区分。在美国理论界和实务界，很多情况下对特权和权利的用法是较为混乱的，有时候具有同一概念内涵，有时候则又指代不同含义。霍菲尔德（Hohfeld）教授提出的分析理论对于区分权利和特权提供了很大的帮助。依其观点，权利的本质是一种"要求权"（claim），即权利人要求义务人为或不为一定行为时所处的法律地位，权利必然对应着义务，并且义务是强制性的，即有权利必有义务，无义务必无权利。而特权指的是个体为某种行为的自由，特权的相反方是义务，其相应方是无权利。⑥ 也就是说，如果某人有为某行为的特权，这仅仅意味着法律没有设定某人不做某行为的义务，他人没有要求某人不做某行为的权利，法律对某人做某行为或者保持沉默，或者设定许可。因此，对于特权而言，其能否得以实现无法得到法律的直接保障。将此理论适用于合理使用性质的判断当中可知，例如以"为私人目的复制例外"为例，它是法律对使用者所设定的一种特权，即"使用者可以为私人目的复制他人作品"，可以转换为"使用者没有为私人目的不得复制他人作品的义务"，因

---

① Princeton Univ. Press v. Michigan Document Services，99 F. 3d 1381，1395（6th Cir. 1996）.

② Bateman v. Mnemonics，Inc.，79 F. 3d 1532，1542（11th Cir. 1996）.

③ 本案的第九巡回上诉法院认为，合理使用是美国版权法第 107 条所授予的权利，并非第二种意义上的"积极性抗辩"，并通过引用"Bateman 案"以及 Lydia Pallas Loren 教授的文章，认为"国会并非意图使得合理使用成为积极性抗辩"。See Lenz v. Universal Music Corp.，801 F. 3d 1126，1133 - 1134（9th Cir. 2015）.

④ ［2012］2 S. C. R. 345（Can. ）.

⑤ ［2004］1 S. C. R. 339（Can. ）.

⑥ 例如，假设某人有做 A 行为的特权，由于特权的相反方是义务，因而某人没有不做 A 的义务，同时根据特权的时应方是无权利，因而他人没有权利要求某人做 A 行为。

此它丝毫不涉及使用者是否有使用作品的权利，除非法律明确规定版权人不得妨碍使用者使用其作品的消极义务，"为私人目的复制例外"才可以成为一种权利。[①] 据此，合理使用是法律规定的一种特权而非权利，而此类特权究其本质而言是一种法定利益，或者有学者称之为反射利益，即此利益并非法律直接授予主体的，而是法律规定产生的反射利益。法律规定了合理使用的条款使得他人可以基于一定的正当性理由使用版权人的作品，这实际上使得一部分行为被排除出版权法的保护范围，版权人对此承受了一定的负担，但这恰使得使用者获得了一定的反射利益。[②]

事实上，从世界各国（地区）的司法实践来看，大多数法院都不认为合理使用是一种权利，而是特权或法定利益。例如我国台湾地区法院明确指出："从学理观之，合理使用虽为著作权法所承认之著作权限制，然从权利发生之基础、合理使用之外在表征、内在意涵及权利实现等方向，均无法认定合理使用的保护强度达到'权利'的程度，是以合理使用仅属著作权法上所赋之一般法律利益。另从法律的经济分析及法院判决实务的实证实践来看，采用使用者权利说的相关成本较高。对于合理使用给予'利益式保护'即已足够，并无承认'合理使用权利'之必要。"美国法院在"Campbell 案"[③] 和"Harper 案"[④] 中早就表明了这一观点，在"Corley案"中更是进一步指出，"合理使用从来也无法确保使用者可以获得作品，进而以其偏好的技术或原版的格式去复制版权作品"[⑤]。此外，比利时的"Test Achats 案"、法国的"穆赫兰道案"以及德国、匈牙利等欧洲国家司法实践都明确表明，合理使用不是一种"权利"，而是对著作权的一种限制。[⑥] 因而上述观点所认为的"转换性使用"是使用者的权利显然是无法证成的。至于其所认为的"转换性使用"与合理使用的地位等同的观

---

① 参见朱理：《著作权的边界——信息社会著作权的限制与例外研究》，北京大学出版社2011年版，第 64 - 65 页。

② 参见朱理：《著作权的边界——信息社会著作权的限制与例外研究》，北京大学出版社2011年版，第 61 - 63 页。

③ Campbell v. Acuff-Rose Music, Inc., 510 U. S. 569, 590 (1994).

④ Harper & Row Publishers, Inc. v. Nation Enter., 471 U. S. 539, 561 (1985).

⑤ Universal City Studios, Inc. v. Corley, 273 F. 3d 429, 459 (2d Cir. 2001).

⑥ 参见王迁：《著作权法》，中国人民大学出版社 2023 年版，第 396 页。

点，也是不能成立的，具体可见下文分析。

第二节 转换性使用在合理使用判断中的地位之辩

一、转换性在合理使用判断中的地位问题所引发的争论

在美国合理使用判断中，第二要素"作品的性质"以及第三要素"使用作品的数量和质量"常被认为是合理使用判断的辅助要素。① 比较有争议的是，第一要素和第四要素之间的关系，尤其是第一要素中的"转换性使用"与第四要素"对作品潜在市场的影响"之间，何者是合理使用判断的主导要素。学界和司法界对这一问题的争论由来已久，至今依旧是各执一词。在"Campbell 案"之前，理论界和实务界的主流意见认为，第四要素在合理使用的判断中处于核心地位，其中尤以漫迪·J·戈登（Wendy J. Gordon）教授在 1982 年发表的一篇文章为代表。在这篇文章中，漫迪·J·戈登教授首次用经济学中的市场失灵理论来解释合理使用的性质，其认为合理使用是法律允许使用者偏离市场机制的一种标签，只有在交易成本过高情形，也即市场失灵的情况下，使用者才能以合理使用作为抗辩理由。漫迪·J·戈登教授据此提出了界定合理使用的新标准：首先认定是否存在市场失灵，然后判断使用者的使用行为所带来的社会福利是否大于该使用行为对版权人的损害，最后考量，假如认定使用者构成合理使用是否会对版权人的激励造成实质损害。② 因而根据 Gordon 教授的理论，对合理使用的判断最终都要落脚于使用者的使用是否会对原作市场造成实质性损害的判断上。其后尼默（Nimmer）教授在其论著中也明

---

① See Pierre N., Toward a Fair Use Standard, Harvard Law Review, 1990, 103 (5): 1105 - 1136.

② See Gordon W. J., Fair Use as Market Failure: A Structural and Economic Analysis of the Betamax Case and Its Predecessors, Columbia Law Review, 1982, 82: 1600 - 1657.

确指出，第四要素是合理使用各要素中最重要、也是最核心的要素。① 而真正在司法实践中明确提出第四要素的核心地位的是美国联邦最高法院1985 年审理的"Harper 案"。在该案中，美国联邦最高法院法官引用尼默教授的观点，明确指出第四要素是被告能够主张合理使用最重要的依据。② 然而在 1994 年"Campbell 案"中美国联邦最高法院又推翻了这一结论，并认为对于合理使用的判断并没有绝对的标准，四个要素不应该相互分割，都应该在系争案件中进行综合衡量，但法院又同时支持莱瓦尔的"转换性使用"理论，并认为使用越是具有转换性，越是有可能构成合理使用。

　　然而在学界依然有不少学者明确反对"转换性使用"的主导地位，并呼吁法官要重视第四要素的作用，其主要理由在于：一是第四要素更符合版权法的目的和功能。版权法以促进科学和文艺进步的公共利益为根本目的，这一立法目的表明，只有最大化实现版权作品的效益才能鼓励更多创造性作品的产出，促使公众获益，应该将更多的时间和精力用于实现作品的市场效益，因而"任何损害版权作品价值及利用的行为都违背版权保护的根本目的"③；二是当前"转换性使用"的界定标准太主观，不具有确定性，而第四要素较为客观。第四要素"对作品潜在市场的影响"更具有可量化性（quantifiable），当前司法实践对第四要素的界定也更具有共识。④ 但也有学者对此表示担心，认为法院过度重视"转换性使用"要素或第四要素的分析，都可能会架空其他要素的设置意义。⑤ 因此，有学者主张，对合理使用的判断，各项要素都必须一一审视，且同样重要，没有一项特别重要，或不重要。⑥

---

① See Melville B. Nimmer, Nimmer on Copyright, §13.05 [A], 13-76 (1984).

② See Harper & Row Publishers, Inc. v. Nation Enters., 471 U. S. 539, 566 (1985).

③ I. Fred Koenigsberg, Copyrights, in Practicing Law Institute, Understanding Copyright Law. 49, 65 (2010).

④ See Kimbrough A. Transformative Use vs. Market Impact: Why the Fourth Fair Use Factor should not be Supplanted by Transformative Use as the most Important Element in A Fair Use Analysis, Ala. L. Rev., 2011, 63: 625.

⑤ See Caile Morris, Transforming Transformative Use: The Growing Misinterpretation of the Fair Use Doctrine, Pace Intell. Prop. Sports & Ent. L. F., 2015, 5: 10-31.

⑥ 参见章忠信：《著作权法逐条释义》，五南图书公司 2007 年版，第 172 页。

二、转换性使用作为合理使用判断主导要素的正当性之证成

针对上述争论，本书认为合理使用的判断不应以市场要素为主导，而是应以转换性使用为主导要素，具体理由如下：

其一，美国版权法合理使用四要素并非概念式的，而是司法案例的类型化概括，四要素只是合理使用一种"总体形象"的描述，因而在个案中个别要素可以缺失，也可以不同强度出现。并且，倘若在案件中出现两个要素"合理"而两个要素"不合理"之情形时，如果对各要素的衡量不区分权重，将会发生不知如何判断的问题。而当前美国法院之所以如此越来越青睐于"转换性使用"的认定，是因为当前日新月异的技术发展所不断产生的新型使用行为，不断地给现有的版权制度带来新的诘问和挑战。当前合理使用第四要素"对作品潜在市场的影响"所预设的情境是：相对稳定的市场向相对固定的用户群提供相对不变的产品，因而即便是新型衍生市场吸引相当小部分的原市场用户，也会被视为具有商业影响而构成对原产品的商业替代，具有影响原产品相对稳定的市场的风险。① 换言之，任何受著作权人专有权控制的使用都会对原作市场造成不利影响，因为著作权人本来可以有偿许可他人进行这种使用。但若如此，则任何"合理使用"都没有生存的空间。因此，"潜在市场"事实上是处于"既有市场"与"未开发市场"之间的一个中间形态，具有不确定性。而利用新技术形成的新的使用行为或新的作品形态必然会催生新的潜在市场，如果过度重视市场要素的分析，必然会对新技术行为所开辟的新型市场和用户及由其所带来的社会公益予以扼杀，所带来的消极影响不可预估。并且从促进创新效率的角度而言，商业性的回报可以激励这些服务商进行不断创新以促进知识的传播，这是版权法的客观目的所在，同时这些新型使用行为所带来的社会效益也将会大大抵消其对原作市场所造成的损害。② 换言之，在

① See Woo J., Redefining the Transformative Use of Copyrighted Works: Toward A Fair Use Standard in the Digital Environment, Hastings Comm. & Ent. L. J., 2004, 27: 51-78.

② See Kwok K. H. F., Google Book Search, Transformative Use, and Commercial Intermediation: An Economic Perspective, Yale J. L. & Tech., 2015, 17: 283-318.

复杂的技术和利益实现面前，相较于第四要素而言，"转换性使用"所具有的内涵和活力更适合充当新技术、版权人和公共利益之间紧张关系的"平衡器"，更能发挥合理使用制度所固有的利益平衡功能，将因技术发展所打破的版权人和公共利益之间的失衡调整到相对的平衡状态。

其二，市场要素本身具有重大的缺陷性。一方面，市场要素所赖以为据的市场失灵理论无法清晰地指导合理使用的判断。在戈登教授的理论框架下，合理使用的认定与否最终取决于作品使用行为是否会对版权人的市场造成实质性损害。据此，"市场影响"要素似乎具有决定性的地位。但是，学界对该理论的认识各执一词，莫衷一是。戈登教授构建的"三步法"的第一步是判断是否存在市场失灵，她认为："除非案件事实让人有理由不相信市场，法官通常并不会作出合理使用的认定。"[1] 对此一种典型的认识是，合理使用限于交易成本损害了许可交易的情形[2]，如果交易成本降低以至于双方的协商成为可能，合理使用就不应适用。这种认识暗含的前提是，版权人有权控制由使用作品产生的任何市场。这种认识显然是荒谬的。国外有学者指出，为了达到公众与私人的利益平衡，版权激励理应是"最优激励"，而非尽可能的、最大限度的激励。[3] 版权制度中的激励并非毫无节制地对创作者进行激励，不成比例的权利激励可能会给作品的创作环境、传播环境、投资环境等带来不利影响，造成制度的不可延续性。[4] 戈登教授在之后的文章中澄清了这种认识，明确指出这是对自己理论的错误解读。交易成本过高只是造成市场失灵的一种原因而已，除此之外还有正外部性、禀赋效应、非商业性活动等原因。即使技术进步消除了交易成本，这些阻碍市场机制的原因仍然可能存在。她认为："'市场失灵'不仅包含了市场的实际失灵，还包含现实中市场机制无法协调私人利益和社会经济福利的很多其他情况。此外，我试图更广泛地使用这一术

---

① Kelvin Hiu Fai Kwok，Google Book Search，Transformative Use，and Commercial Inter-mediation：An Economic Perspective，17 Yale J. L. & Tech. 283，316（2015）.

② 参见冯晓青：《著作权合理使用制度之正当性研究》，载《现代法学》第 31 卷第 4 期。

③ See Lemley M. A.，Beyond Preemption：The Law and Policy of Intellectual Property Licensing，California Law Review，87：111.

④ 参见周贺微：《著作权法激励理论研究》，中国政法大学出版社 2017 年版，第 164 - 170 页。

语，以包含现实市场可能无法实现的非经济性的社会福利。"① 正如戈登教授自己所言，这种广义的认识实际上使"市场失灵"成为类似于"所有单身汉都没有结婚"这样的永真式命题（virtual tautology）。这使市场失灵理论在很大程度上丧失了对判断合理使用的意义，这就好比有人在问"怎样修理这辆自行车"，而对方的回答是在解释"自行车是怎么坏掉的"。换言之，市场失灵理论无法清晰地指导合理使用的判断。

另一方面，市场要素中"潜在市场"（potential market）的含义具有不确定性，为了消除这种不确定性，美国法院和国会都试图从正面解释并细化潜在市场的定义，但依旧没有清晰勾勒出潜在市场的边界所在。例如有法院引述了美国参议院的报告中"正常市场"的用语②，也有法院将它界定为"原作品作者通常会自行开发或许可他人开发的市场"③，或者"传统的、合理的或可能会开发的市场"④。这些模糊的论断只会引发更多的文义解释问题，最终导致法院经常错误地划定版权人现有市场的范围，以致版权人的法定权利形同虚设。前文述及的"帕特里克·卡里乌案"即一例典型。该案中，法院在分析市场影响要素时认为："只有当被控侵权作品的目标受众和侵权内容的特点与原作品相同时，才能认为被控侵权人攫取了原作品的市场"，"被告作品的受众显然与原告的不同，因此被告没有攫取，甚至没有触碰原告的市场。没有证据显示原告将自行开发或许可他人以被告这种挪用艺术的方式使用作品，也没有证据显示原作品的销售受到任何影响。实际上，原告出版的摄影集仅给他带来了 8 000 美元的版税，自己也才卖出了 4 本……而被告的 8 幅作品总共卖出了 1 048 万美元的高价"⑤。按照法院的逻辑，如果侵权行为发生之时权利人的市场由于经营不善或其他原因表现不佳，那么市场损害就不会发生，权利人不能再就此市场主张任何权利。这显然是荒谬的，这将导致版权法赋予创作者有

---

① Gordon W. J.，Fair Use as Market Failure：A Structural and Economic Analysis of the Betamax Case and Its Predecessors，Columbia Law Review，1982，82：1600 - 1657.

② See Harper，471 U. S.，at 568.

③ Campbell，510 U. S.，at 592.

④ American Geophysical Union v. Texaco Inc.，60 F. 3d 913，930（1994）.

⑤ Cariou，714 F. 3d，at 709.

生之年加 70 年的保护期毫无意义。

其三，一些法经济学者也从法经济学的视角论证了"转换性使用"的重要性。例如，美国知名的法经济学者莱姆利（Lemely）一方面对比专利法和版权法对改进规则差异，以深层次考察其背后的正当性依据。根据改进的程度可以分为较小改进、较大改进和重大改进。第一，对于较小改进，专利法认为其构成侵权，不可获得专利。版权法也认为其构成侵权，不可获得版权。第二，对于较大改进，专利法认为其构成侵权，但阻挡专利规则认为其可以获得专利，可以阻挡在先专利使用改进部分。而版权法认为其构成侵权，不可获得版权。第三，对于重大改进，专利法的反等同规则认为其不构成侵权。而版权法认为其构成侵权，不可获得版权。对此理论界有四种理由可以用来解释专利法和版权法对待改进的规则差异，分别是道德权利理由、不同对象理由、平衡权利理由、市场力量理由，但莱姆利认为上述理由无法对两者的差异提供充分的正当性。第一，道德权利理由，认为限制对作品的改进是为了保护作者的道德权利中的保护作品完整权。这一理由有两个问题：一是道德权利规则会造成很大的社会成本，阻碍作品的流转；二是道德权利规则不适合用于演绎作品，因为用作者权代替版权很奇怪，且版权法给原作者演绎权更多考虑的是经济而非道德因素，即给版权人更多的回报。第二，不同对象理由，认为版权法保护文艺作品，专利法保护技术发明，由于技术比艺术更依赖在先创造，因此专利法比版权法更应关注改进者的权利。这一理由有两个问题：一是版权法和专利法的保护对象有重叠之处（如软件），版权法也保护实用功能（如地图、雕塑、建筑）；二是技术比艺术更依赖在先创造不一定成立。第三，平衡权利理由，认为版权不排除独立创作相同作品，还有许多法定限制，因此版权比专利权更弱，让版权人控制改进作品是一种平衡。这一理由有两个问题：一是版权在很多方面比专利权更强，比如版权保护期更长，保护标准更低，且无须审查程序。二是在原作基础上改进并不比独立创作出相同作品更应受谴责。第四，市场力量理由，认为版权的市场力量弱于专利权的市场力量，因为版权有更多的替代品，所以版权人控制改进的社会损失更小。这一理由有三个问题：一是大部分专利并不产生市场力量，而一些版权却产生市场力量；二是版权法和专利法的保护对象重叠进一步模糊了双方的市场力量对比；三是即便专利更能产生市场力量，但反垄断法和专利滥用规则已经进行了规制，而且认定专利改进更加严格，因为专利改进必须包括所有专利权利要求，而版权改进只需包括一小部分版权作品。①

另一方面，莱姆利对提供版权正当性依据的基奇理论提出了质疑。莱姆利认为有助于为版权提供正当性的经济分析是基奇理论，基奇理论认为给最初的创造者以较宽的财产权更能有效促进创造。基奇理论基于公地悲剧和零交易成本，公地悲剧认为公地因为没有私有产权而被过度开垦，应该在公地上给不同的人确立一定范围的私有产权。科斯认为交易成本为零时市场交易会使每一块土地转移到能最有效利用它的人手中。基奇理论认为，由于思想是共用品，不存在类似有体物公地的过度使用问题，因而专利制度的主要问题是如何鼓励对刚申请专利的发明的进一步商业化和有效利用。基奇理论的结论基于三个假设：第一，在公地悲剧中，投资该地的个人激励小于该投资产生的社会价值，只有私人产权才能使个人激励与社会价值一致。第二，给专利权人控制和组织协调所有在后使用和研究其发明的权利，能产生最有效的许可给最终用户和潜在改进者。第三，为了使社会利益最大化，专利权人必须以合理价格许可公众使用其发明。② 但该理论低估了版权许可谈判的障碍，基奇理论的三个假设都有问题。第一，找到能够改进的人不仅困难而且成本高。第二，即使权利人找到了潜在改进者，许可给改进人也不容易。因此，知识产权法一是应该鼓励有效许可；二是不仅要配置权利，还要决定将权利配置给谁。一种方法是增加谈判失败的成本，如阻挡专利制度。另一种方法是配置权利以增加谈判的合作剩余，如专利反等同规则。第三，知识产权从不产生市场力量的观点是错误的，尽管知识产权不总是会产生市场力量，但在特定情况下会产生市场力量，尤其是当知识成为标准时。③ 而专利法对待改进的规则，如阻挡

---

① See Lemley M. A. , Economics of Improvement in Intellectual Property Law，Tex. L. Rev. ，1996，75：989.

② See Lemley M. A. , Economics of Improvement in Intellectual Property Law，Tex. L. Rev. ，1996，75：989.

③ See Lemley M. A. , Economics of Improvement in Intellectual Property Law，Tex. L. Rev. ，1996，75：989.

专利规则和反等同规则比起相关版权规则更有利于解决许可谈判的障碍。据此，莱姆利主张版权法对待改进的规则应该与专利法对待改进的规则一致。一方面，应该修改对演绎作品的规定，以保护较大改进作品。现行法规定演绎者对演绎作品不享有版权，应该修改为演绎者对演绎作品享有版权，类似于阻挡专利规则。这样使得较大改进作品的演绎者可以对改进作品享有版权，会提高他与原作品版权人谈判时的地位，也会减少原作品版权人对改进作品的机会主义诉讼。另一方面，应该在司法实践中调整对版权合理使用规则的适用，以保护重大改进作品。尤其是法官不能过于强调使用行为对版权人的市场损害，应该更细致地评估原作和改进者的相对贡献，更加重视转换性使用的认定，改进的作品越是具有转换性，就应该越是可以抵消对原作品版权人造成的市场损害。在确定改进是否是重大改进时，不是比较改进与原作品，而是比较改进与改进作品。① 也就是说，对原作品使用的转换性程度越高，包括第四要素在内的其他要素在合理使用判断的权重中可能越小，其构成合理使用的可能性也就越大。

其四，从一个实证研究的视角来看，"Campbell 案"之后，越来越多的法院都开始接纳和适用"转换性使用"理论，"转换性使用"在合理使用判断中的地位日益突出。在美国越来越多的实证研究认为"转换性使用"构成合理使用判断的核心要素。例如巴顿·毕比（Barton Beebe）分别在 2005 年和 2020 年发表过两篇关于转换性使用的实证研究成果。其第一篇研究收集了从 1978 年到 2005 年的相关案例，并对此分析后认为，法院在认定被告行为构成"转换性使用"之后，判决其构成合理使用的概率是 94.9％。② 其第二篇研究收集了从 1994 年"Campbell 案"到 2019 年间的相关案例，并分析得出转化性使用与合理使用成立与否之相关数据如下：78 个案例中，有 75 个案件的法院判决被告一旦构成转换性使用最终也构成合理使用，其他 3 个案例中，被告即便构成转换性使用最终不构成合理使用；101 个案例中，有 95 个案件的法院判决被告不构成转换性使

---

① See Lemley M. A., Economics of Improvement in Intellectual Property Law, Tex. L. Rev., 1996，75：989.

② See Beebe B., An Empirical Study of US Copyright Fair Use Opinions, 1978 - 2005, U. Pa. L. Rev.，2007，156：549.

用，最终也不构成合理使用，其他 6 个案例中，被告即便不构成转换性使用，最终也被认定构成合理使用。① 詹妮弗·皮蒂诺的文章更是指出，在 2001—2010 年，法院一旦认定被告的行为构成"转换性使用"之后，认定其为合理使用的概率是 100％。② 尼尔·内塔内尔（Neil Netanel）则用统计的相关分析法，对 1995 年至 2010 年间合理使用之案件进行比对分析，并以每五年为一期，发现从 1995—2000 年和从 2001—2005 年，法院对于案件内容有考量转化性的比例，从 70％略微上升至 78％，但于 2006—2010 年有显著增长，超过 90％的地区法院判决理由与上诉意见，皆在分析其案件是否构成转化性使用，因此文章认为美国法院在审理有无合理使用时，转化性使用被纳为第一考量的要素，具有压倒性的影响。与后"Campbell 案"（1994 年）时期的早期案件基本一致，84.21％的意见认为使用是明确转化性的，并且对市场损害问题发表意见，认为对原告的市场没有实际或潜在的损害，只有 1.3％发现实际的市场危害。③ 此外，迈克尔·D·默里（Michael D. Murray）通过对比分析 1994 年"Campbell 案"之后到 2011 年间的案例，证实使用人使用目的转化的重要性，并将案例依据量化的方式，以及目的转化的程度，区分成 0、1、2、3，其中 3 代表目的具有重大变化，而 0 代表目的无变化。内容转化的区分方式亦同。随后，对这些量化的数，经过归纳后得出：若是利用人直接复制原著作，则需有目的性转化；若是以原著作为基础进行修改，需添加新的表达来达成转化性使用。④ 而马修·萨格（Matthew Sag）则收集了 1978 年到 2011 年间的近 280 个案子，并运用回归分析方法最终得出了一致的结论：相较于其他三个要素，第一要素中的转换性使用要素，已经在司法实践的合理

---

① See Beebe B. , An Empirical Study of Us Copyright Fair Use Opinions Updated，1978 - 2019，NYU J. Intell. Prop. & Ent. L. , 2020，10：1.

② See Jennifer Ditino. , Has the Transformative Use Test Swung the Pendulum Too Far in Favor of Secondary Users?，Advocate (05154987)，2013，56 (10)：26.

③ See Neil Weinstock Netanel. , Making Sense of Fair Use，Lewis & Clark L. Rev. , 2011，15：715.

④ See Murray，Michael D. What is Transformative? An Explanatory Synthesis of the Convergence of Transformation and Predominant Purpose in Copyright Fair Use Law，Chicago-Kent Journal of Intellectual Property Law，Forthcoming，Valparaiso University Legal Studies Research Paper，2012，11 (2)：260 - 292.

使用判断中占据了主导地位。[①]

再如克拉克·D·阿赛（Clark D. Asay）与艾丽尔·斯隆（Arielle Sloan）教授收集了 1991～2017 年间所有涉及美国合理使用的近 417 个案例，其通过大量数据和实证研究得出了如下结论：第一，法院在判决书当中讨论转换性使用的频率：1991～2017 年是 292 个案例（70.02％），1994～2017 年（"Campbell 案"之后）是 77.3％。第二，在 292 个探讨转换性使用的案例中，145 份判决最终认定构成转换性使用，并且其中有 133 份最终认定构成合理使用，因而转换性使用的获胜概率是 91.72％。其中美国联邦第三、第四、第八、第十巡回法院的获胜概率甚至达到了 100％。第三，通过逻辑回归（Logistic Regression）分析，要素一（主要是转换性使用）的 Z 值是 5.508，转换性使用与合理使用认定的作用关系强于其他要素。因而，让法院信服可以构成转换性使用，对于最终认定合理使用是至关重要的。[②] 而根据刘家瑞教授在 2019 年的实证研究，该实证研究以 2017 年 1 月 1 日前美国著作权法相关裁决为研究资料，其中总共有 260 件裁决采纳转化性使用概念，占所有合理使用案件的比例为 51.7％。莱瓦尔法官在 1990 年提出转化性使用概念后至 1994 年间，法院判决中每年仅会引用一次，而在 1994 年 "Campbell 案"判决作出后，在合理使用案件中纳入转化性使用的判决比例大幅增加；随后似受到 "谷歌数字图书案" 等相关案件的影响，相关案件数量再度攀升，到了 2015～2016 年，会考量转化性使用的合理使用案件比例，各个年度约维持在 90％上下。[③]

同时 2020 年实证研究同样发现[④]，近 86％转化性使用判决在应用转化性使用概念时，引用了 "Campbell 案" 的观点。第 107 条文中未明确提及转化性使用为必须考虑的内容，但却似乎完全主导合理使用分析的结

① See Matthew Sag. , Predicting Fair Use, Ohio St. L. J. , 2012, 73 (1): 47-91.

② See Asay C. D. , Sloan A. , Sobczak D. Is Transformative Use Eating the World, BCL Rev. , 2020, 61: 905.

③ See Liu J. , An Empirical Study of Transformative Use in Copyright Law (2019), Stan. Tech. L. Rev. , 22: 163.

④ See Asay C. D. , Sloan A. , Sobczak D. Is Transformative Use Eating the World, BCL Rev. , 2020, 61: 905.

果，基本上已将四要素测试变为唯一最主要的要素测试。在样本238个判决中，121个发现转化性的用途，将转化性使用作为防御的总体胜率，121项（50.8%）被认为是合理使用。1995年前转化性使用在任何著作权案件中均从未成功，1995~2000年平均获胜率为26.4%。2001~2010年平均获胜率上升至54.3%。2011~2016年间平均获胜率进一步提高至63.3%。而从表面上分析，在法院传统上考虑的至少9个次级要素中，转化性使用显然只是第一要素下的其中一个次级要素，似乎只是整体合理使用分析的一小部分。而2020年实证研究①分析1991年（莱瓦尔法官首次创造"转化性使用"概念的第二年）至2017年间合理使用案件发现，在315个应用转化性使用概念的案件里，有152个被认定为转化性（略高于48%）的案件中，有138个（近91%）也被认为总体结果是合理的。随着时间的推移，上诉法院和地方法院都在稳步发展，采用转化性的使用模式，近90%法院都依赖这种模式。转化性使用原则确实需要一段时间才能在判例法中站稳脚跟。② 此一原则目前已根深蒂固，而法院几乎总是援引它。转化性使用可能未必吞噬合理使用的世界，但在当今几乎总是在谈判桌上占有一席之地。另外，地方法院也在利用转化性使用原则，而且已经赶上甚至超越上诉法院。此意义重大，因为很少有地方法院的案件提交给上诉决策者。③ 此研究指标表明，在地方法院案件中转化性的使用模式已占据主导地位，但上诉法院对转化性使用的适用并非一致的，而是呈现日益分歧的趋势。④

---

① See Asay C. D., Sloan A., Sobczak D. Is Transformative Use eating the World, BCL Rev., 2020, 61: 905.

② See Netanel N. W., Making Sense of Fair Use, Lewis & Clark L. Rev., 2011, 15: 715.

③ See Eisenberg T., Appeal Rates and Outcomes in Tried and Nontried Cases: Further Exploration of Anti-Plaintiff Appellate Outcomes, Journal of Empirical Legal Studies, 2004, 1 (3): 659-688.

④ See Asay C. D., Sloan A., Sobczak D. Is Transformative Use Eating the World, BCL Rev., 2020, 61: 905.

第三章 | 转换性使用的界定规则

　　由于美国联邦最高法院并没有在"Campbell 案"中对"转换性使用"明确提出一个清晰的界定标准和方法，许多法院在适用此理论的时候出现了较大的分歧，其中最被广为诟病的就是前文提到的"卡里乌案"，两审法院在同一案件中得出了完全相反的结论。在我国的司法实践中，或者有法院对相关判决进行了错误定位，如"上海耀宇文化传媒有限公司诉广州斗鱼网络科技有限公司案"[①]（以下简称"斗鱼案"），或者有法院仅将"转换性使用"理论作为认定合理使用的宣示用语，而未能予以充分论证，例如"中山医院照片侵权案"[②]，这都是缺乏一个较为明确的"转换性使用"的界定标准和方法所造成的。许多学者认为，当前"转换性使用"的定义相对模糊，不但引发了适用时大量的司法创造性，而且使得作品的"转换性使用"与"演绎性使用"变得越来越难以分清。[③] 甚至还有

---

① 上海市浦东新区人民法院（2015）浦民三（知）初字第 191 号民事判决书。
② 广东省佛山市中级人民法院（2015）佛中法知民终字第 159 号民事判决书。
③ See Liz Brown. ，Remixing Transformative Use：A Three-Part proposal for Reform，NYU J. Intell. Prop. & Ent. L. ，2014，4：139－181.

学者担心，当前"转换性使用"界定标准的"主观性、可操作性以及不可预测性"，将会使法院在判决时产生"随意性、不一致性以及结果导向的后果"，进而加剧合理使用判断的不确定性。[①] 以本书观之，任何理论的发展都是一个逐步完善的过程，而非一蹴而就，并且合理使用的判断本是结合个案的要素分析法，较其他法律规则而言更具抽象性和不可预测性，法官的主观性心证也较强。因而当务之急在于，总结过往司法实践，同时也应该结合新技术的发展现状和趋势，归纳出一个较为明确、合理，且更有司法指导性的界定标准和判断方法，以便为司法实践提供必要的审判标尺。

第一节　转换性使用界定的误区澄清

一、转换性使用的类型化

理论界对转换性使用的类型划分主要存在三分法和二分法的争议。马修·D. 邦克（Matthew D. Bunker）、克莱·卡尔费特（Clay Calvert）等学者认为，将当前发生的涉及"转换性使用"类案件进行归纳，转换性使用可以包括以下三种类型：一是新见解的转化（transformation as new insight），也就是探究新作品是否对原作品产生新的见解，并有实质性的改变、实际应用举例如批评、评论或学术研究等，此类型要求新作品必须与原作有所关联，且对原著作有一定程度的评论。二是创意蜕变的转化（transformation as creative metamorphosis），也即不需要与原作产生联结或对其加以评论，而是强调对原作具有充分的美学改造。三是目的性转化（transformation as new purpose），也即新作对原作没有任何新的改变或产

---

① See Bruce P. Keller & Rebecca Tushnet, *Even More Parodic than the Real Thing: Parody Lawsuits Revisited*, Trademark Rep., 2004, 94: 979 - 1016.

生新元素，但是提供了与原作完全不同的目的或功能，则属于新目的的转化。① 而帕梅拉·萨缪尔森教授（Pamela Samuelson）通过对美国司法案例的总结和归纳，同样提出了转换性使用的三分法：一是对原作表达性的转换，通常引用原作过程中会添加一些评论，例如讽刺性模仿的情形，"Campbell 案"即属于此种类型。二是有生产力的转化性使用，例如传记作者或历史学家引述历史人物的事实行为，并加入自己的观点或"添加新的东西"，以传达与著作不同的意义与信息。三是与原作不同目的的转换性使用。虽然不同学者所总结的三分法在用语表述上有所差异，但学者所阐述的内容和观点是非常相近的：两者之第一个类型，都是指批评、评论等实例；第三个类型则同样是目的性转换；而第二个类型虽然看似有所差异，但是两者都同样注重在原作基础上是否产生新的东西。

就二分法而言，丽贝卡·塔什内特（Rebecca Tushnet）将转换性使用分为目的性转化和内容性转化。Tushnet 将目的性转换解释为，当一个作品被大量复制，但被利用在不同环境或情状下，则可以被认为构成合理使用。而内容性转换指的是，当作品被物理性地改变，也就是被利用结果已产生实质上改变，则也可以被认定属于合理使用。② 刘家瑞教授（Jiarui Liu）将转换性使用分为目的性转换与物理性转换。前者是指使用人的使用行为具有新目的或与原作不同之目的，后者则是使用行为在实质上改变原作内容或增添新的东西。③ 从两位学者对转换使用类型的解释可以得知，两种类型的内涵是相同的，只存在用语上的一些差异。

本书认为，对当前发生的涉及"转换性使用"类案件进行归纳，主要包括以下几种类型：一是在不改变原作使用目的或功能的基础上，利用原作内容创作新的作品，例如改变原作的外观、文字、色彩和含义等。最为典型的是"挪用艺术"类案件，例如在"帕特里克·卡里乌案"中，被告

---

① See Matthew D. Bunker & Clay Calvert., The Jurisprudence of Transformation: Intellectual Incoherence and Doctrinal Murkiness Twenty Years after Campbell v. Acuff-Rose Music, Duke L. & Tech. Rev., 2013, 12: 92 - 128.

② See Rebecca Tushnet, Tushnet R., Content, Purpose, or Both, Wash. L. Rev., 2015, 90: 869 - 892.

③ See Jiarui Liu., An Empirical Study of Transformative Use in Copyright Law, Stan. Tech. L. Rev., 2019, 22: 163 - 241.

对原作进行拼贴组合，而并未改变原作的使用目的或功能。二是基于不同的目的或功能，使用原作的部分或整体，但没有创作出新的作品形态，例如搜索引擎提供的网页快照服务和缩略图服务。三是两者的重叠部分，即不但基于不同的目的或功能，而且还利用原作内容创作新的作品。例如在"Campbell案"中，被告借用原作内容进行改编，是以有益于社会文化丰富的评论的目的对原作进行调侃和讽刺。简言之，转换性使用包括"内容性的转换"（仅指第一类行为）和"目的性转换"（包括第二类和第三类行为）。根据"Campbell案"中法院对"转换性使用"的定义，采取的是一种广泛的含义，既包括"内容性的转换"，也包括"目的性转换"。在司法实践中，第三类使用行为由于兼具目的性和内容性转换，其正当性比较容易证明，同时受"Campbell案"的影响，法院往往比较倾向于判断此类行为构成"转换性使用"。比较有争议的是仅具有内容转换使用行为和仅具有目的转换的行为的定性（第二类行为），实有必要对其进行澄清。

二、"内容性转换使用"概念所引发的争论

虽然 Leval 法官和美国联邦最高法院在"Campbell案"中提出了转换性使用的内涵，但他们在定性中都采用了"不同目的""新表达、新含义、新信息"等抽象的术语，除此之外并未对转换性使用的判断给出更加具体的指示。因而之后的理论界和实务界逐渐呈现出"目的性转换"和"内容性转换"两种类型的转换性使用。但在学界和司法实践中，"内容性转换使用"一直是一个含混不清、备受争议的问题，支持内容性转换使用的论据主要集中在以下两个方面。

其一，美国司法实践中发生的大量"挪用艺术"案证实了内容性转换使用的存在。许多学者都认为挪用艺术是创造性的并且充满进步性，它并非建立在单纯的复制上，而是一种"引用、语境重构和评论"，是艺术进步的奠基石，符合版权促进文艺进步的根本目的。挪用艺术的艺术价值并不在于艺术家本身的创作艺术目的，而在于其解放了公众自身想象力和刺激了公众的感官体验。[①] 也就是说，挪用艺术家通过对原作的融合和再

---

① See Bezanson R. P., Art and Freedom of Speech, University of Illinois Press, 2009: 285.

现，将其置于一种新的语境下，使其具有了一种新的艺术内涵和价值，可以构成转换性使用。"挪用艺术"较早的案例为"Blanch v. Koons 案"。在一次展览上，被告著名视觉艺术家昆斯（Jeff Koons）使用许多不同的照片制作了一幅拼贴画，其中便包括一张由原告时尚摄影师安德里亚·布里奇（Andrea Blanch）创作的照片。这张由原告拍摄并享有版权的照片首次出版在时尚杂志《魅力》（Allure）上，描绘了飞机头等舱里一位穿着古驰凉鞋的女性将双脚斜靠在一位男性大腿上的画面。被告直接挪用了照片中女性小腿和脚的部分，并将该部分以及另外三位女性的腿和脚一起自上而下并排悬挂，同时添加尼亚加拉大瀑布和一些甜点的图片作为背景，从而组合成一幅新的拼贴图案。被告声称自己希望通过将女性的腿部、自然风光以及美食加以组合，从而促使人们反思大众媒体宣传和表现人类欲望的方式，并主张自己在拼贴画中使用原告照片的行为并不侵犯原告版权，而是构成合理使用。这一观点得到了地方法院和美国联邦第二巡回上诉法院的认同。上诉法院认为，被告不仅仅是对原告作品进行了复制或是重新包装，而且以原告作品作为素材创作出一件具有独特意义、信息和特征的新作品，从而达到对大众媒体和广告文化加以评论的效果。同时，借助现存的图片加以创作，可以强化这一效果。[1]

　　之后最典型的案例是"卡里乌案"：在此案中，拼贴艺术家普林斯通过对美国摄影家卡里乌所拍摄的塔法里人照片进行剪辑、涂鸦和重新拼贴，创作了以此为主题的一系列拼贴画。一审法院判定，被告所创作的拼贴画并没有对原作本身进行讽刺或评论，因而不构成"转换性使用"。但与之相反，二审法院认为，即便被告与原告具有相同的使用目的，但被告对原告照片的使用行为，使其具有明显不同的美感。原告的摄影作品所表达的是一种平静祥和的意境，而被告通过拼贴组合使其呈现出了一种别样的意境，即粗犷、错乱和挑逗性，因而具有"新的意义和表达"，可以构成转换性使用。[2] 同样的问题在"Seltzer v. Green Day 案"中又再次出现。该案案情主要为，被告在原告创作的图案上添加了红色十字架造型并加以

---

[1]　See Blanch v. Koons，467 F. 3d 244（2d Cir. 2006）.

[2]　See Cariou v. Prince，714 F. 3d 694，707（2d Cir. 2013）.

风化处理后作为摇滚音乐会的舞台背景。被告声称自己创作新作品的目的是引发人们反思宗教，揭露宗教的伪善。美国联邦第九巡回上诉法院在该案中遵循了美国联邦第二巡回上诉法院在"Cariou v. Prince 案"和"Blanch v. Koons 案"中的思路，认为原作品并不涉及宗教内容，而新作品却体现了对宗教精神的批判和思考，为原作品增加了新的内涵和表达，从而认同了被告对原作的使用属于转换性使用的抗辩，构成合理使用。① 事实上，在"Gaylord 案"中法院判决所适用的也是类似观点。被告将原告创作的雕塑的内容描绘在了邮票画面中，同时添加了一些新的内容。一审法院认为，尽管邮票上的图画和雕塑都是为了纪念朝鲜战争而作，但是邮票上的图画因提供了一种新的意境、表达和美感而具有转换性。被告通过对原作雕塑的灰色色调进行彩色着色，同时通过增加相关背景进行画面调整，使其具有不同的观感体验和内涵。被告将原来的三维朝鲜战争纪念碑从根本上改造成了一个充满情调和氛围的邮票摄影作品，蕴含着战争迷雾和士兵在白雪皑皑的战场上经受考验的新含义。②

其二，就比较法的视角而言，包括德国、西班牙、瑞士在内的国家的著作权法都规定了自由使用的规定。尤其是德国著作权法第 24 条所规定的"自由使用"被认为是内容性转换使用的典型例子。根据该条规定，"自由使用他人作品创作的独立作品，不经被使用作品的作者同意而可以发表与利用"③。根据德国著名的版权专家雷炳德教授对该条的解释，自由使用的行为必须满足两个要件：一是使用者的劳动性投入必须是创造性的；二是被使用作品的独创性隐含在新作品中，并且与新作品的独创性相比已经黯然失色。④ 雷炳德教授对此进一步指出，当文学作品、美术作品或声音艺术作品转化为三种当中的另外一种类型时可以构成自由使用，因为它们的精神内涵差别很大。⑤ 国内有学者据此举例认为，有人根据他人

---

① See Seltzer v. Green Day, Inc. , et al. , No. 11 - 56573 (9th Cir. 2013).
② See Frank Gaylord v. United States，595 F. 3d 1364，1373 (Fed. Cir. 2010).
③ 《德国著作权法》，范长军译，知识产权出版社 2013 年版，第 29 - 30 页。
④ 参见［德］雷炳德：《著作权法》，张恩民译，法律出版社 2004 年版，第 258 页。
⑤ 文学作品的精神内涵属于某种抽象的思想；美术作品的精神内涵属于某种视觉感受；声音艺术作品的精神内涵，人们只有通过听觉或内在的声响想象才能体会得到。参见［德］雷炳德：《著作权法》，张恩民译，法律出版社 2004 年版，第 260 页。

以"晨曦"为主题的美术作品的视觉体验和艺术内涵，衍生创作出了一首描述早晨愉悦欢快的、生动活泼的音乐作品，这种转换性使用符合自由使用，不构成著作权侵权。[①]

三、对"内容性转换使用"概念的反驳

本书认为，仅对原作进行内容转换的使用行为无法构成"转换性使用"，上述论证都无法成立。主要理由如下：

首先，内容性转换使用将模糊演绎权的边界，架空演绎权的设置意义。演绎权是一项重要的著作财产权，各国著作权法都对演绎权进行了明确规定。演绎权所控制的演绎性使用行为一般而言指的是，通过改编、翻译、修订、摘选、节录等形式，在保持原作表达形式的基础上，对原作表达加以发展，进而使新表达与原表达融为一体的行为。[②] 从演绎性使用的内涵看，其与内容性转换一样，都是对原作的内容安排和表现形式的一种"转换"。根据美国版权法的规定，"演绎作品"是根据一个或多个已有的作品对其进行重新安排、改变形式和改编的作品，例如译文、乐曲改编、改编成的戏剧、改编成的小说、改编成的电影剧本、录音作品、艺术复制品、节本、缩写本或作品得以重组、转换或改编的任何其他形式（translation，musical arrangement，dramatization，fictionalization，motion picture version，sound recording，art reproduction，abridgment，condensation，or any other form in which a work may be recast，transformed，or adapted）。凡作品内有编辑的修订、注解、详细解释或其他修改，作为整体成为作者的独创的作品，均为"演绎作品"[③]。美国版权法对演绎作品的概念中直接出现了"转换"一词，这也充分说明其与内容性转换使用之间边界的模糊。内容性转换使用所带来的问题是：二次使用者必须对原作内容进行多少程度的创造性改造，才能在演绎权所控制的

[①] 参见李杨：《改编权的保护范围与侵权认定问题：一种二元解释方法的适用性阐释》，载《比较法研究》2018 年第 1 期。

[②] 参见王迁：《著作权法》，中国人民大学出版社 2023 年版，第 250 页。

[③] Copyright Law of the United States.

范围之外另设一片为著作权所包容的合理使用？这也是学界和实务界产生争议的症结所在。答案是"不存在"，因为对原作内容的改造是作者演绎权所要控制的范围，无论是理论上还是实际操作中，都无法在内容性转换和演绎权之间确定一个客观且可量化的标准。① 版权法应当允许再创作者在直接利用原作品时仅利用微不足道的一小部分，或者在原作品基础上进行了极大的加工和再创作所获得的新作品完全脱离了原作品。但当新作品直接利用原作品或在原作品基础上进行加工和再创作时，内容上的转换性使用对于解决问题并无助益，只会使问题陷入迷惘的漩涡。正如戈德斯坦（Goldstein）教授所言，设置内容性转换不但会模糊"转换性作品"与"演绎性作品"的界限，而且会削弱立法者对演绎作品所设定的平衡和意义。②

其次，"挪用艺术"类型案例最关键的问题在于：艺术作品表达的本质在于线条、色彩等因素的搭配，拼贴艺术家仅对原告的作品进行了剪辑和拼贴，并在局部进行简单的替换，增加了一些新的图像。由此形成的拼贴画仍然实质再现了原作本身的艺术美感，而没有以其他任何形式进行转换。至于法院所认为的艺术内涵和风格的变化，它太过抽象和主观，难以把握，也欠缺构成合理使用的正当性。③ 被告为追求一种艺术创作的目的而拼贴组合原作，在表现效果上，被告所创作的绘画无非是在原作的基础上增添了一些新的图画，其本质上仍然实质性地再现了原作的艺术美感，如果仅因其所表达的更高层次的艺术内涵而被认为可以构成合理使用，那么是否意味着在复制任何艺术作品的时候只要改变或新增一些内容就可以构成合理使用？王迁教授对此一语中的地指出，如果此种类型的使用行为可以构成合理使用，那么对任何肖像照片而言，是否只要将其眼睛挖空或对其进行简单的涂鸦，再对其进行商业利用就可以不构成侵权？如果是这样，那么著作权法所精心设置的演绎权意义何在？④ 事实上，在"Hart v. Elec. Arts，Inc 案"、"Graham v. Prince 案"以及"Leibovitz 案"中，法院

① See Goldstein P.，Goldstein on Copyright，Aspen Publishers，2005：49.
② See Goldstein P.，Goldstein on Copyright，Aspen Publishers，2005：49.
③ See Rogers v. Koons，960 F. 2d 301，310（2d Cir. 1992）.
④ 参见王迁：《著作权法》，中国人民大学出版社 2023 年版，第 416 页。

皆认为，单纯对原作美感和内涵改变的"挪用艺术"行为，不足以构成转换性使用。[①] 在"Friedman 案"中，法院也断然否定了此类"挪用艺术"行为可以构成转换性使用，其理由是：如果仅仅因为其他艺术家想要创造一个具有可替换性的作品，而允许其自由地使用原作，显然将不合理地损害作者的利益，同时违背版权法促进文艺进步的根本目的。[②] 在"Morris v. Guetta 案"中，法院也据此认为被告的行为不构成合理使用。[③] 事实上，在 2023 年的"Goldsmith 案"中美国联邦最高法院对此问题进行了详细阐释，"转换"一词虽然未包含在第 107 条中，但出现在《版权法》的其他地方。美国人《版权法》第 106 条第 2 款定义了演绎作品：版权所有者拥有"专有权"来准备演绎作品（第 106 条第 2 款），包括"可以重制、转换或改编作品的任何其他形式"（第 101 条）。换句话说，所有者有权对其作品进行衍生转换。此类转换可能非常重大，例如将书籍改编成电影。可以肯定的是，这项权利"受制于"合理使用。两者并不相互排斥。但是，转换性使用的概念过于宽泛，包括任何其他目的或任何不同特征，这将缩小版权所有者创作衍生作品的专有权利。为了保留这项权利，使"转换性"作品具有"转换性"所需的转换程度，对原作的使用必须超出衍生作品的要求。许多演绎作品，包括音乐编排、电影和舞台改编、续集、衍生作品和其他"重塑、转换或改编"原作的作品（第 101 条），都增加了新的表达、含义或信息，或提供了新的信息、新的美学、新的见解和理解。这是 AWF 对转换性使用的解释所面临的一个棘手问题。第一个合理使用要素不会因为诉争作品增加了新的表达或具有不同的美学而对其有利，"新的含义或信息还不够。如果足够的话，法院本可以快速处理第一个合理使用要素。相反，含义或信息仅与新使用是否服务于与原作不同的目的，或取代原作的目的有关"，"版权法中没有任何内容要求法官推测艺

[①] See Hart v. Elec. Arts, Inc., 717 F. 3d 141（3d Cir. 2013）；Graham v. Prince, 265 F. Supp. 3d 366（S. D. N. Y. 2017）；Leibovitz v. Paramount Pictures Corp., 137 F. 3d 109（2d Cir. 1998）.

[②] See Friedman v. Guetta, No. CV 10 - 00014 DDP JCX, 2011 WL 3510890, 7（C. D. Cal. 2011）.

[③] See Morris v. Guetta, No. LA CV12 - 00684 JAK（RZx）, 2013 WL 440127, 13（C. D. Cal. 2013）.

术家在从事特定项目时可能怀有的目的。法律中没有任何内容要求法官尝试进行艺术批评并评估最终作品的美学特征。相反，第一个法定合理使用因素指示法院关注'使用的目的和性质，包括此类使用是否具有商业性质或是否用于非营利性教育目的'。根据其条款，法律将我们的注意力集中在受到质疑的特定使用上。它要求我们评估该使用的目的和性质是否与受版权保护的作品不同或相同（并因此替代）。这是一个相对温和的调查，重点关注一个人在世界上使用受版权保护作品的方式和原因，而不是任何艺术家的情绪或任何创作的美学品质"①。

最后，在德国著作权法中，虽然存在合理使用制度，即其第 44 条到第 63 条明确规定了著作权的限制与例外情形，但德国著作权法第 24 条还规定了自由使用制度（德国学者采用的英译是 free utilization）。从德国著作权法的逻辑构造来看，"合理使用"制度与"自由使用"制度并不在一个范畴之内。"合理使用"是对已经构成著作权侵权行为的一种抗辩，而"自由使用"并不属于实质性使用作品。但德国创设自由使用制度与合理使用制度的目标是一致的，都是实现创作者和使用者的利益平衡，促进社会文化进步。同时由于"自由使用"本身的抽象性，它比较依赖法官的个案解释，因而在司法实践当中，它与"合理使用"并没有清晰的界限，有时候甚至承担着一定程度的"合理使用"功能。② 如果说演绎权控制的是基于原作品的改编行为，那么自由使用所要控制的就是脱离原作的重编行为。德国版权界将作品的独创性表达区分为"外在形式"和"内在形式"两类，"外在形式"就是作品的外在表达；而内在表现形式是指涉作品的综合性成分，存在于构思论证及描述中的连续性和发展过程等作品内在结构中，如小说中的具体情节、主要人物关系及设置等。③ 自由使用的本质内涵在于，原作品的各项要素（原作品的内在和外在形式）已经被完全独立地重新改造过，使原作在新作中起到推动和激发灵感的作用。根据雷炳

---

① Andy Warhol Found，for the Visual Arts v. GoldSmith，143 S. Ct. 1258，215 L. Ed. 2d 473（2023）.

② 参见李琛：《论我国著作权法修订中"合理使用"的立法技术》，载《知识产权》2013 年第 1 期。

③ See Gervais D.，The Derivative Right，or Why Copyright Law Protects Foxes better than Hedgehogs，Vand. J. Ent. & Tech. L.，2012，15：785 - 855.

德教授以及国内学者对这一制度所作出的进一步解释，由于文学作品、美术作品和声音艺术作品之间的表达形式和精神内涵的差距，因而它们之间的相互转换是可以构成自由使用的。

　　然而这种解释仍然存在两个问题：其一，文学作品与美术作品之间的表达形式和精神内涵并非绝对无法相融合，例如根据古典名著《红楼梦》绘制成一整套漫画，尽管原作与新作品的表现手法从文字到绘画都发生了根本变化，但小说《红楼梦》中的基本故事情节仍然在漫画当中得以实质性的再现。演绎作品的本质内涵在于既包含演绎者的独创性成果，又保留了原作的基本表达。小说《红楼梦》的基本故事情节（也即德国学者所称的"内在形式"）仍然属于表达，用漫画的表现手法实质上再现了小说当中的表达，因而漫画《红楼梦》仍然是小说《红楼梦》的演绎作品。其二，文学作品、美术作品和声音艺术作品之间确实无法相融的时候，正如国内学者所举的有人根据美术作品所呈现的意境而创作的音乐作品，再如有人根据李白《静夜思》而创作一幅画，将诗中秋日夜晚，诗人于屋内抬头望月所感之意境，在绘画中予以呈现。由于演绎作品必须与原作具有实质性相似的表达，而利用美术作品的意境创作音乐作品或者根据《静夜思》的意境创作美术作品，不存在实质性相似之表达，它们唯一的相通之处在于思想、观念和创意上的相似，因而此类作品无法构成原作的演绎作品。

　　如果正如前述学者所阐释的，德国著作权法的"自由使用"制度是用来规制他人对原作思想、创意的借鉴，那么此类制度似乎并无存在之必要，因为著作权法只保护"表达"并不保护"思想"，思想的借鉴并不为著作权法所禁止。然而在司法实践当中，德国"自由使用"制度确实发挥了转换性使用的功能。从"迪士尼案"到"阿斯特里斯案"，再到"Mattscheibe案"，德国法院利用"自由使用"制度处理了大量"滑稽模仿类（parody）"和"嘲讽性（satire）表演类"案件。所谓"滑稽模仿"指的是通过对原作的模仿或借鉴，来对原作本身进行讽刺或批判。而"嘲讽性（satire）表演"指的是通过对原作的模仿或借鉴，来对原作之外的其他主题，例如经济、政治、文化等议题进行批判或讽刺。"滑稽模仿类（parody）"和"嘲讽性（satire）表演"都不是纯内容性转换，而是内容性转化和目的性转换的结合体。正如德国法院在"Mattscheibe 案"中所指出，对原作内容的借鉴或模仿必须实现嘲讽的目的，并且新作与原作相比还必须能够为公众所识别，存在足够的内在距离。[1] 雷炳德教授也承认，对他人作品以同样目的进行仿制的行为会构成非自由使用行为。[2] 综上而言，无论是理论依据，还是立法和司法例证都表明，内容性转换使用理念并不具备正当性，应该予以摒弃。

四、"目的性转换使用"的正当性

合理使用制度是作者权利与公共利益的平衡器，对于原本受版权规制的行为，因为其符合版权法所要服务的更为重要的社会利益目的，而将其排除出作者权利的规制范围。因而要构成合理使用的行为，必须与一般侵权行为相比更具有保护的正当性和合理性。正如在"Rogers v. Koons"一案中法官所言："一个对受版权保护之表现的侵害，如果可以基于侵权者所主张'为了更高或不同'的艺术目的之理由而被合理化，则合理使用将可被无限扩展，形同虚设"[3]。因为在原作的基础上，对内容的改变和转换恰恰是作者演绎权所要控制的范围，而在"转换性使用"的判断中如果过度注重对原作内容的转换，会模糊"转换性作品"与"演绎性作品"的界限。相较而言，目的性转换的使用更符合版权法所要推进的促进文艺发展的终极目标，即便是仅具有目的转换而无内容转换的使用行为（即第二类行为）。正如有学者所指出的，激励创造新型作品已非版权法促进科学和实用艺术进步的唯一关注之要点，因为人类社会当前已经拥有大量的信息产品，如何更便捷地、自由地、创造性地帮助用户接触、传播和使用既有信息产品，对于全人类来说也是极为重要的社会公共利益。[4] 美国联邦最高法院在 2023 年的"Goldsmith 案"中也指出，"是否复制了原作的目

---

① See B. G. H. ，Urteil vom 13. April 2000-I ZR 282/97.

② 参见［德］雷炳德：《著作权法》，张恩民译，法律出版社 2004 年版，第 262 页。

③ Rogers v. Koons，960 F. 2d 301，310（2d Cir. 1992）.

④ See J. I. S. U. K. Woo. ，Redefining the Transformative Use of Copyrighted Works：Toward A Fair Use Standard in the Digital Environment，Hastings Comm. & Ent. L. J. ，2004，27：51 - 78.

的或特征，或者是否具有进一步的目的或不同的特征，是一个程度问题。大多数复制都有进一步的目的，即复制之后对社会有用。许多次要作品增加了一些新的东西。仅凭这一点还不足以使这些使用成为公平使用。相反，第一个要素询问的是'所涉使用是否以及在多大程度上'具有与原作不同的目的或特征。差异越大，第一要素越有可能支持公平使用。差异越小，可能性越小。具有其他目的或不同特征的使用被称为'转换性'"①。

　　美国判例的实证研究也表明，美国法院对转换性使用的判断极为注重对使用目的的认定。例如，根据安东尼·里斯的调研表明，从1994年"Campell案"到2007年所发生的判决结果表明，被告使用的"目的性转换"与最终认定构成"转换性使用"之间存在高度的关联性，而无论被告是否对内容进行转换。相反，一旦法院认定被告的使用行为没有目的转换而只有内容转换时，法院都倾向于认定其不构成"转换性使用"。② 迈克尔.D.默里其实证研究中指出，法院在司法判决中往往注重对被告使用行为目的或功能进行认定，如果被告使用行为的主要目的和功能与原作相比足够不同（sufficiently different）并且符合版权法目的，那么即便被告对内容没有作任何改变，也可以构成转换性使用。③ 简·金斯伯格的实证分析也表明，从1992年到2012年的案件中，法院对转换性使用的界定重心，已经从"内容性转换"向"目的性转换"进行转移。④ 而在刘家瑞教授的实证研究中，其根据"Campbell案"中对转换性使用的典型定义，将相关案件细分为"物理性转换"（概念同"内容性转换"）与"目的性转换"，进一步分析两者与转换性使用构成与否的关联性。研究结果发现，个案仅需构成其中一项即有可能被认定成立转换性使用行为，且目的性转

---

① Andy Warhol Foundation for the Visual Arts，Inc. v. Lynn Goldsmith，et al.，143 S. Ct. 1258，1266（2023）.

② See R. Anthony Reese.，Transformativeness and the Derivative Work Right，Columbia Journal of Law & the Arts，2008，31（4）：101-129.

③ See Michael D. Murray，What is Transformative? An Explanatory Synthesis of the Convergence of Transformation and Predominant Purpose in Copyright Fair Use Law，Chicago-Kent Journal of Intellectual Property Law，Forthcoming，Valparaiso University Legal Studies Research Paper，2012，260-292.

④ See Jane C. Ginsburg，Copyright 1992—2012：The Most Significant Development，Fordham Intell. Prop. Media & Ent. L. J.，2012，23：465-501.

换的案件比例又比物理性转换更高。三者相互的关联性，主要可分为以下几种情形：（1）同时构成物理性与目的性转换：基于批评或讽刺目的利用原作品中的元素，且实质地改变原著作内容，例如"Campbell案"的讽刺性模式，即属于转换性使用的一种类型。此时构成转换性使用的百分比为100％。（2）仅构成目的性转换：谷歌数字图书案即为此类型的经典案例，Google在未经授权的情况下，将众多书籍扫描、复制，以建立谷歌数字图书系统。虽然复制行为并没有对原作增添新内容或新表达，法院仍认定该案构成转换性使用，这是因为谷歌对他人作品的使用是以创建搜索引擎和强化资料探勘功能为目的，而非仅将原作内容公开展示。此时构成转换性使用的百分比为60.7％。（3）仅构成物理性转换：相较于仅构成目的性转换的情形，仅构成物理性转换被认定构成转换性使用的案件比例较低。在此类型中有一种常见的利用方式，在学术或科学研究中，以前人作品为基础，再加入自己的研究或观点以创作新作品，即有可能构成转换性使用。此时构成转换性使用的百分比为32.7％。[1]

第二节　转换性使用的界定规则

尽管当前理论界对于转换性使用也存在一些批判，例如拉佩和金斯伯格教授认为转换性的内涵太抽象，在客观上不易判断，具有很大的不确定性。[2] 而本书以为，虽然转换性使用理论在最初提出之时，不过是莱瓦尔法官将其所认为的，隐含在合理使用制度中的功利主义目标予以概念抽象而总结出的指导性原则，并非具体的、确定性的标准，但经过近三十年的司法审判和理论积淀，转换性使用理论的发展经历了一个从抽象概念到具

---

[1]　See Liu J., An Empirical Study of Transformative Use in Copyright Law, Stan. Tech. L. Rev., 2019, 22: 163-241.

[2]　See Lape L. G., Transforming Fair Use: The Productive Use Factor in Fair Use Doctrine, Alb. L. Rev., 1994, 58: 677; Ginsburg J. C., Copyright 1992—2012: The Most Significant Development, Fordham Intell. Prop. Media & Ent. L. J., 2012, 23: 465-501.

体内涵丰富、规则细化的蜕变。对转换性使用的界定虽没有"一刀切"的判断方法，但还是可以结合著作权法的基本原理，通过对相关立法和司法判决的研究，归纳出较为明确、合理的界定规则。

本书先总结出转换性使用界定的基础分析框架：根据相关作品领域的假想普通理性公众这一拟制主体的观点，如果被告使用作品的客观目的或功能之一，有助于实现著作权法所承认的社会公共利益，那么这种使用便可以构成转换性使用。越有利于社会公共利益价值，其转换性程度越高，其构成合理使用的可能性就越大（即便其可能对原作市场和价值产生一定影响，此时社会公共利益价值的保护位阶也优先于著作权人的利益价值）。如果被告使用的客观目的或功能无法实现著作权法所承认的社会公共利益价值，但仍与原作使用目的或功能不同，此时仍认定其构成转换性使用（属于转换性程度较低的使用），但最终是否构成合理使用，需要结合这一使用方式对原作市场和价值的影响来进行考量。下面本书对这一分析框架进行详细阐释。

一、转换性使用拟制主体的择取："相关作品领域的假想普通理性公众"

在"转换性使用"的判断中，最为关键的是法院应该站在何种视角来判断被告行为的转换性，也即拟制主体的择取，这也是"转换性使用"判断中最具争议的地方。尤其是在文艺领域的纠纷中，势必会涉及对文艺作品的内容和观点的评价。法官不应该以自己的标准来对艺术作品的价值作出批判，早在1903年，霍尔姆斯法官就对由只受过法律训练的法官来判断作品美学价值的危险性给予过著名的警告。理论界和实务界对转换性使用拟制主体的择取存在不同观点，例如：有观点认为应该以相关文艺领域的专家为基准进行认定，主要理由在于文艺领域所特有的表达形式、解释和意义，非专业人士无法判断，尤其是摄影和挪用艺术领域，对这些领域的认识都远超出生活常识。① 有观点认为应该以使用者的主观意图为标

---

① See Jasiewicz M. I. A., Dangerous Undertaking: The Problem of Intentionalism and Promise of Expert Testimony in Appropriation Art Infringement Cases, Yale J. L. & Human., 2014, 26: 143 - 183.

准。因为原作者对其自身使用目的最清楚，同时以使用者的主观意图为准，从某种程度上，也是对作者完整人格的一种尊重。① 例如在"Educational Testing Serv. 案"中，法院认为使用的"目的和特点"取决于被告的"目标和意图"②。还有观点认为，应该以"普通理性公众"作为评判标准。这是因为版权法已经为作者设置专属性权利，而合理使用是为了实现更高程度的公共利益而对作者权利的一种限制，因而在转换性使用的判断中，以普通公众为标准更有利于实现版权法的客观目的。③ 在"Abilene Music, Inc. 案"中，法院便认为判断被告是否构成滑稽模仿，并不是基于被告的主观意图的问题，而是基于普通理性公众。④ 然而理论界和实务界对"普通理性公众"也存在不同理解，有主张建立一种假想理性公众标准，也有主张建立实际目标公众标准，各执一词。⑤ 在审判实践中，不同法官择取不同拟制主体进行判决，甚至会得出截然相反的论断。那么转换性使用的判断应该择取何种拟制主体作为判断基准呢？这需要结合拟制主体的概念及其在著作权法中的具体适用来进行详细分析。

（一）拟制主体的概念

拟制主体就其本质而言是一种法律塑造的技术方法，也即法官为实现相应的法价值和克服自身认知的偏见，通过模拟现实普通主体的知识结构和能力水平，构造出一个生动的人物形象，进而将该人物形象置身于现实的具体情境之下，来观察其所为与所思，并将其作为解决争议问题的一种标准。⑥ 拟制主体试图确立一种主观认知的客观化标准，正如拉伦茨所

---

① See McEneaney C. L. , Transformative Use and Comment on the Original-Threats to Appropriation in Contemporary Visual Art, Brook. L. Rev. , 2012，78：1521.

② Educational Testing Serv. v. Stanley H. Kaplan, 965 F. Supp. 731, 736 (D. Md. 1997).

③ See Laura A. Heymann. , Everything is Transformative：Fair Use and Reader Response, Columbia Journal of Law & the Arts, 2008，31：445 - 446. ; Brian Sites. , Fair Use and the New Transformative, Colum. J. L. & Arts, 2015，39：513 - 550.

④ See Abilene Music, Inc. v. Sony Music Enter. , Inc. , 320 F. Supp. 2d 84, 89 - 90 (D. N. Y. 2003).

⑤ See Robert Kirk Walker Ben Depoorter. , Unavoidable Aesthetic Judgments in Copyright Law：A Community of Practice Standard, NYU L. Rev. , 2014，109：343 - 382; Rebecca Tushnet. Content, Purpose, or Both, Wash. L. Rev. , 2015，90：869 - 892.

⑥ 参见叶金强：《私法中理性人标准之构建》，载《法学研究》2015 年第 1 期。

言，拟制主体是一种一般性的客观标准。① 大陆法系的拟制主体标准最初肇始于罗马法的"善良家父"标准，英美法系则起源于侵权领域的"理性人"标准。之后拟制主体的理念逐渐扩张到私法的其他领域，并慢慢渗透到了刑法、行政法和宪法等公法领域。其中拟制主体被冠之以各种称呼，例如"善良家父""善良管理人""理性人"等。在知识产权法领域也同样存在拟制主体的判断和适用问题。例如在商标法中，对于"混淆可能性""商标的相同或近似"以及"商品的相同或近似"等的认定，均涉及拟制主体的判断和适用；在专利法领域，对于发明和实用新型专利的创造性以及外观设计专利的区别性的认定，均涉及拟制主体的判断与适用。

拟制主体的确立就其本质而言是对无法把握的行为主体内心世界的客观化，其往往适用于对客体适格性、权利边界等充满诸多不确定的主观性要素的解释。在著作权法中涉及拟制主体判断的主要领域有：作品独创性（客体适格性）、实质性相似（权利边界）以及合理使用的判断（权利抗辩）。在这三个层面的判断过程中都涉及拟制主体的择取问题。尽管著作权立法中没有出现类似于商标法中的"相关公众"以及专利法中的"所属技术领域的技术人员"等术语，但在司法领域内，法官经常会在判决书中采用类似拟制主体的标准。例如在备受争议的"大话西游游戏直播案"中，法院明确指出，"著作权侵权判断中认定实质性相似的主体应当与判断作品是否具有创造性的主体一致，即一般观察者。一般观察者的标准因作品种类的不同而有所不同。本案作品为网络游戏中使用的文字、美术，因此，应当重点考虑以网络游戏所针对的受众来判断被诉文字、美术作品与权利人享有著作权的文字、美术作品是否实质性相似，当然不能仅限于西游题材类游戏玩家等受众"②。然而法院在著作权法领域适用拟制主体标准时存在以下问题：其一，法院对拟制主体的判断与适用缺乏一个明

①　See Larenz K.，Hegels Zurechnungslehre und der Begriff der objektiven Zurechnung，R. Berger，1927：84.

②　《2018 年广州知识产权法院著作权典型案例及评析之二：广州网易计算机系统有限公司与广州尚游网络科技有限公司、成都陌陌科技有限公司等著作权侵权及不正当竞争纠纷案》，https://pkulaw.com/pfnl/a6bdb3332ec0adc4dbb29b86c159b2495e4f2880c3b1f3ecbdfb. html（访问日期：2024 年 9 月 3 日）。

确、统一的标准。例如在"广东太阳神案"和"董某达与谭某著作权侵权案"等案件中，法院选择直接适用专家标准①；而在"大话西游游戏直播案"和"英雄血战游戏著作权侵权案"等案件中，法院则适用"一般观察者"标准。② 即便是同为"一般观察者"标准，法院也会适用不同的判断标准。例如在"陈某真著作权纠纷案"中，法院指出，"现行著作权法只保护作品中的艺术成分，应当站在一般观察者或产品消费者的立场，对作品本身进行观察，判断其是否具有较为显著的艺术性"③。而在"陈某等诉宦某某等著作权纠纷案"中，法院则使用了"该领域内一般技术人员"标准，指出"这种差异是该领域内一般技术人员无须通过创造性劳动就能联想到或实现，作品出现的相似性并非部分借鉴而是大部分复制"④。其二，法院在适用这些拟制主体进行判断时，往往只是将其作为判断结果的宣示用语，而未能予以充分论证。例如在"安徽同迈食品公司著作权纠纷案"中，法院认为对作品实质性相似的判断应当以"普通观察者"视角进行⑤，对于何为"普通观察者"标准以及如何适用这一标准却不予置评。

法院的上述问题造成了我国当前著作权法拟制主体的判断和适用具有盲目性、随意性和不可预测性。与此同时，我国理论界对著作权法拟制主体的研究也付之阙如。⑥ 即便一些学者会在宏观意义上，就知识产权法拟制主体的问题进行浅尝辄止的论述和探讨⑦，或者在著作权法独创性和实质性相似问题的研究中，对拟制主体的问题有所提及和阐述⑧，但都没有对

① 参见北京市高级人民法院（2000）高知初字第 19 号民事判决书和北京市东城区人民法院（2016）京 0101 民初 11616 号民事判决书。
② 参见广东省广州市天河区人民法院（2017）粤民初字第 14587 号民事判决书。
③ 福建省高级人民法院（2017）闽民终字第 303 号民事判决书。
④ 安徽省高级人民法院（2010）皖民三终字第 00059 号民事判决书。
⑤ 参见合肥知识产权法庭：《2018 年合肥知识产权法庭著作权典型案例及评析》，载《中国出版》2019 年第 1 期。
⑥ 在中国知网和谷歌学术上用相关关键词进行搜索，会发现国内对相关专题的研究论文数量仅有寥寥数篇。
⑦ 参见杨红军：《理性人标准在知识产权法中的规范性适用》，载《法律科学》2017 年第 3 期；付亚超：《理性人标准在知识产权法中的规范性适用》，载《法制博览》2019 年第 26 期；胡伟强：《理性人标准在知识产权法中的规范性适用》，载《法制博览》2018 年第 16 期。
⑧ 参见梁志文：《版权法上的审美判断》，载《法学家》2017 年第 6 期；梁志文：《版权法上实质性相似的判断》，载《法学家》2015 年第 6 期。

著作权法拟制主体判断和适用进行系统的解构。这表明在我国著作权法领域，对拟制主体标准的关注不足和缺位已久，并且拟制主体标准的理论研究和制度供给早已远远无法满足实际的需求。从国外的研究现状来看，国外学者虽逐渐意识到著作权法拟制主体的所体现的问题，但至今尚未对这一问题提出较为合理的对策或建议。① 事实上，正如下文所述，国外司法实践对著作权法拟制主体标准适用所产生的众多分歧，也从侧面说明了国外理论界和实务界对著作权法中拟制主体问题的理解和适用也是争议不断、莫衷一是。

（二）著作权法中拟制主体的判断和适用分歧

在著作权法中，涉及对文艺内容、价值和功能等主观成分的判断，因而存在拟制主体的择取和适用问题。由于理论界和实务界对拟制主体的问题缺乏深入研究，因而这一标准在实际适用中始终存在模糊性和众多分歧，具体而言主要包括以下几种标准：

第一种观点认为应采用"普通公众标准"。在美国早期司法实践中，曾一度认为要将美学价值作为作品独创性判断的前提条件，而法官应承担这一判断的重任。然而自 1903 年"Bleistein 案"开始，美国联邦最高法院的霍姆斯大法官明确指出不应以法官的视角来对作品的审美价值和独创性进行判断，而是应该将这一权利交给普通公众，以普通公众的视角进行认知。霍姆斯法官对此发表了其经典表述："由那些只接受过法律训练的人来对一件美术作品的价值进行最终评判是一件非常危险的事情，超出了最狭窄和明显的界限。"这是因为：一方面，一些极具天才的作品一开始总是不被人所赏识的，例如梵高的画作。另一方面，一些在法官看来缺乏美学价值或教育意义的作品，却能被普通公众所接受和欣赏，普通公众的品位和意见应被珍视，不能视而不见。② 站在普通公众的视角来判断作品的独创性自此成为许多判决的立足点。然而何为普通公众？其具体内涵为何？学术界和实务界对此形成了不同的看法，各执一词。有观点认为应构

---

① See Fromer, Jeanne C., and Mark A. Lemley., The Audience in Intellectual Property Infringement, Mich. L. Rev., 2013, 112: 1251 – 1304; Simon, David A., Reasonable Perception and Parody in Copyright Law, Utah L. Rev., 2010: 779; Manta, Irina D., Reasonable Copyright, B. C. L. Rev., 2012, 53: 1303 – 1355; Lemley, Mark A., Our Bizarre System for Proving Copyright Infringement, J. Copyright Society USA, 2009, 57: 719 – 749.

② See Bleistein v. Donaldson Lithographing Co., 188 U. S. 239, 251 (1903).

建一种假想理性公众标准，也即相关作品领域当中具有理性注意程度和认知的公众。其主要是法律出于审判实践需要所作出的一种人格假设。而有的学者则坚持适用实际受众标准，这一受众可以通过实际调查、问卷等可被观察的数据予以实证获悉。①

还有学者和法院将"普通公众标准"称为"一般观察者标准"，并且又将其细分为"一般观察者测试标准"（Ordinary Observer Test）与"更敏锐一般观察者测试标准"（More Discerning Ordinary Observer Test）。在司法实践中，法院最通常使用的拟制主体为一般观察者。一般观察者被假设为独立的个体，是与系争作品并无相关利益纠葛（any vest interest），不需借助专家而能够独立地、公平地分辨出系争作品间差异的主体。因此专家或不具有普通注意力的专业人士均非一般观察者。② 一般观察者测试标准是以一般公众对于两作品所形成的立即的、自然的反应。然而，并非随便在路上找个人问他两作品是否构成实质近似，而是由法院假设以一般观察者角度，经检视两作品后，预期会留下怎样的合理印象，并据此判断被告作品是否有不当盗用原告作品？③ 例如在"Segrets，Inc. v. Gillman Knitwear Co. 案"中，在判断被告销售的女性毛衫的设计是否与原告作品构成实质性相似时，美国联邦第一巡回法院认为，应该对系争作品进行比对，以至于在一般理性人（ordinary reasonable person）看来被告非法盗用了原告受保护的表达，也即拿走了原告有实质性内容或有价值的材料。④ 我国法院也通常认为，"实质性相似的判断是从一般读者的角度，

---

① See Walker R. K. ，Depoorter B. Unavoidable Aesthetic Judgments in Copyright Law：A Community of Practice Standard，NYU L. Rev. ，2014，109：343 - 382. Tushnet R. ，Content，Purpose，or Both，Wash. L. Rev. ，2015，90：869 - 892.

② See Arthur Rutenberg Homes，Inc. v. Maloney，891 F. Supp. 1560，1567 (M. D. Fla. 1995).

③ See Knitwaves，Inc. v. Lollytogs Ltd. ，Inc. ，71 F. 3d 996，1002 (2d Cir. 1995)；Novelty Textile Mills，Inc. v. Joan Fabrics Corp. ，558 F. 2d 1090，1093 (2d Cir. 1977)；Peter Pan Fabrics，Inc. v. Martin Weiner Corp. ，274 F. 2d 487，489 (2d Cir. 1960)；Horgan v. MacMillan，Inc. ，789 F. 2d 157，162 (2d Cir. 1986).

④ 再如，在"Wildlife Express Corp. 案"中，美国联邦第七巡回上诉法院以"一般观察者"的标准来判断被告作品与原告作品的相似程度是否足以使一般理性之人于观察的阶段，均可得出被告是不当盗用原告受保护的表达的结论。See Wildlife Express Corp. v. CarolWright Sales，Inc. ，18 F. 3d 502 (7th Cir. 1994).

两部作品在思想的表达上构成实质的相同或相似"①；或者"是指在后作品与在先作品在表达上存在实质性的相同或近似，使读者产生相同或近似的欣赏体验"②。实质性相似的判断需"将两者（两部作品）隔离，普通消费者一般难以注意到其差异所在"③。"以一个普通观众的眼光……进行整体比较……应该对不同作品之间在结构、形状、图案、位置、装饰、色彩等方面的区别有一定的分辨力，但不会注意到彼此之间的微小变化"④。

然而也有一些法院在实践当中，通常当被告盗用原告作品同时包含受保护的元素和不受保护的元素时，则不再适用"一般观察者测试标准"，而是适用"更敏锐一般观察者测试标准"，因为其涉及更加具体和细致的判断。具体而言：法院应将不受保护的元素从被告复制原告作品的部分进行抽离，并就被告盗用原告作品中受保护的元素与原告作品整体比较，用以衡量是否达到不当盗用的程度。如有，则构成实质性相似。然而需注意的是，更敏锐一般观察者测试标准同样并非以解构方式进行观察，不应将两作品中个别元素单独分离观察，而是要考量整体作品的外观与感觉（overall look and feel）。例如在"Boisson v. Banian Ltd. 案"中，美国联邦第二巡回上诉法院认为被告作品同时存在保护因素和不受保护因素，进而以"更敏锐一般观察者测试标准"比较两者的外观是否构成实质性相似。⑤

第二种观点认为应以相关作品领域的专业人士或专家的标准来进行认定，其主要理由在于，文学艺术领域的一些作品具有特定的表达形式、解释和意义，对其理解和认识可能远超普通公众的能力范围，尤其体现在后现代艺术领域或者音乐作品、计算机软件等复杂领域，这些作品的表达方式和内涵有时不是普通公众所能评判的。⑥ 例如吉迪恩（Gideon）教授和

① 北京市高级人民法院（2011）高民终字第 3131 号民事判决书。
② 北京市第二中级人民法院（2008）二中民终字第 02232 号民事判决书。
③ 上海市第一中级人民法院（2011）沪一中民五（知）初字第 127 号民事判决书。
④ 重庆市高级人民法院（2012）渝高法民终字第 00170 号民事判决书。
⑤ See Boisson v. Banian, Ltd., 273 F. 3d 262, 271 - 72 (2d Cir. 2001).
⑥ See Jasiewicz M. I., A Dangerous Undertaking: The Problem of Intentionalism and Promise of Expert Testimony in Appropriation Art Infringement Cases, Yale J. L. & Human., 2014，26：143 - 183.

亚历克斯·斯坦（AlexStein）教授认为，法官只是法律领域的专家，但作品创作方式和表达形式具有多样性和不确定性，许多作品独创性的判断需要依赖各类学科的专业知识和背景。① 在司法实践中，不少法院在认定实质性相似时秉持"专家标准"，尤其是在涉及计算机软件、音乐、建筑等较为复杂的领域。例如在涉及计算机软件侵权纠纷的"Computer Associates. Int'l，Inc. 案"中，法官寻求了专家的意见，先将计算机软件受保护的要素抽离出来之后再进行比较。法院认为，由于计算机软件是晦涩难懂的，所以法官不应该局限于"一般观察者"的视角，而应该在专家的带领下对计算机软件进行解构。② 美国联邦第三巡回法院在"Whelan Associates，Inc. 案"中也指出，"一般观察者测试标准"不适用于如计算机软件等性质较复杂的案件。由小说、戏剧和绘画发展而来的一般观察者并不适用于此类复杂案件，对此应适用专家标准。③ 在涉及音乐作品侵权的"Arnstein v. Porter 案"中，法官克拉克（Clark）也明确指出，大多数人的"反专家"的意见将导致"……所有关于音乐剽窃的决定都是由耳朵作出的……越不成熟、音乐上越天真越好……"。他还表示，音乐作品受到保护的表达——而不是特定的表演——是最重要的，应该清晰地呈现在可见的乐谱之上，最好由专家分析。④再如在"Ferguson 案"中，法官判决被告不构成侵权的理由之一，就是音乐学专家认为，两作品间仅有三个乐句连接存在相似，而且相似处又源于巴赫的作品。对于音乐作品等专业门槛较高的作品而言，专家的意见不可或缺。⑤ 在我国的司法实践中，例如2000 年的"广东太阳神案"和 2016 年的"董某达与谭某著作权侵权案"中，两案的审理法院都选择直接适用了专家标准，没有自行适用"抽象对比"的方法。⑥

---

① See Parchomovsky G. ，Stein A. Originality，Va. L. Rev. ，2009，95；1505 – 1550.

② See Computer Associates Int'l，Inc. v. Altai，Inc. ，982 F. 2d 693，714（2d Cir. 1992）.

③ See Whelan Associates，Inc. v. Jaslow Dental Lab. ，Inc. ，797 F. 2d 1222，1232（3d Cir. 1986）.

④ See Arnstein v. Porter，154 F. 2d 464（2d Cir. 1946）.

⑤ See Ferguson v. Nat'l Broad. Co. ，584 F. 2d 111，113（5th Cir. 1978）.

⑥ 参见北京市高级人民法院（2000）高知初字第 19 号民事判决书和北京市东城区人民法院（2016）京 0101 民初字第 11616 号民事判决书。

第三种观点认为应该以创作者为标准。例如美国版权法著名专家尼默和卡罗琳（Caroline）教授都认为，作品独创性认定应坚持创作者标准。因为根据美学理论，作者的意图决定了作品的意义和内涵，同时，创作者本身对作品的创作目的和内涵也最为清楚。以此为据，从某种程度上，算是对创作者人格的一种重视。[①] 在备受争议的"《死海卷宗》案"中，哈佛大学的约翰·斯特鲁格内尔（John Strugnell）教授对失落已久的《死海卷宗》进行破译，被告未经许可销售了约翰·斯特鲁格内尔教授所破译的文本。法院经审理后认为，判断独创性应以创作者为标准，约翰·斯特鲁格内尔教授破译的《死海卷宗》符合创作者意图，据此可认定为作品。[②] 再如在"Mannion v. Coors Brewing Co. 案"中，法院认为，作者的主观意图引发了创作构思，如果不将被告的主观意图与其构思结合起来考量，那么在认定独创性时将产生矛盾。[③] 但也有不少学者明确反对适用这一标准，例如拉斯·维斯蒂格（Russ Versteeg）教授认为，"法官在司法实践中探寻创作者的动机意图和心理状态较难实现，据此应该以更加客观的视角和标准来认定作品的独创性"[④]。

第四种观点为"一般观察者标准"和"专家标准"的共同使用。在司法实践中，有不少法院在实质性相似的判断中同时适用"一般观察者标准"和"专家标准"。事实上，这与其使用的实质性相似判断方法密切相关，往往适用"外部与内部测试法"的法官会同时适用这两项标准。这是因为在"外部测试"阶段是根据两作品的外观来比较思想所呈现出来的表达是否具有相似性，法院应列举出作品的组成要素，然后分析组成要素之间是否存在相似性。此时，该过程被称为"解构分析"，具有一定的专业难度，因而适用"专家标准"的视角。而"内部测试"阶段则是一种主观判断，由一般观察者的视角去衡量整体表达是否有相似性，不得辅以专家

[①] See McEneaney C. L. , Transformative Use and Comment on the Original-Threats to Appropriation in Contemporary Visual Art, Brook. L. Rev. , 2012, 78: 1521 - 1551; Nimmer D. , Copyright in the Dead Sea Scrolls: Authorship and Originality', Hous. L. Rev. , 2001, 38: 1.

[②] See Cohen D. L. , Copyrighting the Dead Sea Scrolls: Qimron v. Shanks, Me. L. Rev. , 2000, 52: 379 - 423.

[③] See Mannion v. Coors Brewing Co. , 377 F. Supp. 2d 444, 458 (S. D. N. Y. 2005).

[④] VerSteeg R. , Rethinking Originality, Wm. & Mary L. Rev. , 1992, 34: 801 - 883.

证言而为判断。例如在"Sid & Marty Krofft 案"和"Seth Swirsky 案"中，法官认为专家视角应当用于外在的、客观的分析，而内在的判断结果取决于"一般理性人的主观反应"①。在我国司法实践中，也有法官糅合"一般观察者标准"和"专家标准"进行共同判断。例如在"王庸诉朱正本等著作权侵权案"中，法院明确指出："音乐作品涉及较多专业知识，本案涉及的音乐领域又与民间音乐相关联，非专业人员对其进行甄别具有一定困难……法官认真听取了当事人的比对意见、当事人提供的一般证人及专家证人的意见，力求从专业人员及相关听众的角度综合判断。"②

第五种观点认为，应该采用"创作者""普通公众"等混合视角。例如 Daniel McClean 教授认为，对于艺术作品独创性的判断应采取一种"艺术共同体（artistic commonwealth）标准"，也即根据相关艺术领域内的创作者、目标受众以及相关从业者（包括艺术评论家、收藏家、馆藏专家等）的一般审美标准来判断作品的独创性。③ 在我国司法实践中，也有法院采取类似混合标准。例如在"北京中航智成科技有限公司著作权纠纷案"中，法院承认作品的艺术美感和独创性判断往往会受到判断主体的认知偏见、文化水平及历史环境等相关因素的制约，因而法院并没有适用单独的创作者标准，也即"依据作者创作作品的主观目的判断某一作品的属性"，而是综合利用作者创作意图和普通公众等多个视角对作品的独创性进行认定。④ 此外，在备受争议的"方正诉暴雪案"中，法院在认定作品独创性时，不但依据创作者标准来考察作品的创造性，还站在普通公众的视角来认定作品的审美价值和艺术性：放弃选用公有领域的字体而选用"为使用者接受和喜爱"的、具有独特艺术造型风格的字体，体现了涉案字体的"审美价值"⑤。

---

① Sid & Marty Krofft Television Prods.，Inc. v. McDonald's Corp.，562 F. 2d 1157，1164 - 65（9th Cir. 1977）；Seth Swirsky v. Mariah Carey，376 F. 3d 841，845（9th Cir. 2004）.

② 北京市海淀区人民法院（2003）海民初字第 19213 号民事判决书。

③ See McClean D.，Piracy and Authorship in Contemporary Art and the Artistic Commonwealth，Copyright and Piracy：An Interdisciplinary Critique，2010：311 - 39.

④ 参见北京市高级人民法院（2014）高民（知）终字第 3451 号民事判决书。

⑤ 最高人民法院（2010）民三终字第 6 号民事判决书。

（三）著作权法中拟制主体的判断

正如前文所述，现有著作权法理论和司法实践虽然意识到了拟制主体的重要价值，但往往只是较为浅尝辄止地讨论和使用这一工具，缺乏对拟制主体的判断和适用的细致研究。这进一步使得拟制主体的理念变得"神秘莫测"，法官在适用这一工具时也失去方向，缺乏判决的稳定性和妥适性，甚至因适用不同拟制主体导致同案不同判的现象时有发生。总体而言，理论界和实务界主要存在普通公众标准、专家标准、创作者标准以及混合标准，等等。那么应该择取上述何种拟制主体作为判断基准呢？是否需要重构新的拟制主体作为判断基准？我国著作权领域的相关理论研究和制度供给已经无法满足日益复杂的司法需求，而在传统民法层面，对拟制主体标准的研究已相对成熟，这可为著作权法语境下拟制主体标准的判断提供重要的参考和借鉴。

1. 拟制主体的基本内涵

从历史的视角而言，在大陆法系国家，拟制主体的概念最初肇始于罗马法的过失判断标准——"善良家父"标准。[①] 而在英美普通法中，判断被告是否存在过失采取的是"理性人（reasonable person）标准"，这是英美法系之中最早的拟制主体概念。法官根据在相同情境之下理性人的行为模式来判断行为人是否违反了注意义务。[②] 在英国判例法中，最早在司法判例中适用理性人标准的是 1837 年的"Vaughan v. Menlove 案"。审理此案的法官明确指出，不应当根据被告的主观意图来判断其是否存在过失，因为被告主观意图具有不确定性无法准确探悉，并且法官在审理类似案件时也无法建立统一标准。据此，应根据被告是否遵循一个谨慎合理的标准

[①] 《学说汇纂》明确记载了罗马法中"善良家父"标准的基本内涵："人对事务的认识程度应为既不是最细致周到的，又不是最粗枝大叶的，而是通过一般的注意就能获得的。"陈志红：《罗马法"善良家父的勤谨注意"研究》，载《西南民族大学学报（人文社科版）》2005 年第 8 期。

[②] 事实上，英美法系中的"理性人"概念最早来自 19 世纪比利时统计学家 Adolphe Quetelet 所想出的"l'homme moyen"概念，也即"平均人"，其指的是根据实际的平均可变量因素（例如身高、体重、性格等）所形成的代表性主体。Quetelet 提出的这一特殊统计方式之后很快在统计领域失去作用，但是他创设的这种根据现实主体而拟制的平均主体理念却流传下来，成为理性人标准的最早源头。See Miller A. D., Perry R. The Reasonable Person, NYU L. Rev., 2012, 87: 323–392.

来判断其是否存在过失。① 此后理性人标准开始在司法实践中广泛使用，成为判断被告行为是否具有过错的重要标准。

拟制主体理念在私法领域确立之后，逐渐扩展到私法的其他领域，并慢慢渗透到了刑法、行政法和宪法等公法领域，展现了其广阔的适用空间和功能。② 虽然在适用领域、年代背景等方面存在差异，但拟制主体的内涵具有以下一致性特征：第一，拟制主体是一个被法律所创设出来的虚拟人格，拟制主体是一个单一的、同一的、普适的标准，是法律基于实践需求，消灭了现实中普通个体的样貌、性格、智力、学历等方面的差异，创造出的具有统一认知能力的普通人的模型。因而现实普通个体与这一虚拟模型的差异之处已经被过滤，在相同场景之下具有普适性和无区别性。第二，拟制主体就其本质而言是对法官主观认知和偏见的一种纠正和限制，其要求法官在相同场景之下利用拟制主体标准给以相同对待。虽然法官总是在案件发生后根据拟制主体标准来考察被告行为的定性，但从性质上而言，拟制主体标准仍然是一种事前判断标准，而非事后的追责机制。这意味着法官不应当根据事后的完整事实适用这一拟制主体，而是应该根据事实发生之时的情境进行适用。③ 第三，拟制主体的适用需要把握场景重构原则。也即法官在具体场景之下，根据特定时空的信息，"设身处地"地运用拟制主体标准，这样才能发挥拟制主体的认知与评价功能。第四，拟制主体标准通常与社会理念和认可标准具有一致性。在早期司法实践中，霍姆斯法官最早试图结合社会选择论来认定拟制主体，并影响了之后美国的司法判决。④ 例如在 1970 年的"Kline 案"中，法院认为，拟制主体必须来源于社会，尤其是通用社会价值和习惯对于拟制主体的认定发挥着重

① See Stigler S. M., The History of Statistics：The Measurement of Uncertainty Before 1900，Harvard University Press，1986：169 – 74；Linz D.，Donnerstein E.，Land K. C.，et al.，Estimating Community Standards：The Use of Social Science Evidence in an Obscenity Prosecution，Public Opinion Quarterly，1991，55（1）：80 – 112.

② See Moran M.，The Reasonable Person：A Conceptual Biography in Comparative Perspective，Lewis & Clark L. Rev.，2010，14：1233.

③ 参见王俊、陈霞：《英美侵权法中的理性人标准初探》，载《求实》2006 年 S2 期。

④ See Rabin R. L.，The Historical Development of the Fault Principle：A Reinterpretation，GA. l. reV.，1980，15：925 – 961.

大的作用。当然，拟制主体标准具有动态性和包容性，因为社会形势在不断发展，这就导致社会所认可的标准也在不断地变化。①

2. 拟制主体判断的"三要素考量法"

无论是英美法系还是大陆法系国家，对于拟制主体的界定虽无决定性的规则，但对于如何构建拟制主体标准，民法的理论界和实务界进行了长期的摸索和研究。鉴于此，本书通过对拟制主体标准相关理论与实践的考察，总结归纳出界定拟制主体的"三要素考量法"，具体如下：

其一，拟制主体择取的价值基础。拟制主体标准是法官为实现相应的法价值和克服自身认知的偏见而构建的一种法律适用的技术方法。相关部门法领域特定价值取向决定着拟制主体构建的具体方向和路径，如直接影响并决定着构建拟制主体的材料、信息或特征的选择。② 当然对于拟制主体择取的价值理念，不同的部门法并不一样，应根据具体情况进行分析。例如在民事侵权法领域，苏珊娜（Susanna）教授指出，在19世纪的美国，在有民事能力和无民事能力之间确实存在一个广阔的、弹性的法律地带。而霍姆斯法官在当时构建理性人标准的时候，并非采取严格的法律责任，而是一种公平价值的理念。法院对理性人的构建无论是价值基础还是指导原则，都是根据这一价值基础进行构建的。③ 汉德法官在"United States 案"中提出了著名的"汉德公式"，即其基于利益或风险的实用主义价值理念构建了一个更加细致的理性人标准。④ 而在公法领域，美国著名的法学家迈克尔·D·贝勒斯指出，理性人最为关注三种价值观念，即自由、责任和平等。自由、责任和平等是理性人构建的根基……如果没有这三项价值，他们就不应当被尊称为"理性人"。迈克尔·D·贝勒斯根据这一价值理念，提出了具体构建理性人的规则和方法。⑤ 而艾伦·米勒

---

① See Kline v. 1500 Massachusetts Avenue Apartment Corp., 439 F. 2d 477 (D. C. Cir. 1970).
② 参见叶金强：《私法中理性人标准之构建》，载《法学研究》2015年第1期。
③ See Blumenthal S. L., The Default Legal Person, UCLA L. Rev., 2006, 54: 1135-1265.
④ 汉德法庭在确定理性人在具体场景中会如何行事时，将确定注意义务的内容要与风险的大小（事故发生的盖然性及预计后果的严重性）与采取特定预防措施的难度、花费以及其他困难之间进行权衡。仅当可预见的风险超过其预期的社会功用时，行为才具有"不合理的风险"，因而有过失。参见冯珏：《汉德公式的解读与反思》，载《中外法学》2008年第4期。
⑤ 参见［美］迈克尔·D. 贝勒斯：《法律的原则——一个规范的分析》，张文显等译，中国大百科全书出版社1996年版，第5页。

（Miller）和罗南·佩里（Ronen Perry）教授则指出还应包括关怀伦理价值等。①

其二，所属群体的范围和认知水平。从认知心理学来看，拟制主体标准意味着观念的一般认知，而为确保拟制主体标准的合理，这一标准应确保有一定数量个体的理性感知。② 拟制主体的设置应该从相关领域中存在着关联性的特定人群中进行择取，围绕着价值基础及所要解决的问题确定相关人群对象，这是一种存在特定偏好的人格拟制，并非泛化的人群。正如拉伦茨所言："每一个人必须保证其具有其所属职业或团体一般所有之知识能力。同时，在法律交易上，每一个人必会信赖对方有其所属职业或团体一般所具有之知识能力。"③ 法官往往根据价值实现的需要而选定的基础性人格形象，必须具备相关领域的认知能力，包括注意力、知识结构、能力水准、理解能力、比较能力等。《牛津法律大辞典》对理性人标准内涵的解释是，"理智的人，一种拟制的人，其预见力、注意力、对伤害的谨慎防范及对伤害的觉察能力等类似的假想特性和行为，常被用作判断具体被告人的实际预见力和注意力等的参考标准"④。由这一释义可见，理性人常见的认知标准包括预见力、注意力和觉察能力等因素。作为拟制主体建构基础的类型，在无特别事由时，一般确定为相关群体中具备平均化认知水平的主体，既非具备专业知识能力的专家，也非一无所知的旁观者⑤，正如发明和实用新型专利中的"普通技术人员"、外观设计专利中的"一般消费者"，以及混淆可能性判断中的普通理性消费者。

其三，拟制主体标准的实现成本。波斯纳曾言，在资源稀缺的世界中，效益是一个公认而有效的标尺，用以衡量某种行为相较于其他行为更

---

① See Miller A. D. , Perry R. The Reasonable Person, NYU L. Rev. , 2012, 87：323 - 392.

② See Simon D. A. , Reasonable Perception and Parody in Copyright Law, Utah L. Rev. , 2010：779.

③ ［德］拉伦茨：《德国法上损害赔偿之归责原则》，载王泽鉴：《民法学说与判例研究》（第五册），三民书局1991年版，第286页。

④ ［英］戴维·M. 沃克：《牛津法律大辞典》，北京社会与科技发展研究所组织编译，光明日报出版社1988年版，第75页。

⑤ 参见叶金强：《私法中理性人标准之构建》，载《法学研究》2015年第1期。

加有效。① 法经济学理论认为，法律不仅应有助于实现公平正义，而且作为一种特殊的"公共产品"，还应担负起实现资源有效配置、促进社会财富增加的职能。对一项标准或制度进行构建时，必然会产生相应的成本，也会带来一定的社会收益，因而成本收益标准可以成为衡量这一标准或制度正当性与否的重要因素之一。② 利用法经济学的这一方法来构建拟制主体标准，将有助于进一步提高拟制主体标准构建的质量和效益。正如艾伦·米勒和罗南·佩里所指出的，成本收益标准无疑是拟制主体标准构建的最有效方法论之一。③ 通常而言，拟制主体一般化的标准运作成本最低，而价值实现所需要的具体化则会增加运行成本。此外，主观因素越强、专业化、具体化程度越高，信息成本则越高。因而在拟制主体的设置中最好不要进一步掺入任何个体特殊技术、能力因素、主观因素的考虑，否则将使得拟制主体的设置变得低效率。④

　　3. "三要素考量法"对著作权法的适用

　　正如前文所言，拟制主体的理念最初来源于民法，私法领域乃至于一些公法领域在适用拟制主体的理念时都应该正本清源，从拟制主体的最初源头出发，明晰拟制主体的基本内涵和判断方法。因而前文所归纳的民法拟制主体的"三要素考量法"，不仅是判断民法拟制主体的一种思维方式，而且可广泛适用于知识产权法乃至于其他部门法。当然在具体适用这一方法时，应该结合不同部门法的情况进行具体分析。将前述总结的考量因素适用于著作权法拟制主体的构建，具体如下：

　　首先，就著作权法拟制主体择取的价值基础而言，可从实用主义的激励论和"读者主义"的美学价值观进行考量。其一，关于著作权法的正当性论证以及所应遵循的价值基础，虽然理论界存在实用主义的激励论（或称为"工具论""功用论"）、劳动财产权论、人格财产说（或称为"自然

---

① 参见王哲、郭义贵：《效益与公平之间——波斯纳的法律经济学思想评析》，载《北京大学学报（哲学社会科学版）》1999 年第 3 期。
② 参见袁锋：《我国移植和构建专利链接制度的正当性研究——对现行主流观点之质疑》，载《科技与法律》2019 年第 6 期。
③ See Miller A. D., Perry R. The Reasonable Person, NYU L. Rev., 2012, 87：323 - 392.
④ See Parisi F., Liability for Negligence and Judicial Discretion, University of California at Berkeley, 1992；7. 转引自叶金强：《私法中理性人标准之构建》，载《法学研究》2015 年第 1 期。

权利说"）以及社会规划论等纷争①，但实用主义的激励理论依然是当前著作权学界的主流观点，其理由在于：一方面，著作权是激励创新所必需的，也是健康和公平竞争所要求的，正如美国宪法规定，授予专利和著作权的理由在于为"促进科学和有用艺术的进步"；另一方面，激励理论具有较为广阔的解释空间，其更符合现代著作权法的现实。② 根据激励论，著作权法主要通过保护作者对其创作作品的相关利益以激励知识创新。著作权人通过对其作品的利用或许可而形成固定的目标受众，这些目标受众成为原作市场收益的主要消费者。未经许可对著作权人的作品进行利用，必然与原作的市场进行竞争，会取悦、吸引甚至分流原作所面向的目标受众，进而不合理地剥夺原本授予原著作权人的市场收益，从而极大影响著作权法激励创新的立法价值和目标。因而以作品所面向的目标公众为拟制主体，其优点在于以最了解该作品的人的角度去判断著作权侵权，符合著作权实用主义的激励论。③

在转换性使用的判断中，就拟制主体择取的价值基础而言，由于版权法已经为鼓励作者创作而设置了垄断性的专有权利，合理使用制度是为了与广泛的社会政策相协调，实现更高程度的公共利益价值而对垄断性权利所作的限制。因而界定转换性使用的根本性价值指引是公共利益价值，依这一价值指引而构建起来的拟制主体，其适用之效果必然指向相应价值的实现。无论是文化的、创造性的，抑或其他领域，普通公众都是公共利益价值的最佳代表。

其二，版权法涉及文艺作品的价值评价，因而版权法的标准与规则设置与美学价值观念和理论息息相关。19 世纪浪漫主义的美学观注重作者人格的价值，作品被视为作者思想或情感的外化。此种"浪漫作者主义"的美学观被法律所选择而成为著作权合理性的基础，进而才有"作品体现

---

① See William Fisher, Theories of Intellectual Property, Economics, 1987, 30：265. 虽然近年来，美国著名的知识产权专家罗伯特·P·莫杰思在其最新专著《知识产权正当性解释》中试图运用新的视角和方法来解读知识产权的正当性，但其本质上仍然属于"自然权利说"的范畴。参见［美］罗伯特·P. 莫杰思：《知识产权正当性解释》，金海军、史兆欢等译，商务印书馆 2019 年版，第 13 - 54 页。

② 参见王迁：《著作权法》，中国人民大学出版社 2023 年版，第 9 页。

③ See Silver Ring Splint Co. v. Digisplint, Inc., 543 F. Supp. 2d 509, 517 (W. D. Va. 2008).

作者人格"的著作权理念。^① 然而 19 世纪末 20 世纪初以来，美学观逐渐发生了变化，主要沿着"从作者本位到读者本位"的方向发展。如果说19 世纪的美学观注重作者与其创作作品的联系，强调作品体现了作者的意义和内涵，那么 20 世纪以来的美学观则开始瓦解作者对文本的统治地位，读者感知文本的理论和相关思想开始复兴，并逐渐成为主流，包括德国的"读者接受论"，还有美国、法国等的"读者反应论"等。^② 例如后现代主义美学和哲学大师费什在《读者中的文学：感受文体学》一文中指出，文学艺术作品的意义和内涵在于读者对相关文本的理解和解读，因而读者是文本意义和内涵的最终缔造者。^③ 罗兰·巴特和福柯等大师更是发出"作者的死亡""读者复兴"的呐喊。^④ 此时，作品不再被视为作者人格的附庸以及作者情感、内涵的外化，相反，作品的意义和价值反映在读者的反应和经验中。美学价值观念和理论的变化必然会影响作为第二性的法律规则的变化。^⑤ 正如美国学者玛丽（Mary）指出，随着参与文化的提升，公众已经从内容的被动消费者转化为积极的参与者，因而对版权法中作品内涵的理解应该更加注重文本以及普通公众本身。美国版权专家海曼（Hey mann）教授则明确指出，著作权法在独创性等领域的询问不应该集中于作者的行为或目的，而是作品所面向的公众，将普通公众作为分析标准更有利于实现版权法促进科学进步和有用艺术的目标和价值，并将此种视角称为"读者反映"模式。^⑥ 金布罗（Kimbrough）教授认为，著作权法独创性等领域的判断中普通公众是核心要素，其可以用以解释作者的目的并决

---

① 参见李琛：《质疑知识产权之"人格财产一体性"》，载《中国社会科学》2004 年第 2 期。
② 参见姚斯、霍拉勃：《接受美学与接受理论》，周宁、金元浦译，辽宁人民出版社 1987 年版，第 30 页。
③ 参见［美］斯坦利·费什：《读者反应批评：理论与实践》，文楚安译，中国社会科学出版社 1998 年版，第 135 页。
④ 参见杨桦：《福克纳批评中的形式主义与存在主义之维》，载《外语学刊》2013 年第 4 期。
⑤ 参见李琛：《质疑知识产权之"人格财产一体性"》，载《中国社会科学》2004 年第 2 期。
⑥ See Holland H. B. , Social Semiotics in the Fair Use Analysis, Harv. J. L. & Tech. , 2010, 24：335 - 391.

定作品的意义。①

其次，就著作权法拟制主体所属群体的范围及认知水平而言，美学和哲学大师费什的"阐释共同体"有助于明晰这一要素的内涵和判断。费什认为，文艺作品的意义和内涵来源于读者的理解和解读，读者居于支配文本的核心地位，但这并不意味着读者可以不受任何限制进行"肆意妄为"的解读。对此，费什认为，应当构建一个模拟现实的理想读者形象——"有知识的读者"。这一读者必须对相关作品具有一定的熟悉度、相应的文艺涵养、阅读经验、思维判断能力，只有在具备上述条件的基础上才能更有效地理解和解读文本的意义和内涵。同时费什在"有知识的读者"的理念下进一步延伸，其认为同一作品的读者如果采用相似或相同的阐释策略将会生成同一文本，具备这一性质的读者群体被费什称为"阐释共同体"。就其本质而言，"阐释共同体"是一种阐释文本的结构和方式，也是一种在集体意义上自我依存的情势。不同的"阐释共同体"会根据各自的阐释策略和方式，对相关作品的文本进行解读，同时成为共同体中每个个体进行解读的客观限制因素。② 正如布莱奇所言，阐释者群体是个体所依存的那个具有共同观念和价值标准的社会群体。也即个体的阐释必然要受到其所属群体的制约，群体也就自然而然成为个体主观解读的客观限制因素。③ 在著作权法领域，主体在特定的环境中对作品进行解释，以理性认知文艺文本是否具有独创性和构成实质性相似，这必然要求存在一种"阐释共同体"。这一群体不但对相关作品具有一定的熟悉度，并且不同类型的作品具有不同的目标公众，其对作品的关注焦点并不相同。这一群体还具有相对固定和稳定的认知和阐释共同体，例如网络游戏的游玩群体、学术论文的研究群体、文艺作品的鉴赏群体等。这就必然要求对著作权法客体确定性和权利边界的判断，应该区分不同作品领域，从作品的属性来确

---

① See Ashten Kimbrough, Transformative Use vs. Market Impact：Why the Fourth Fair Use Factor should not be Supplanted by Transformative Use as the Most Important Element in a Fair Use Analysis, Ala. L. Rev. , 2011, 63：625.

② 参见［美］斯坦利·费什：《读者反应批评：理论与实践》，文楚安译，中国社会科学出版社 1998 年版，第 47 页。

③ 参见马新国：《西方文论史》，高等教育出版社 2008 年版，第 614 页。

定抽离的程度。其所确定的拟制主体应是相关作品领域中具备普通注意力和知识结构的、对相关作品领域较为熟悉的理性目标公众，并非广泛的普通公众。

例如根据"小铜板理论"①，在独创性的判断中，对不同类型作品的创造性程度的要求有所不同，对于诗歌、散文等文艺作品的独创性程度要求较高，而对于科技类作品如计算机软件、产品设计图、产品说明书等的独创性程度要求较低，因为这类作品在内容上具有产业功能性。在实质性相似判断中，法院对拟制主体的注意力程度的要求也因不同作品领域面向的目标受众而有所不同。对于音乐、计算机软件等比较复杂的领域，法官往往要求这一目标公众具备较为专业的知识和较高的注意程度。例如在"Atari, Inc. 案"中，法院指出，为评估两作品间的差异处对于实质性相似的判断所带来的影响，衡量因素之一便是考量受保护作品的本质及表达的呈现方式。电脑游戏（Video Games）与美术或电影作品不同，普通公众对于不同电脑游戏中细微差异所体现的美感表达（artistic expression）没有鉴别能力。当普通公众进行游戏时通常会忽略两游戏间的细微美感差异，因而认为两游戏的美感外观（aesthetic appeal）是一样的。因而，为实现更加准确的判断，应择取相关电脑游戏的目标公众作为实质性相似的判断视角。② 在"Arnstein v. Porter 案"中，原告认为著名的爵士音乐和流行音乐的作曲家科尔·波特（Cole Porter），抄袭了其所创作的教会圣歌。审理此案的美国联邦第四巡回上诉法院认为，实质性相似的判断重点在于，判断被告不当盗用原作的部分是否用于取悦原作听众，被告创作的流行音乐所欲吸引的对象是否是原作目标公众，并且须仔细评估被告创作音乐对于原作市场具有多大影响。因此，美国联邦第四巡回上诉法院认为，著作权实质性相似的判断主体应是相关作品的市场领域中被设定为销

① "小铜板理论"起源于德国，其认为并非所有的著作均须符合严格或特别之创作高度以展现特别之个性。对于一些特殊作品，根据"小铜币理论"仅要求较低程度的创作水平。例如商品说明书、表格、目录等即不要求较高的创作高度。此种适用"小铜币理论"所展现仅具低度创作性的个性，称为"普通个性"（einfache Individualitaet）。See Alexander Elster, Gewerblicher Rechtsschutz，1921，S. 40.
② See Atari, Inc. v. N. Am. Philips Consumer Elecs. Corp. ，672 F. 2d 607，614 - 15（7th Cir. ），459 U. S. 880（1982）.

售目标的阅读公众。①

对于儿童作品领域，由于年幼的儿童不具备行为能力，而实际购买者为父母，那么究竟是以"儿童"还是"父母"的视角来判断相关作品是否构成实质性相似？对此理论界和实务界存在一些争议。例如在"Lyons Partnership，L. P."案中，被告销售的紫色恐龙服装"Duffy"涉嫌侵害原告创作的作品"Barney"，审理此案的地区法院认为，本案中实际购买恐龙服装者是父母，因而将"父母"作为目标理性公众的话，父母并不会将"Duffy"与"Barney"相混淆，因而不构成实质性相似。但美国联邦第四巡回上诉法院却认为，当作品的目标销售群体为儿童时，必须以儿童的视角来判断。因为尽管父母在购买紫色恐龙衣服时，子女没有在现场进行挑选，但父母实际上要依其子女的喜好来决定租借哪一套戏服。因此，父母仅是名义上的购买者，子女们的观点才是影响父母作出购买决定的最大因素。因而子女才是"Barney"与"Duffy"的目标销售公众，把父母作为法官判断实质相似的拟制主体并不妥当。② 此外，在"Sid & Marty Krofft 案"以及"Lewinson v. Henry Holt & CO. 案"中，法院都认为系争两玩偶的销售对象为儿童，必须评估其对儿童心理造成怎样的影响，这实质上是以儿童的感知作为判断标准。③

商标法领域所构建的拟制主体也适用这一理念。正如最高人民法院所颁发的《关于审理商标民事纠纷案件适用法律若干问题的解释》指出，商标是否相同、近似，以及商品或服务是否相同或类似，都要以相关公众的一般注意力为标准。"相关公众"指的是相关商品或服务领域的假想理性消费者标准，其不但是模拟现实的法律设想标准，而且由于这一消费者对原告的商品或服务较为熟悉，以之为据，将使判断更加合理和客观。商标法中"相关商品领域合理谨慎的消费者"所针对的是不同商品领域的目标消费者，其注意力标准也会因不同领域的商品属性和性质相区分。例如，对于实验室使用的精密仪器而言，这些仪器的经销者和使用者，如大学和

---

① See Silver Ring Splint Co. v. Digisplint, Inc., 543 F. Supp. 2d 509, 517 (W. D. Va. 2008).
② See Lyons P'ship, L. P. v. Morris Costumes, Inc., 243 F. 3d 789, 801 (4th Cir. 2001).
③ See Sid & Marty Krofft Television Prods., Inc. v. McDonald's Corp., 562 F. 2d 1157 (9th Cir. 1977); Lewinson v. Henry Holt & Co., 659 F. Supp. 2d 547, 565 (S. D. N. Y. 2009).

研究所的研究员、实验员和采购员构成"合理谨慎的消费者"①。正如麦卡锡教授所言：尽管合理谨慎普通购买者会采取谨慎的行为以确保自己得到想要的商品或她想要获得的产品是合理的，但这一标准也不应确定得那么高以至于要求公众仔细研究分析商标以避免混淆。即使普通购买者可能在总体印象引导下采取理性行动，但理性购买者的粗心或冷漠程度仍然存在较低的限制。因此，商标法并不是为保护专家而制定的，而是为保护公众而制定的。合理谨慎的购买者应该具备与其在市场中面临的选择类型相适应的"谨慎、小心和洞察力"。②

　　最后，就著作权法拟制主体标准的实现成本而言，在著作权法领域，专家标准、创作者标准和实际目标公众标准都存在实现成本较高的问题。一方面，根据文艺作品领域的专家视角进行判断，专业知识和门槛要求过高。因为法官只是法律方面的专家，并非所有作品领域的专业知识者，如果苛求法官对待实践中的所有案件都以专家标准进行判断，不但难度太大，而且成本过高，无法轻易实现。另一方面，创作者的目的由于具有私密性很难被人知悉，甚至有时创作者自身都无法清晰地表达其创作意图，因而这相当于对解释者赋予了一个非理性的、高认知的负担。另外，在每个案件中适用实际目标公众标准也无法做到，且不切实际。因为目标受众的实际认知无法轻易获悉，对此需要耗费大量成本予以实证考察。与其关注创作者的目的和实际目标公众标准，设置"理性公众"标准无疑将是更具有效率的工具。③ 因而出于减少法院的主观裁量和降低设置成本考虑，模拟现实所拟制的假想目标理性公众无疑是较为客观且最易衡量的。

　　综上而言，本书以为"相关作品领域的假想目标理性公众"无疑是转换性使用判断中的最佳拟制主体。对于转换性使用的判断而言，判断的关键是对被告使用程度的差异的评价，也即被告对原作的使用的差异是否给

---

　　① 王迁：《知识产权法教程》，中国人民大学出版社 2019 年版，第 448 页。

　　② McCarthy J. T.，McCarthy on Trademarks and Unfair Competition，Thomson/West，2006，23：91 - 94. 转引自王太平：《商标法：原理与案例》，北京大学出版社 2015 年版，第 262 页。

　　③ See Yanisky-Ravid S.，Velez-Hernandez L. A.，Copyrightability of Artworks Produced by Creative Robots and Originality：The Formality-Objective Model，Minn. J. L. Sci. & Tech.，2018，19：1 - 53.

公众呈现了一种明显的、不同的认知感觉。因而判断的焦点不在于被告使用的目的，而在于普通公众的反应。事实上在"Campbell 案"中，法院在判断被告对原告作品的滑稽模仿是否构成转换性使用时，明确指出"作品的滑稽性特征应该被理性感觉"。这暗示法院认为对转换性的判断不取决于法官，也不取决于被告，而是取决于普通公众。在美国的司法实践中，不少法官通常所秉持的正是这一拟制主体标准，美国法院往往将其称为"目标公众"（target audience）或"意图公众"（intended audience）标准。在"La Resonlana Architects 案"中，法院甚至明确指出版权法中的理性目标公众标准类似于侵权法中的普通公众标准，是一种法律的建构。为理解相关作品，可以要求拟制主体具备理性的智力、知识或经验。① 在"Dawson v. Hinshaw 案"中，法院认为涉案宗教音乐改编曲的销售目标公众为拥有专业知识的圣歌指挥家，其理由在于虽然一般观察者可能对于流行歌曲能够发现相关差异之处，但对于宗教音乐却不尽然。因此，应将宗教音乐改编曲的目标理性受众作为判断视角。② 在"Gaylord v. United States 案"中，法院认为以一个理性公众的标准来认定艺术家的目的，将使得这一分析更加具有可操作性和预测性，减轻了偏见的风险。③ 再如在"卡里乌案"中，二审法院也明确指出，判断二次创作是否构成转换性使用时，应该由理性的普通公众来判断，而无论被告是否具有"转换"的主观目的。④ 此外，在"高德史密斯案"中，美国联邦第二巡回法院认为，"法院不应试图评估特定作品的艺术意义是正确的"，并澄清说，"在确定使用目的是否有别于原作时，［仍］应在必要的范围内考虑可合理感知的次要作品的意义，例如，因为使用对原作进行了评论、批评或提供了原作无法提供的信息"。美国联邦最高法院也指出，"作品是否具有变革性不能仅仅取决于艺术家所表达或感知的意图，或评论家（或法官）从作品中得出的意义或印象，否则，法律很可能会'承认任何改变都是变革性的'"。法院强调，这是因为法官"不适合作出审美判断"，而对艺术的感知"本

---

① See La Resonlana Architects, P. A. , v. Reno, Inc. , 555 F. 3d1171, 1180（10th Cir. 2009）.
② See Dawson v. Hinshaw Music, Inc. , 905 F. 2d 731, 737（4th Cir. ）.
③ See Gaylord v. United States, 595 F. 3d 1364, 1373（Fed. Cir. 2010）.
④ See Cariou v. Prince, 714 F. 3d 694, 708 - 711（2d Cir. 2013）.

质上是主观的"。"在创造性艺术领域，如果法官在评估作品的基本要素是否与原作不同时超越了客观检验标准，那么'转化'一词就会被解释得过于宽泛，可能会授权属于作者创作衍生作品专有权范围内的复制行为。""使用的目的和性质是否有利于合理使用，则需要客观调查使用的内容，即用户对原始作品做了什么"①。

此外，美国之外具有类似转换性使用理念的国家和地区也适用这一标准。例如在德国的"Disney-parodie 案"和"Mattscheibe 案"中，法院认为应以平均观察者为标准，也即以知悉原作并且具备必要的知识结构和理解能力的鉴赏者为标准去判断。② 在"阿斯特利斯案"中，德国联邦最高法院也指出，应该择取理性观察者进行判断，也即知悉原作且对新作有足够知识理解力之人。这主要是为了实现文艺创作自由，以此为标准不会对文艺自由创作空间进行过苛的限制。③ "探求此要件，应将已经确认的作品特性以及作品的整体外观形象，与平均水准创作者的作品加以比较，而于此平均水准的创作者进行判断，既非指完全无关的外行人，亦非该领域特别训练的专家之判断"④。再如欧盟法院在滑稽模仿（parody）的相关案例中，认定被告行为是否具备滑稽模仿所要求的"幽默感"，也是依据普通理性公众标准。⑤

在我国大陆的司法实践中，也有法院采取这一标准。例如在"英雄血战游戏著作权侵权案"中，法院明确指出，作品独创性的判断主体应当是"一般观察者"，"一般观察者的标准因作品类型的不同而有所不同"。而在本案中，"一般观察者"的检验标准"应当与网络游戏所涉及的游戏玩家、游戏开发者、游戏运营商等相关，即应当重点从网络游戏所针对的受众的

---

① Andy Warhol Found for the Visual Arts v. GoldSmith，143 S. Ct. 1258，215 L. Ed. 2d 473 (2023).

② See BGH，Urteil vom 26. 3. 1971－1 ZR 77/69（Disney-parodie），GRUR 1971，588；BGH，Urteil vom11. 3. 1993－1 ZR 264/91，GRUR 1994，191；BGH，Urteil vom 13. April 2000-I ZR 282/97.

③ See BGH，Urteil vom 11. 3. 1993-I ZR 264/91，GRUR 1994，191（193）.转引自林昱梅：《艺术自由与嘲讽性模仿之著作权侵害判断》，载《成大法学》2004 年第 7 期，第 39 页。

④ 蔡明诚：《国际著作权法令暨判决之研究》（四），台北，1996 年版，第 29－30 页。

⑤ See Simon D. A.，Reasonable Perception and Parody in Copyright Law，Utah L. Rev.，2010：779.

角度判断"①。再如前文所述的"大话西游游戏直播案"中，法院所择取的拟制主体也与之完全一致。法院在这些案件中所适用的"一般观察者"标准，正是本书所主张的拟制主体判断标准。在我国台湾地区的司法实践中，对于著作权法领域的实际判断，也通常以不同领域的"目标理性公众"标准进行认定。例如在一系列著作权侵权案件中，法院指出在判断美术作品等具有艺术性或美感性的作品是否抄袭时，如果使用与文字作品相同的结构分析法进行对比，存在不少问题或很可能失去公平。因而在对其进行实质性相似判断时，应该特别注意根据作品的整体观念与感觉进行判断。同时在判断时不应以专业人士作为判断标准，而是应以目标理性公众的反应或印象作为判断视角。

此外，值得注意的是，著作权法与商标法一样，采取的是"拟制主体＋要素考量"的判断规则。在商标法"混淆可能性"的判断过程中，法院一般都会基于"相关商品领域合理谨慎的消费者"视角进行判断，同时综合商标的显著性程度、知名度、商标和商品的近似程度、商标的扩展业务领域等多要素进行分析。并且在商标法领域"混淆可能性"的认定过程中，法官总是择取"相关商品领域合理谨慎的消费者"作为判断视角，但为了实现更精准的判断，法官往往还会结合被告使用侵权商标的主观目的、现实消费者实际混淆的实证调查等因素进行综合考量。② 正如海曼教授所言，"由于任何商标的意义最终由消费者决定，典型诉讼过程——相当地自然——涉及试图确定'合理谨慎的消费者'相信什么。在任何一种情形中，目标都是发现商标的意义即问题的答案，以及处理因错误而从那个答案的任何偏移"③。

著作权领域也同样如此，法院择取"相关作品领域的假想目标理性公众"这一视角，来判断作品的独创性、实质性相似以及转换性使用，与法

---

① 广东省广州市天河区人民法院（2017）粤 0106 民初字第 14587 号民事判决书。

② 美国联邦第二巡回法院在"Polaroid 案"中所总结归纳的混淆可能性判断的六要素，已成为当前司法实践所通用的标准。其中就包括第五要素"实际消费者的混淆证据"以及第六要素"被告进行商标使用的意图"。See Polaroid Corp. v. Polarad Elecs. Corp.，287 F.2d 492，495，128 U.S.P.Q. 411，413（2d Cir. 1961）.

③ Heymann L. A.，The Reasonable Person in Trademark Law，Louis U. L. J.，2007，52：781-794. 转引自王太平：《商标法原理与案例》，北京大学出版社 2015 年版，第 264-265 页。

官在审判案件过程中听取创作者的主观意图证据、专业鉴定机构的证明、实际公众的证言，并据此作出最后的判决并不冲突。即便法官以相关作品领域的普通理性公众为视角来认定被告使用行为的转换性，但法官毕竟是最终判决的作出者，为防止法官判断的主观随意性，创作者的主观意图证据、专业鉴定机构的证明、实际公众的证言等是辅助法官进行精准判断的参考因素。

二、目的性转换使用的判断

有鉴于从内容上判断转换性使用存在客观量化标准缺失的弊端，理论界和司法界逐渐将目光集中在"目的性转换"的判断上。事实上，之后一系列司法实践的积累使其形成了较为合理和成体系的判断方法。具体阐释如下。

（一）"目的性转换"是一种客观目的或功能的转换

"目的性转换"中的"目的"并非使用者的主观目的，而是利用客观的标准对作品使用者的内心意图和使用行为的客观效果的探究，这一客观的标准正是前文所论述的拟制主体：相关作品领域的假想理性公众。要明确区分"内容性转换"与"目的性转换"的界限。"内容性转换"是对原作表达形式、内涵的改变，而"目的性转换"是指对原作所欲实现的目的或功能的一种改变。在判断是否构成"目的性转换"时，法官应以相关作品领域的假想理性公众为观察标准，按照该作品类型、表达方式的特性判断使用该作品通常所具有的用途、功能或目的是否发生了转换。如果被告仅对原作增添新的表达、主题可能构成"内容性转换"，但并不足以构成"目的性转换"。例如在"Seltzer案"中，原告于洛杉矶和其他地方，绘制街头画像；而被告是一个摄影、影片设计师，他于洛杉矶的砖墙上拍摄原告的街头艺术画像，然后进行些微修改后，加到摇滚乐队年轻岁月的表演影片中，作为背景来使用。因摇滚乐队年轻岁月之歌曲主题，为描述、批评宗教人士的虚伪，并表达了以宗教为名的暴力，因此，被告为了与歌曲中欲传达的内容配合，便以描绘涂鸦砖墙的变化，作为歌曲传达的方式。在内容上，被告的影片以快转的形式，呈现艺术家于砖墙上来来去去作画的场景。艺术家绘制的图像包括耶稣基督的三幅图像，而这些图像在艺术家作画的过程中被污染，最后，被告使用原告的画像，并于脸部的中间添加一个很大的红色十字架和黑色条纹，也改变了颜色的对比亮度。被告通过对原画外观进行一定的修改，将其用于演唱会的背景画面，添加了"宗教"的主题蕴意，显然可以构成一定程度的"内容性转换"，但并未构成"目的性转换"。这是因为原作本身便具有视觉欣赏、装饰性和娱乐性目的，而被告依然是基于视觉欣赏、装饰性和娱乐性目的对原作进行二次使用，所作的"转换"仅是个别表达形式和主题蕴意的改变。

"目的性转换"行为是将原作作为实现其目的的一种素材或原材料，并非为了再现原作的功能和价值。以滑稽模仿类案例为例，被告使用原作的内容是为了将其作为讽刺、批判原作的工具；再以嘲讽性表演类案例为例，被告使用原作的内容是为了将其作为讽刺、批判与原作无关的议题，如政治、经济等。显然两种使用行为都是将原作品作为其表达相关观点、立场或思想感情的一种工具，其利用的不是原作的功能和价值，本质上都有助于增加社会文化交流及政治表达的机会，使公众获益，具有较高程度的转换性，对两者的定性不应该有所差异。例如在"Dr. Seuss Enterprises案"中，被告苏斯博士未经许可使用著名儿童读物《帽子里的猫》（*The Cat in the Hat*）中的人物和元素，创作了《帽子里没有猫》（*The Cat Not in the Hat*）来取笑辛普森案的审判和法院系统。美国联邦第九巡回上诉法院认为，被告虽然对原告作品的表达形式、内容进行了一定程度的转换，新作品的表现形式完全不同于原儿童作品，讲述的故事也完全不同，但以相关公众视之，新作品借鉴了原作品过多的艺术作品、风格和艺术主题，被告并非具有对原作进行批判或评论的目的，而是利用原作来吸引读者，与原告创作目的一致，并不具有目的上的转换性。①

再如在"Castle Rock案"中，被告针对原告的电视节目《宋飞正传》，制作和发行了关于原作内容、角色的相关书籍，包含643个角色与事件的问题与解答。虽然其内容有些微的创作，但仅是对原创作的节目做

---

① See Dr. Seuss Enterprises v. Penguin Books USA，109F. 3d1394，1399（9th Cir. 1997）.

延伸，而未添加新的见解，或是深入探讨与注解等。在评估转换性时，法院不仅得出结论认为，"二次创作不一定要改变原作品的表达方式才具有转换目的"，也就是说，被告不一定要改变原作内容才能使被告的使用具有转换性，而且这种对作品表达方式的改变并不是合理使用分析的关键所在。相反，法院在评估转换性时所寻找的是被告是否为不同的目的使用了作品。法院认为，依据普通理性公众的客观认知，被告仅仅只是为吸引相关读者的注意而对原作进行重新包装和修饰，"被告将《宋飞正传》的表达方式转化为琐事问答书的形式，几乎没有任何转化目的"。法院因此得出结论认为，就合理使用分析而言，只有当被告的目的是转换时，被告的作品才具有"转换性"，而不论被告是否事实上转换了版权作品中的任何表达。① 此外，在"Ringgold v. BlackEntm't Ielevision，Inc. 案"中，因利用人在电视节目中多次完整地使用原告之画作，作为背景，原告认为，被告的使用侵害了其著作权。最后，法院认为，利用人使用之目的，与原创作者的目的一致，皆为装饰艺术，且内容也为直接复制原著作作为场景的装饰布置，故法院认为目的性未转化。②

（二）"目的性转换"的两种类型

"目的性转换"实质上包括两种类型：一种类型是不但对原作进行了改编，而且实现了不同的目的或功能，换言之是"内容性转换"和"目的性转换"的结合体。这可以说是最早转换性使用的雏形，无论是莱瓦尔法官还是"Campel 案"都重点突出这一类型。典型类型就是"滑稽模仿"和"嘲讽性表演"，两者本质上都是对原作的特殊形式的"改编"，进而实现对原作或其他议题的批判或讽刺。另一种类型是为实现不同的目的或功能，而对原作内容进行原封不动的利用，换言之，是"纯目的性转换"。正如美国著名版权专家尼默教授的"功能理论"所强调的，无论被告作品使用了多少与原作实质性相似的内容，或依附于何种媒介形式之上，只要

---

① See Castle Rock Entm't, Inc. v. Carol Publ'g Grp. Inc. , 150 F. 3d 132，141（2d Cir. 1998）.

② See Ringgold v. BlackEntm't Ielevision，Inc. , 126F. 3d70（2d Cir. 1997）.

被告作品与原作具有完全不同的目的或功能，其仍然有可能构成合理使用。① 此类转换性使用是随着司法实践的积累所衍生出来的新型转换性使用，尤其体现在新技术类型案件当中。例如在"Field v. Google 案"中，网页快照对原作内容的完整复制，可以实现便利用户对比新旧网页的功能，同时利用网页快照高亮的关键词也有助于实现快速定位信息的功能，因而可以构成"转换性使用"②；在"Perfect 10 v. Google 案"中，被告对原作图片进行的缩略图利用，本质上是为了实现便利用户快速接触信息的定位与指引功能，所以具备较高程度的转换性③；再如在"Authors Guild v. Google 案"中，谷歌对原作的数字化复制和利用，尤其是其提供的搜索和片段浏览功能，是为了方便用户搜索其感兴趣的书籍，同时有利于保存古老文集，有助于学术研究，因而具有高度转换性而不构成侵权。④

（三）"目的性转换"的程度判断

原、被告双方对作品的使用往往都具有多种目的，并且可能存在重叠之处。对目的性转换的认定绝非明确的"是非"判断问题，而是一个程度判断问题。正如美国联邦最高法院在"高德史密斯案"中指出，"是否复制了原作的目的或特征，或者是否具有进一步的目的或不同的特征，是一个程度问题"。"由于大多数复制都有其他目的，许多二手作品也增加了一些新的东西，因此第一要素是询问'所涉使用是否以及在多大程度上'具有与原作不同的目的或性质。差异越大，第一要素越可能有利于合理使用。具有进一步目的或不同特征的使用被称为'转换性'，但这也是一个程度问题。为了保留版权所有者制作衍生作品的权利，版权法第 101 条对此进行了定义。法条规定，将'作品可以以任何其他形式重制、转换或改编'纳入其中，对原作品进行'转换'使用所需的转换程度必须超出衍生作品所需的转换程度"。关键问题在于如何对"目的性转换"进行程度判断？本书认为，在对目的性转换进行认定时，法院应以相关作品领域的普

---

① See Thatcher S. G. , From the University Presses—Is "Functional" Use "Transformative" and Hence "Fair"? A Copyright Conundrum，Against the Grain，2013，21（3）：25 – 69.

② Blake A. Field v. Google，412 F. Supp. 2d 1106，1118 – 1119（D. Nev. 2006）.

③ See Perfect 10 v. Google，508 F. 3d 1146，1168（9th Cir. 2007）.

④ See Authors Guild，Inc. v. Google Inc. ，804 F. 3d 202，229（2d Cir. 2015）.

通理性公众为观察标准，仔细量度被告使用作品的客观目的或功能。只要被告使用作品的客观目的或功能之一有助于实现著作权法所承认的社会公共利益价值，那么这种使用便有可能构成转换性使用。越有利于社会公共利益价值，其转换性程度越高。正如韩国的吴智锡教授所言，新技术环境下，转换性使用只有回到著作权最基本的目的，也就是以公共利益为目的，才能解决新技术时代著作权合理使用的争议。①

从版权的历史渊源和国际条约来看，公共利益原则是各国版权保护的基础和根本目的。例如世界上第一部版权法《安娜女王法》曾指出，其旨在"鼓励学习及写作有益的书籍……（规定）著作人及其受让人，自该书籍首次发行之日起算，应享有印刷、重印该书籍的专有权 14 年"。《美国宪法》赋予国会向作者授予版权的权力，目的是"促进科学和实用艺术的进步"。在国际上，版权条约也将公共利益作为一项指导原则。例如，TRIPS 协议规定了知识产权保护的公共利益目标。TRTPS 协议第 8 条规定："在制订或修改其法律和规章时，各成员可采取必要措施来保护公共健康和营养，促进对其社会经济和技术发展至关重要部门的公共利益，只要这些措施符合本协定的规定。"此外，《世界知识产权组织版权条约》的序言强调，"有必要在作者权利与更广泛的公共利益，特别是教育、研究和信息获取之间保持平衡"。但有学者指出，"公共利益是一个令人深感不安的概念，因为很难界定其性质和范围。这一概念的定义尚不明确，在合理使用案件中适用公共利益原则将导致无数意想不到的负面后果，从而进一步加剧合理使用原则的不确定性"②。然而，法律本身自诞生之日起就充斥着性质含糊的法律术语。历史见证了法律随着时间的推移而发生的积极演变，尽管法律的每一个语言成分都深藏含混不清之处。因为，语言本身也充满了歧义。例如各国行政法都明确规定了一个基本原则，即政府行使征用权征用私有财产用于公共用途是合法的，但前提是必须向所有者支付合理的补偿。这一原则已在各国实施了很长时间，但没有对征用私有财

---

① See Woo J., Redefining the Transformative Use of Copyrighted Works: Toward a Fair Use Standard in the Digital Environment, Hastings Comm. & Ent. L. J., 2004, 27: 51 - 78.

② Sun H., Copyright Law as an Engine of Public Interest Protection, Nw. J. Tech. & Intell. Prop., 2018, 16: 123.

产的公共利益进行适当的界定。① 因此，仅仅通过指责公共利益原则的模糊性来反对该原则是没有意义的。相反，模糊性问题应被理解为一把双刃剑。在应对其负面影响的同时，我们也可以利用其正面影响来保护公共利益。一方面，我们可以采取措施最大限度地克服公共利益原则的模糊性。另一方面，也可以说，公共利益原则的模糊性实际上是必要的，以确保该原则具有足够广泛的基础，能够在使用版权作品时照顾到广泛的社会利益。在政策层面上，公共利益原则的模糊性可能有助于创造一个相对灵活的环境，以支持在理论层面，该原则的模糊性将有助于法院保护公众利益。② 对于转换性使用而言，通过诉诸公共利益来衡量转换性程度，无论是在理论还是实务界皆具有充分的论证。

就理论界而言，郭晓晖教授指出，对转换性使用的衡量，不应纠结于转换性概念本身，而应分析其背后的保护公共利益。直接根据转换性使用背后的实质性影响——即社会公共利益便可直接判决。③ 萨缪尔森教授通过对政策群组的全面分析同样得出结论，版权的主要目的是促进公共利益，或者如美国宪法所说，"促进科学和实用艺术的进步"。直接从公共利益角度看待问题，将公共利益类型化，相较于专注目的性和内容性转换等标准，更能为法院提供明确的判定依据。④ 兰德斯教授认为即使不存在市场失灵，判定构成合理使用也更能体现对公共利益的保护。⑤ 科特教授也指出，内容或目的是否具有转换性也许与可识别损害（cognizable harm）的判定有关，但不应成为核心衡量问题，否则将使法院忽略了更为重要的

---

① See Sun H. , Overcoming the Achilles Heel of Copyright Law，NYU J. Tech. & Intell. Prop. , 2006，5：265.

② See Sun H. , Copyright Law as an Engine of Public Interest Protection，NYU J. Tech. & Intell. Prop. , 2018，16：123.

③ See Kelvin Hiu Fai Kwok. , Google Book Search，Transformative Use，and Commercial Intermediation：An Economic Perspective，Yale J. L. & Tech. , 2015，17：283 - 318.

④ See Pamela Samuelson. , Unbundling Fair Uses，Fordham L. Rev. , 2009，77：2537 - 2621.

⑤ See William Landes. , Copyright，Borrowed Images and Appropriation Art：An Economic Approach（2000），George Mason Law Review，9（1）：1 - 24.

问题——衡量著作权人控制相关市场是否符合著作权的政策原则。① 我国台湾地区学者也将转换性使用解释为，"利用著作但以有别于著作的创作目的或方法进行创作，利用著作的结果不仅得创作出原作所无的社会价值，更无害于著作权人市场发展或作者之创作诱因"②。

就司法实践而言，美国法院在其合理使用的一系列裁决中体现了如何将保护公众利益作为版权法的首要目标。在"索尼案"中，法院判决支持为时间转换目的使用作品，因为这样做"扩大了公众免费收看电视节目的机会，产生了社会效益"。之后，美国确立转换性使用的"Campbell 案"实际上正是出于对公共利益的考量。法院强调，"从版权保护的雏形开始，人们就认为有必要为合理使用受版权保护的材料提供一些机会，以实现版权的根本目的，即'促进科学和实用艺术的进步'"。公众表达自由及信息获取是受著作权法保护的公共利益，著作权人无权拒绝别人批评自己的作品。"Campbell 案"正式确立了公共利益是构成合理使用的理由。"Monge v. Maya Magazines 案"中，法院也明确指出，二次使用应该不同于原作目的且有利于实现公共利益，这才是版权法所鼓励的合理使用形态。③

在近几年美国审理的相关合理使用案件中，公共利益在转换性使用的认定乃至于最终合理使用的判断中起着越来越重要的作用。例如在"Authors Guild v. Google 案"中，纽约南区法院和美国联邦第二巡回上诉法院都谨慎地考虑了在其整体合理使用评估中应在多大程度上保护公共利益。在宏观层面，他们将公共利益视为进行整体合理使用分析的指导性考虑要素。在微观层面，他们在对合理使用要素进行具体分析时考虑了公共利益。纽约南区法院援引最高法院"Campbell 案"的裁决，将合理使用定义为一种法律原则，其功能是"实现版权的根本目的，即'促进科学和实用艺术的进步'"。地区法院深入研究了公平使用的四个要素分析，然后运用公共利益要素对案件作出如下裁决："谷歌图书为公众带来了巨大

---

① See Thomas Cotter. , Transformative Use and Cognizable Harm, Vand. J. Ent. & Tech. L. , 2010，12：701－753.

② 沈宗伦：《著作权法之基本用语与法律体系概述》，载《月旦法学教室》2015 年第 4 期。

③ See Monge v. Maya Magazines, Inc. , 688 F. 3d 1164, 1174（9th Cir. 2012）.

的利益。它推动了艺术和科学的进步，同时尊重作者和其他创作人员的权利，不会对版权持有者的权利产生不利影响。它已成为一种宝贵的研究工具，使学生、教师、图书馆员和其他人能够更有效地识别和查找图书。它首次为学者们提供了对数千万册图书进行全文检索的功能。它保存了图书，特别是那些被图书馆遗忘的绝版书和旧书，并赋予它们新的生命。它为阅读障碍者、偏远地区或得不到充分服务的人群获取图书提供了便利。它为作者和出版商带来了新的读者，创造了新的收入来源。事实上，整个社会都将从中受益。"同样地，美国联邦第二巡回法院对公共利益也进行了进一步分析，认为"公众"应被视为"［版权保护］的最终、主要预期受益人"。在回顾了合理使用的历史之后，美国联邦第二巡回法院得出结论认为，对合理使用案件的司法评估应当以保护公共利益的任务为指导，通常以四个要素的分析为中心，因为合理使用的评估从本质上讲需要努力"界定原作者专有权的边界限制，以便最好地保护公共利益"，需要服务于版权法的总体目标，即扩大公众学习，同时保护作者为公共利益而创作的积极性。美国联邦第二巡回法院通过结合公共利益与四要素作出了最终判决："考虑到版权目标中的四个合理使用要素，我们得出结论，谷歌为向公众提供搜索和片段浏览功能（至少是目前设计的片段浏览功能）而制作原告作品的完整数字拷贝属于合理使用，并未侵犯原告对其著作享有的版权。"① 美国联邦最高法院在"Google v. Oracle 案"中解释合理使用条款时也指出，合理使用条款规定了一般原则，其适用需要根据相关情况，包括"技术的重大变化"等公共利益而进行司法平衡。②

在 2023 年的"高德史密斯案"中美国联邦最高法院再次指出，合理使用是一种纯粹而简单的公共政策工具，是一种为更大利益而微调版权回报的方式，法官需要在作者利益受损的社会价值与允许继续使用的价值之间进行权衡。③ 在此案件当中，法院明确论述了目的性转换与公共利益的

---

① Authors Guild v. Google，Inc.，804 F. 3d 202，116 U. S. P. Q. 2d（BNA）1423（2d Cir. 2015）.

② See Google L. L. C. vs. Oracle Am.，Inc.，141 S. Ct. 1183（2021）.

③ See Andy Warhol Foundation for the Visual Arts，Inc. v. Lynn Goldsmith，et al.，143 S. Ct. 1258，1266（2023）.

关系："是否复制了原作的目的或特征，或者是否具有进一步的目的或不同的特征，是一个程度问题。大多数复制都有进一步的目的，即复制事后对社会有用……其次，第一要素也与使用理由有关。从广义上讲，具有明确目的的使用是合理的，因为它促进了版权的目标，即促进科学和艺术的进步，而不会削弱创作的动力……盗用者越是将复制的材料用于新的、变革性的目的，就越能实现版权丰富公众知识的目标，而盗用越不可能取代原作或其合理的衍生品，从而缩小受版权保护的作品的市场机会。相比之下，与受版权保护的作品具有相同目的的使用更有可能'向公众提供受［版权所有者］对原始作品或其衍生作品的利益保护的内容的实质性替代品'这破坏了版权的目的……"①

在我国的司法实践中，审结的佛山中院"中山医院照片案"也借用转换性使用说明被告照片的使用仅有装饰网页的功能，没有更进一步的价值。② 2015 年"王某诉谷歌案"中，法院认为提供图书部分片段的行为具有促进信息搜索的社会需求价值。③ 这些案件的共同之处在于都考量了背后的社会公共利益。在"梦幻西游直播案"中，法院也明确指出："构成合理使用的'转换性使用'，应当达到使受众关注点由作品本身的文学、艺术价值，转移到对作品转换性使用所产生的新的价值和功能的程度。这种转换性使用行为增进社会知识财富的贡献应超过对著作权人利益的损害。转换性程度越高，距离著作权的原有独创性表达越远，对著作权人利益损害越小，则认定构成合理使用的可能性越大。"④

然而公共利益是一个十分抽象与高度概括的语词，并且著作权法因其自身法律属性的限制，也无法承担所有公共利益的使命。问题在于哪些公共利益属于著作权合理使用制度所应该包容和承认的内容。关于合理使用下的"公共利益目的"概念的界定，应当适当且具备相当程度的合理性，

---

① Andy Warhol Foundation for the Visual Arts, Inc. v. Lynn Goldsmith, et al., 143 S. Ct. 1258, 1266 (2023).

② 参见"北京优图佳视影像网络科技有限公司与佛山市中山医院侵害作品信息网络传播权纠纷"，广东省佛山市中级人民法院（2015）佛中法知民终字第 159 号民事判决书。

③ 参见最高人民法院十大创新性知识产权案例之四：谷歌公司与王某侵害著作权纠纷上诉案，北京市高级人民法院（2013）高民终字第 1221 号民事判决书。

④ 广东省高级人民法院（2018）粤民终字第 137 号民事判决书。

不宜过大或过小，以免打破著作权法内部平衡的框架体系和利益关系。逻辑学提示我们，当我们对某类事物缺乏深入了解，无法抓住其本质要领时，往往难以对该事物作出明确的定性。在此种情况下，我们只能通过描述来宽泛地解释说明此事物。[①] "类型化的思考不但是一种对抽象概念的演绎和细化，而且同时构成了一种对具体个案的归纳和概括……一方面，类型的具体化、演绎化的思考……舒缓了抽象概念的'空洞化'效果。另一方面，类型化的努力，更是对个别现象的抽象和归纳，是在个别现象之间建立起整体性的意义联系和普遍性的观念，从而避免了仅就个别现象进行把握而丧失对'价值联系''意义脉络'等结构性线索的洞察。"[②] 据此，面对公共利益的内涵较难把握的情况，一个较为可行的路径就是通过对立法和司法判例的总结归纳，对著作权法所应涵射的公共利益作具体的类型化概括。事实上，美国学者萨缪尔森教授为改造混乱的美国合理使用判断方式，通过诉诸公共利益要素考量，并建立了以此为根据的"政策相关群组"模式，也即通过总结司法案例将著作权法案例所体现的公共利益予以类型化，以用于合理使用的判断。[③] 迈克尔·麦迪逊教授倡导构建的合理使用"模式导向法"也是类似方法。

美国《版权法》第 107 条规定在对合理使用四要素作出规定之前，规定了"批评、评论、新闻报道、教学、学术或研究等"六种法定目的。英国版权法也对其合理使用进行目的上的限定：一是研究、学习；二是批判、评论；三是时事报道。此外，日本、韩国及我国台湾地区等国家和地区的著作权法也作出了类似规定。[④] 我国著作权法和德国著作权法还把保障残疾人权益、国家机关执行公务等情形列入公共利益的范围。可见为各

---

① 参见［美］D. Q. 麦克伦尼：《简单的逻辑学》，赵明燕译，浙江人民出版社 2013 年版，第 48 页。

② 杜宇：《再论刑法上之"类型化"思维——一种基于"方法论"的扩展性思考》，载《法制与社会发展》2005 年第 6 期。

③ See Pamela Samuelson., Unbundling Fair Uses, Fordham L. Rev., 2009, 77: 2537 - 2621.

④ 日本《著作权法》第 22 条规定："已经发表的作品可以通过引用加以使用。但引用必须符合公正的惯例，且必须是在报道、批评、研究目的的正当范围内"。韩国《著作权法》第 28 条规定："在新闻报道、批评、教育、研究等合理范围内，可以以符合合理惯例的方式引用已发表的作品。"《十二国著作权法》翻译组：《十二国著作权法》，清华大学出版社 2011 年版，第 377、516 页。

国著作权法所公认的"公共利益"目的包括：批评、评论、新闻报道、教学、研究、保障残疾人权益、国家机关执行公务等情形。2019年欧盟最新的《数字版权指令》还把"保护文化遗产"列入公共利益。① 此外，在司法实践当中所逐渐累积起来的公共利益还包括保存历史文化的归档、拍摄纪录片等。② 例如在"Hofheinz v. A&E Ielevision Networks 案"中，原告拥有它征服了世界的影片著作权，而被告利用其中的一些片段作为新作品——关于明星彼得·格雷卡斯（Peter Graves）的传记纪录片的部分内容，因为原告的"It Conquered the World"影片，为该明星早期的演出电影之一。原告认为被告的使用行为侵害其版权，但法院最后判定被告的使用行为具有目的性转化，因原作为娱乐、欣赏之目的，而被告将其转化为历史记录目的，所以构成转换性使用。③ 再如在"Bill Graham Archives 案"中，被告将乐队的海报、图像作品，完整用于记录其乐团的发展、历史的书籍中，法院认为，作品最初作为音乐会宣传材料的目的和功能转变为历史、档案和教育用途，成为音乐表演历史年表上的标记。因此作品使用目的是不相同的，原作所呈现的目的为艺术创作，而被告将其用于乐团发展、文化史的图示。最终法院判定被告使用目的有所转化，构成合理使用。④

在新技术类型案件中，转换性使用已被用来解决因技术进步而产生的版权作品新用途所引发的大量争议，包括计算机软件反向工程性使用、搜索引擎对快照和缩略图的使用、抄袭监测软件的复制、数字图书馆等。法院将网页快照、缩略图认定为合理使用，是因为这些新技术使用行为有利于提供信息定位功能。而在"Sony Computer v. Connectix 案"等一系列涉及软件的版权纠纷案中，法院认定被告对他人软件的复制、使用行为

① See Eu Digital Single Market Copyright Directives，Article 6.
② See Sites B.，Fair Use and the New Transformative，Colum. J. L. & Arts，2015，39：513-550.
③ See Hofheinz v. A&E Ielevision Networks，146 F. Supp. 2d 442（S. D. N. Y2001）.
④ See Bill Graham Archives v. Dorling Kindersley Ltd.，448 F. 3d 605（2d Cir. 2006）.

可以构成合理使用，是因为这些技术使用行为有利于促进软件行业的良性竞争。① 这些案件中的使用所依据的公共利益政策包括促进互补技术产业的竞争和创新、加强公众对信息的获取、促进学术研究、保护古籍（文化遗产）等。②

综上而言，本书以为，目的性转换所包含的公共利益价值是具有功利主义的开发体系，但也并非无所限制，而是应通过司法判例和法律解释来明确其范围。就当前而言，各国司法判例和立法所通常承认的公共利益的特征在于，与公众参与社会民主生活、从事学术研究和科学教育的自由相适应，其范围包括而不限于：批评、评论、新闻报道、教学、学术研究、保障残疾人权益、国家机关执行公务、保护文化遗产、保存历史文化的归档、拍摄纪录片、加强公众对信息的获取、促进互补技术产业的竞争和创新。这一目的范围也将伴随着各国著作权立法的改进和司法实践的累积而逐渐丰富和完善。事实上，从比较法的视野来看，一些国家和地区的著作权法规定已经体现了类似特征。例如韩国《著作权法》第 28 条规定："在新闻报道、批判、教育、研究等合理范围内，可以以符合合理惯例的方式引用已发表的作品。"这些国家和地区通过"其他正当目的之必要""等合理范围"等类似用语，不但对目的范围进行了灵活性扩大，而且对目的的正当性也进行了"合理"限制。

（四）引用作品比例应与其实现目的相适应

对他人作品引用的量和质应当"适当"和"合理"，这取决于其使用作品的目的。缺乏正当目的而引用的情形，是单纯地向公众呈现作品本身，容易导致新作与原作在市场上形成竞争。我国《著作权法》第 22 条第 2 款的"适当引用情形"便体现了这一点，其引用作品的比例应当与"介绍、评论和说明"目的相适应。例如常见的"滑稽模仿"类转换使用是指为了对原作本身进行批判或讽刺而使用原作，为了实现这一目的，有时候需要对原作本身进行大量引用甚至是对核心内容的引用，由此使得读

---

① See Sony Computer Entm't, Inc. v. Connectix Corp., 203 F. 3d 596, 599 (9th Cir. 2000); DSC Commc'ns Corp. v. DGI Techs., Inc., 81 F. 3d 597, 601 (5th Cir. 1996); Bateman v. Mnemonics, Inc., 79 F. 3d 1532, 1539 (1st Cir. 1996).

② See Pamela Samuelson, Unbundling Fair Uses, Fordham L. Rev., 2009，77：2537 - 2621.

者识别原作与新作的区别，进而达到树立靶子、对原作讽刺的效果。① 例如在"Williamson Music v. Pearson Partneishipn 案"中，法官认为"滑稽模仿"对原作的引用必须达到"浮现"标准，也即被告对原作的使用比例足以使得读者在脑海中"浮现"原作，超过这一数量即可能构成侵权。② 欧盟法院在处理讽刺性模仿的案件中，也明确指出要构成讽刺性模仿必须具备两个要件：一是戏仿作品对原作使用的数量，必须既能让读者识别出区别又能对原作产生联想；二是戏仿作品应当是对原作进行讽刺或批判。③ 一种使用行为转换性程度越高，且使用的内容与使用的目的相符，有时候即便是对原作品的完整复制，亦有可能构成合理使用，尤其是涉及一些新技术的转换性使用类型。例如在"Kelly v. Arriba 案"中，被告完整地复制了原告的图片。法院认为，该行为是为了实现搜索引擎之功能的必要之举，因而具有合理性。④

（五）明晰转换性使用与原作市场的关系

在合理使用认定时，一个非常重要的考量要素就是被告行为是否会对原作市场和价值造成实质性的损害。我国著作权法从《伯尔尼公约》和Trips 协议所承继而来的合理使用认定的"三步检验标准"中，"不得影响该作品的正常使用，也不得不合理地损害著作权人的合法利益"，便是防止对作者经济利益造成不当损害。美国合理使用判断第四要素"使用对原作潜在市场或价值的影响"也是基于这一要素的考虑。对于如何理解市场要素，我国虽无明确法律规定，以往判例也缺少明确指示，但在 2000 年的"欧共体诉美国案"中，世界贸易组织专家组对"三步检验标准"的市场要素进行了较为权威的解释。世界贸易组织专家组指出，著作权人的"利益"必须是正当的和合法的，在衡量其"利益"受损时，不仅包括现实损害还包括潜在损害。在评价一种例外的现实和潜在影响时，只能以当前或近期市场和技术条件为基础，而不能对未来的发展作出"推测"，尽

---

① 参见王迁：《著作权法》，中国人民大学出版社 2023 年版，第 410 页。

② See Williamson Music Ltd. v. The Pearson Partnership Ltd. ［1987］F. S. R. 97.

③ See Simon D. A. ，Reasonable Perception and Parody in Copyright Law，Utah L. Rev. ，2010：779.

④ See Kelly v. Arriba Soft Corp. ，336 F. 3d 811，821（9th Cir. 2003）.

管市场中对作品的"正常利用"可能会因技术发展和消费者偏好的转变而发生变化。此外，专家组还强调，并非每一种涉及原作经济利益的使用行为都必然会与原作的正常使用相矛盾，只有当此种行为与版权人通常能从其专有权利中获取市场价值，并将使版权失去广泛的商业利益时，此种行为才上升到与作品的正常利用相冲突的程度。① 在美国司法实践中通过大量判例的积累，对市场要素的判断也形成了较为类似的规则。市场受损并非"一刀切"的"是非"问题，而是一种程度判断。其要求法院一方面考虑使用行为是否会对原作的市场造成实质替代；另一方面也要考量当被告的行为变成在社会上广泛存在的行为时，是否会对原作的"潜在市场或价值"造成实质性影响，进而极大影响了原著作权人的创作动力。② "潜在市场或价值"的通常内涵是"传统意义上、合理的、很可能发展起来的"市场。③ 此外，法院还依据形成相关市场的难易程度来判断使用是否会对其市场价值产生损害。如果被告对原作的使用行为将使得相关市场难以形成，例如原著作权人不愿意许可或许可成本过高，那么被告的使用行为将不会对著作权人市场带来实质性影响。④

对于转换性使用而言，其转换性程度越高，一般情况下对原作市场和价值产生的影响越小，越有可能构成合理使用。这是因为转换性程度越高，其和被使用作品的预期功能与目的重合的可能性就越小，原版权人对新使用市场的贡献度也越低，原作也不会因为转换性使用而丧失其目标受众，进而影响版权人的正常使用以及其通过许可作品获得的经济利益。高程度转换性使用行为还可能催生独立的客户群体，这属于版权人合理预期之外的市场，该市场的丧失也不会影响原著作权人创作的动力。正如在"Davis v. Gap，Inc. 案"中，美国联邦第二巡回法院指出转换性使用与原作品创作时原定的用途和使用方式不同，原作品的目标客户群体与新作应该进行区分。⑤ 再如在"Authors Guild v. Google 案"中，上诉法院认为，

---

① 参见王迁：《著作权法》，中国人民大学出版社 2023 年版，第 402 - 403 页。

② See Happer & Row v. Nation Enterprises，471 U. S. 539，566 - 568 (1985).

③ See American Geophysical Union v. Texaco，Inc.，802 F. Supp. 1 (S. D. N. Y. 1992).

④ See Ginsburg J. C.，Fair Use for Free，or Permitted-but-Paid?，Berkeley Technology Law Journal，2015，29 (3)：1383 - 1446.

⑤ See Davis v. Gap，Inc.，246 F. 3d 152，174 (2d Cir. 2001).

原作著作权人的许可市场仅仅指的是对原作整本书的展示，这与谷歌图书的片段搜索功能是不一样的，因而原作著作权人所合理预期的利益并不包括许可搜索服务，这是一片新的领域。① 此外，转换性使用还可能因为对原作特殊形式的改编而无法获得作者许可，进而不会形成相关许可市场，不会替代或对原作的潜在市场造成损害。例如在"Campbell 案"中，被告曾经试图向原告征询对其作品进行"滑稽模仿"的许可，但原告拒绝了被告的许可请求。这就表明版权人绝不会想要去开发对其作品进行"滑稽模仿"的市场。这也进一步表明，被告对原作的使用不会对原作产生替代或对原作的潜在市场造成损害。②

　　但是在一定情况下，转换性使用也可能对原作市场和价值产生一定的影响，此时应当分情况讨论：一方面，正如前文所述，如果一种使用方式越有助于实现著作权法所承认的公共利益价值，其转换性程度越高，那么此时公共利益价值的保护位阶优先于著作权人的利益价值，应认定其构成合理使用。正如在"Bill Graham Archives 案"中，法院认为版权人的使用方式并不排除对原作市场造成影响的可能，但由于其所实现的公共利益价值高于著作人的利益价值，应当认定其构成合理使用。③ 另一方面，如果一种使用方式的客观目的或功能无法实现著作权法所承认的公共利益价值，但仍与原作不同，那么其可以构成转换性程度较低的转换性使用，此时由于不存在利益价值保护位阶的问题，应当结合其对著作权人市场和价值的影响来认定是否构成合理使用。例如在"Harry Potter 案"中，被告未经许可使用了罗琳《哈利·波特》小说的内容来制作阅读指导手册，不可否认其具有一定程度的转换性，具有检索和指引读者阅读的客观功能，可以帮助读者梳理人物关系和快速了解作品内容，但这种使用转换性程度较低，并且会对原作的潜在市场和价值产生影响，最终二审法院不认定其构成合理使用。④ 再如在"Fox News Network v. TVEyes 案"中，TVEyes 服务允许用户对电视内容进行关键字搜索，然后观看这些节目长

① See Authors Guild v. Google，Inc.，804 F. 3d 202，221 – 223 （2d Cir. 2015）.
② See Campbell v. Acuff-Rose Music，510 U. S. 569，579 （1994）.
③ See Bill Graham Archives v. Dorling Kindersley Ltd.，448 F. 3d，614 – 615 （2d Cir. 2006）.
④ See Warner Bros. Entrn't Inc. v. RDR Books，375 F. Supp. 2d 513，541 – 551 （2008）.

达数分钟的片段，法院认为该服务可以帮助"用户从浩如烟海的节目中分离出符合其兴趣和需求的材料，并有针对性地精确获取这些材料"，这种效率和便利性使观看功能具有"一定程度上"的变革性，但 TVEyes 被用于与 Fox News 相同的目的，即"了解所报道的信息"，因此，此种使用转换性程度较低。并且第四要素并不利于被告，TVEyes 使客户能够观看 Fox 新闻频道的几乎所有节目，实际上剥夺了 Fox 从 TVEyes 或类似实体获得授权收益的机会，法院最终认定 TVEyes 的利用行为不构成合理使用。[①] 此外，在"Capitol Records v. ReDigi 案"中，法院认为，"TVEyes 公司使用音乐作品的转换性目的和性质虽然不大，但比 ReDigi 公司在本案中显示的转换性要大得多"，而 ReDigi 公司在本案中显示的转换性主要是它只在经营一个转售市场。法院补充道，即使 ReDigi 被认为具有某种微弱的转换性目的，但由于 ReDigi 直接参与权利人合法市场的竞争，为消费者提供了从权利人处购买的替代品，对原告复制权的价值造成了巨大损害，因此 ReDigi 的行为不构成合理使用。[②]

---

① See Fox News Network，LLC v. TVeyes，Inc. ，124 F. Supp. 3d 325（S. D. N. Y. 2015）.
② See Capitol Records，LLC v. ReDigi Inc. ，910 F. 3d 649，661（2d Cir. 2018）.

第四章 | 转换性使用界定规则的具体适用

　　日新月异的技术发展催生了各种作品新型的使用方式，而对于这些新型使用行为的法律定性也必将是日益严峻的课题。当前司法实践中三类新型技术问题对传统合理使用制度带来了冲击：第一类问题体现为网络直播游戏所引发的版权争议，第二类问题体现为短视频所引发的版权争议，第三类问题体现为 TDM 技术引发的版权侵权争议。本书认为对于深陷技术"藩篱"的合理使用制度而言，肇始于美国并在司法实践中日趋成熟的转换性使用理论，可以成为解决这些新型疑难问题的关键。在前面的研究中，本书已经对转换性使用的界定规则进行了详细研究，这一界定规则是否妥当，也须经由其具体适用予以评估。因而下面本书将以上述三类新技术环境下的著作权疑难问题为例，来讨论转换性使用界定规则的具体适用。

第一节 转换性使用界定规则对游戏 直播侵权案件的适用

一、游戏直播及引发的著作权争议

2012 年，YY 推出游戏直播频道（虎牙直播前身），成为国内首家开展游戏直播业务的公司。2014 年起，国内游戏直播平台犹如雨后春笋般不断涌现，包括斗鱼 TV、战旗直播、火猫直播等等，游戏直播迅速奠定了其在网络直播领域的稳固地位。仅在 2016 年，游戏直播平台数量就达到了直播类平台总数的 16%。[①] 2018 年，虎牙直播正式在纽约证券交易所挂牌交易，其他各直播平台也纷纷获得大量融资。平台的发展给游戏直播市场带来了巨大收益，主播的打赏收入、平台的广告收入，以及平台与游戏公司间的联运收入不断上升。与此同时，游戏直播用户数量在 2017 年呈现爆炸式增长，2018 年中国游戏直播市场规模增长超过 60%，达 131.9 亿元，同比增长 62.6%。[②] 根据游工委发布的《2024 年中国电子竞技产业报告》，2024 年中国游戏产业实际收入达到 275.68 亿元，其中电竞直播收入占比 80.84%，也即约 222.7 亿元。[③] 总而言之，游戏直播热度及相关市场规模在近些年有质的飞跃。

在游戏直播的内容上，竞技类游戏一直有很大的需求空间。所谓竞技游戏，是指一种多人对战类游戏。区别于单机游戏和其他网络游戏，竞技类游戏强调多方玩家之间的对抗与合作，极其考验玩家的操作技

---

① 参见《我国直播行业的发展历程》，载 https://www.sohu.com/a/109944378_360254（访问日期：2024 年 9 月 2 日）。

② 参见前瞻产业研究院：《中国网络直播行业商业模式创新与投资机会深度研究报告》，载 http://mini.eastday.com/mobile/191018093847164.html#（访问日期：2024 年 9 月 2 日）。

③ 参见游工委：《2024 年中国电子竞技产业报告》，载 http://new.cgigc.com.cn/report.html（访问日期：2024 年 9 月 2 日）。

巧、战况意识、即时发挥，比赛过程瞬息万变，极具观赏性。同时，这些游戏可能在网络社区中形成一定的话题，使越来越多的网民了解、接触到这些游戏，并转变为玩家。这些特征使得竞技类游戏的直播有更多的观众，例如，从《反恐精英》《魔兽争霸3》《星际争霸》等老牌射击类、即时策略类游戏，到《英雄联盟》、《DOTA2》和《炉石传说》等新兴 MOBA 类、卡牌类游戏，这些游戏都有大量的观看需求。最近，以《绝地求生》《刺激战场》为代表的大逃杀类游戏也开始吸引越来越多的直播观众。除竞技类游戏以外，其他游戏也有一定的直播市场。但作为直播的内容，这些游戏更新换代较快，受众群体较为固定，观众对其需求较少。因此，非竞技类游戏很难成为游戏直播市场的主流，其所涉及的经济利益不高。

游戏直播刚刚诞生时只是部分玩家群体内的分享活动，商业性很弱；而随着直播产业的高速发展，直播平台与主播的行为具有更高的商业性质，自然引起了游戏公司的重视。例如，任天堂与知名视频网站 YouTube 合作，制定了"创作者计划"，允许注册玩家将自制游戏视频上传至 YouTube 盈利，但应与任天堂进行分成；同时，明确禁止参与"创作者计划"的玩家在 YouTube 直播频道直播任天堂游戏。如果玩家选择不参与或退出"创作者计划"，则其一切游戏直播都不能带有商业目的。[1]《英雄联盟》开发商 Riot 公司也指出，其作为游戏的版权人，有权禁止包括直播在内的对游戏内容的传播。[2] 面对不断兴起的游戏直播市场，有必要对游戏直播行为进行符合著作权理论的定性，在平衡各方利益的同时，保护直播产业健康稳定地发展。

游戏直播行为涉及的法律问题核心在于：游戏直播过程当中都会对他人作品进行使用或展示，那么这种未经许可的使用或展示行为该如何定性？是否构成著作权侵权？抑或是一种合理使用？对于这两类问题，理论界和实务界存在重大分歧，甚至形成了截然相反的观点。部分学者认为，

---

① See Nintendo Creators Program：About the Nintendo Creators Program，at https：//r. ncp. nintendo. net/guide/（访问日期：2024 年 9 月 2 日）。

② 参见《还敢直播〈英雄联盟〉？腾讯手握版权"斗鱼"恐将悲剧》，载 http：//www. yxdown. com/news/201503/172776. html（访问日期：2024 年 9 月 2 日）。

网络游戏直播行为可以构成对游戏画面的合理使用。如王迁教授通过借鉴美国合理使用中的"转换性使用"，认为游戏直播不是为了单纯地再现画面本身的美感或所表达的思想感情，而是为了展示特定用户的游戏技巧和战果；对电子竞技类游戏的直播则具有更强的转换性，因此对游戏画面的直播可以构成合理使用。① 谢琳博士从功利主义角度出发，认为游戏著作权人通过游戏销售市场便能获得有效的利益激励，如果再赋予其对游戏直播市场的控制权，可能会对这一新兴产业的发展产生不良影响，因此游戏直播行为可以构成合理使用。② 反对观点则认为，未经许可直播游戏画面的行为构成侵权，无法适用合理使用抗辩。如祝建军教授从美国合理使用"四要素"角度出发，综合考虑游戏直播的目的和性质、游戏画面的性质、直播对游戏画面的使用数量和重要性，以及直播对游戏画面潜在市场或价值的影响，认为游戏直播行为不构成合理使用。③ 李扬教授质疑游戏直播行为的转换性，且游戏直播市场属于游戏开发者的潜在市场，未经许可直播相关游戏的行为显然挤压了游戏开发者对游戏直播市场的市场份额；同时，即使游戏直播构成"转换性使用"，在我国著作权法上也没有制定法或者司法解释上的依据。④ 在"网易公司诉华多科技公司"案中，原告《梦幻西游2》著作权人网易公司诉称被告华多科技公司未经许可，在其经营的"YY"直播平台上进行相关游戏的直播服务。广州知识产权法院认为，从现行法律的适用上讲，游戏直播不属于《著作权法》第22条规定的任何一种权利限制情形，因此不构成合理使用行为。⑤ 此外，孙磊法官认为，即使承认电子游戏直播具备"转化性"，其所体现出的"转化性"也无法弥补该行为对作品的价值或潜在市场产生的巨大影响，这种影响会超过转化性使用带来的社会贡献。⑥ 以上分歧需要结合游戏及游戏直播产业现状，从著作权法原理出发对其进行详析。

① 参见王迁：《电子游戏直播的著作权问题研究》，载《电子知识产权》2016年第2期。
② 参见谢琳：《网络游戏直播的著作权合理使用研究》，载《知识产权》2017年第1期。
③ 参见祝建军：《网络游戏直播的著作权问题研究》，载《知识产权》2017年第1期。
④ 参见李扬：《网络游戏直播中的著作权问题》，载《知识产权》2017年第1期。
⑤ 参见广州知识产权法院（2015）粤知法著民初字第16号民事判决书。
⑥ 参见孙磊：《电子游戏直播构成"合理使用"吗？——与王迁老师商榷》，载 http://zhichanli.com/article/2952.html（访问日期：2024年9月2日）。

二、游戏直播行为受著作权控制

电子游戏是多种类型作品的复合。首先是游戏引擎，也就是一种计算机程序。根据《计算机软件保护条例》第 3 条规定①，游戏引擎是电子游戏得以运行的基本条件。一旦脱离引擎，游戏的所有功能都将丧失。其次是以代码的形式存在，并可被代码化指令序列调用的其他类型作品，也就是游戏的用户界面、角色形象、背景图片、音乐作品或电影作品等资料。玩家通过鼠标、手柄等游戏控制设备向游戏引擎发出指令，游戏引擎根据指令调用在屏幕上呈现的游戏内置的各种资料，从而实现游戏与玩家间的即时互动。观众通过游戏直播看到的仅仅是依据玩家操作而变化的游戏画面，并不是游戏引擎，且观众也无法获得这部分计算机程序。因此，游戏直播实际上是对游戏画面以及其所包含的各种美术作品、电影作品或音乐作品的传播。

这种对作品的传播涉及《著作权法》中的哪一种专有权利呢？首先，游戏直播行为不属于信息网络传播权控制的行为。依据《著作权法》第 10 条规定可知②，信息网络传播行为必须是交互性的，即允许受众主动选择其获取特定作品的时间、地点。例如上文提到通过视频网站传播事先录制好的游戏视频，观众可以在任意时间点击其选择的视频进行观看，这种传播属于典型的信息网络传播行为。而网络直播虽然同样是通过互联网进行传播的，但是观众能够在何时接触到何种游戏视频，完全由直播方决定，这种被动接受并不符合交互性要求。游戏直播行业的发展使主播越来越职业化，这些主播常常会预先公布其直播的时间安排表，并据此在特定的时间内直播特定内容。但这种"定时传播"同样无法构成信息网络传播行为。北京市高级人民法院指出，交互式的网络传播行为强调"网络用户

---

① 《计算机软件保护条例》第 3 条第 1 项规定：计算机程序，是指为了得到某种结果而可以由计算机等具有信息处理能力的装置执行的代码化指令序列，或者可以被自动转换成代码化指令序列的符号化指令序列或者符号化语句序列。
② 《著作权法》第 10 条第 1 款第 12 项规定：信息网络传播权，即以有线或者无线方式向公众提供，使公众可以在其选定的时间和地点获得作品的权利。

对何时、何地获得特定作品可以主动选择，而非只能被动地接受传播者的安排"①。即便主播的确遵守时间安排表行动，观众也只能在这一段时间内观看到游戏画面，而非在个人选定的其他时间。

其次，要注意《著作权法》修法前后对网络直播行为定性的差异。根据 2010 年《著作权法》可知②，广播权涉及三种行为，包括无线广播、对广播的转播，以及公开播放接收到的广播。③ 无线广播是指把构成作品的文字、声音或图像转化为电磁波，通过无线信号发射装置传送到远端去，再由远端的接收装置还原成文字、声音或图像予以播放。广播电台和电视台通过无线信号传播作品的行为属于典型的无线广播行为。而互联网的信号传输方式并不属于无线广播，因而通过互联网得以进行的游戏直播并不属于无线广播行为。广播权所涉及的另外两种行为是指将接收到的无线广播信号进行同步转播，或公开播放。游戏直播是游戏主播直接通过网络进行的作品传播行为，而不是在接收到某一广播组织的无线传播之后，再进行后续转播。因此，根据 2010 年《著作权法》可知，网络直播行为并不侵犯著作权人的广播权。虽然网络直播行为没有落入著作权人的广播权和信息网络传播权控制的行为范围，但这并不意味著作权人无权控制这种传播行为。《世界知识产权组织版权条约》（WCT）第 8 条规定："文学和艺术作品的作者应享有专有权，以授权将其作品以有线或无线方式向公众传播。"WCT 通过该条款规定了广泛意义上的向公众传播权，其中当然包括网络直播行为。作为 WCT 缔约方，我国在《著作权法》中同样规定了向公众传播权。因此，在 2020 年最新《著作权法》实施前，可以适用我国 2010 年《著作权法》第 10 条第 1 款第 17 项规定的"著作权人享有的其他权利"来控制网络直播行为。

而 2020 年颁布实施的修正后的最新《著作权法》第 10 条第 1 款第 11 项规定：广播权，即以有线或者无线方式公开传播或者转播作品，以及通

---

① 北京市高级人民法院（2009）京民终字第 3034 号民事判决书。

② 2010 年《著作权法》第 10 条规定："广播权，即以无线方式公开广播或者传播作品，以有线传播或者转播的方式向公众传播广播的作品，以及通过扩音器或者其他传送符号、声音、图像的类似工具向公众传播广播的作品的权利。"

③ 参见王迁：《著作权法》，中国人民大学出版社 2023 年版，第 235–239 页。

过扩音器或者其他传送符号、声音、图像的类似工具向公众传播广播的作品的权利,但不包括本款第 12 项规定的权利。因此该广播权的第一项子权利"以有线或者无线方式公开传播或者转播作品……的权利"中的"以有线或者无线方式"是一个典型的技术中立的用语,实际上与"以任何技术传送手段"无异,当然包括通过互联网进行的非交互式传播。[①] 因此根据 2020 年《著作权法》的修改,游戏直播对他人作品的使用应受广播权控制。

三、游戏直播行为构成转换性使用

首先,关于网络游戏直播是否构成转换性使用的判断,应该择取网络游戏的理性受众作为拟制主体。这一理性受众并非泛指所有普通公众,而仅指网络游戏的玩家、游戏开发者和游戏运营商等与网络游戏有关的目标受众,他们对网络游戏有一定的鉴赏力和理解力,应该将他们作为判断基准。正如在 2017 年备受争议的"英雄血战游戏著作权侵权案"中,法院明确指出,作品独创性的判断主体应当是"一般观察者",而在本案中,"一般观察者"的检验标准"应当与网络游戏所涉及的游戏玩家、游戏开发者、游戏运营商等相关,即应当重点从网络游戏所针对的受众的角度判断"[②]。法院在这种游戏类案件中所适用的"一般观察者"标准,正是本书所主张的拟制主体判断标准。

其次,网络游戏直播可以构成较高程度的转换性使用。在游戏直播中,玩家没有对游戏画面本身的具体内容作出任何改变,或增加新的表达。当然,有些主播为了吸引观众,会在直播时与观众进行积极互动,其中包括对游戏的剧情、画面、操作等进行解析、评论或讨论。然而,这种解说或评论不可能贯穿整个直播始终,更无法说明所有主播在直播任意类型的游戏时都会增加这种评论内容。因此,在判断游戏直播的转换性问题时,不宜将这些解说或评论归纳为主播对游戏画面内容所增加的新表达,

---

① 参见王迁:《知识产权法教程》,中国人民大学出版社 2022 年版,第 189 页。
② 广东省广州市天河区人民法院(2017)粤 0106 民初 14587 号民事判决书。

即直播行为不属于对游戏画面"内容的转换"。即便如此，直播行为依旧可能构成对游戏画面的"信息的转换"，完全可以对游戏直播进行转换性使用分析。这具体体现在：

一方面，虽然游戏直播的确可以将游戏画面展现给观众，让观众欣赏到游戏画面的美感，然而这并非直播游戏的主要目的和功能。就网络游戏的理性受众观之，网络游戏区别于其他形式的娱乐方式最重要的方面在于其所提供的交互式体验。游戏的本质也就在于这种操作的自由性、互动性。① 而玩家或游戏主播进行游戏直播的目的是向用户展示其高超技巧所带来的游戏成就，向观众分享喜悦，并获取满足感。游戏受众观看游戏直播本身也不是为了观看游戏画面，而是为了更直观地学习游戏技巧、欣赏战果。因而就网络游戏的理性受众观之，游戏直播无法代替游戏本身的游玩功能，具有转换性。

另一方面，游戏直播还具有一个客观功能，即有利于实现游戏直播行业的良性竞争。这里因为如果游戏公司对于游戏画面的传播具有完全的控制权利和内容限制权利，很可能对相关市场造成垄断。其一，游戏公司可以将权利排他许可给出价最高的直播平台，其他平台不得播放该游戏公司的任何游戏。游戏受众为了观看某一热门游戏的直播，将不得不只使用获得排他许可的直播平台。而许可费会增加各平台的成本，这些成本最终极可能由观众买单。其二，游戏主播一般只与一家直播平台签约，那么他只能够直播该平台获得了许可的游戏，其他游戏一律无法直播。这种限制既不利于主播在各种各样的游戏中表现自我，也将大大影响到受众的观看体验。总之，如果游戏公司保留了网络直播的相关权利，恐对直播市场进行垄断，并损害以游戏受众为代表的公共利益。此外，就游戏主播引用作品的比例而言，游戏主播为了展示游戏技巧或介绍攻略，势必会把游戏战斗、技能、装备、属性以及游戏设置等等进行全面演示。如果只允许主播展示战斗中的极少部分画面，那便和在论坛中进行图文说明一样，无法达到解释说明的效果。此时，游戏是一个不可分割的整体，直播游戏的所有

---

① See Nichols W. J., Painting through Pixels: The Case for a Copyright in Videogame Play, Colum. J. L. & Arts, 2006, 30: 101.

部分都是为了其转换性目的，属于合理范围之内。

最后，在游戏直播构成较高程度的转换性使用的情形下，其本质上也不会损害和取代当前游戏著作权人的市场利益。大部分观众在观看直播之前，就已经是相关游戏的玩家了。只有在或多或少体验过相关游戏，并成为该游戏的玩家之后，才会对该游戏产生相关的兴趣，才能够看懂游戏主播的操作，并达到学习游戏技巧的目的。以《英雄联盟》《绝地求生》《王者荣耀》等竞技类游戏为例，单局游戏时间短，玩家能最大化地利用碎片化时间，通过笔记本电脑、手机等方便移动的设备随处游玩，再加上简单易懂的操作方式，故这些游戏的玩家群体极其庞大，大部分观看这类游戏直播的观众原本就是该游戏的玩家。他们既然已经作出了相关消费，那么直播行为当然不会再影响他们的消费选择。综上所述，观看游戏直播不能代替亲自操作游戏，且大部分观众就是玩家，因此，游戏直播不会对游戏销售市场造成实质性取代效果。

但是，有游戏著作权人认为，游戏直播所导致的一系列问题会直接损害游戏销售市场，具体包括以下两点：

（1）"剧透"问题。

有游戏著作权人认为，游戏直播会产生"剧透"问题，一旦观众从直播中得知了游戏内的故事剧情，可能会选择不再购买该款游戏，这不利于游戏的销售。例如日式 RPG 游戏《女神异闻录 5》的美版刚刚上市时，其游戏制作公司 Atlus 为了防止游戏被"剧透"，便发布公告，"强烈建议"所有主播不要播出游戏内"7 月 7 日"之后的任何内容，否则主播将面临频道关闭、账号封停的风险。① 本书认为，"剧透"问题并不足以否认游戏直播的合理性。

首先，所谓"剧透"，是指对作品中故事情节的简单概述与摘要。例如对各类电影的"剧透"，属于对电影剧情、画面、音乐等要素的简要概述和介绍，或对电影传递的思想和表现手法的评价，这种行为仅仅传播了作品的思想，并不涉及作品的具体表达，因此"剧透"行为本身并不受著

---

① 参见《Atlus 严防〈女神异闻录〉剧透，违者面临封号风险》，载 http：//www. sohu. com/a/132135567 _ 282865（访问日期：2024 年 9 月 2 日）。

作权的控制。有人通过合法途径观看过某部电影，自然可能在网络等社交场所进行"剧透"行为，只要此人没有直接传播电影作品本身，就不会构成著作权侵权。相同地，如果有玩家在玩过一款游戏后，向外介绍该游戏中故事的大概剧情，则属于"剧透"行为，也不构成著作权侵权。游戏著作权人不能通过著作权控制故事剧情等思想的传播。实际上，游戏直播是对游戏具体表达的传播，这已经超出了"剧透"的范畴，故游戏著作权人对"剧透"问题担忧的本质，仍然是对直播行为完整传播游戏画面的合理性的质疑，而非"剧透"问题。

其次，如果说游戏著作权人仅仅因为担心其游戏中的故事被游戏直播提前透露，损害其销售市场，进而对直播行为有所不满，那么这种担忧也是多余的。一方面，即使所有直播行为都被禁止，也肯定会有玩家在游戏论坛等各种公开场所"剧透"游戏的故事；另一方面，对于技巧类游戏而言，玩家购买游戏时看重的是其独特的玩法、精彩的打斗等，虽然故事剧情也有些许吸引力，但终究无法成为此类游戏的核心卖点。即便观看游戏直播，正如上文所述，玩家也需要亲自操作来获取游戏带来的完整体验，不可能仅因观看直播而获得满足。因此，此类游戏的销售市场不会因"剧透"而受到损害。

（2）对游戏的评论问题。

有人担心观众在观看直播后，可能对游戏产生"差评"等负面意见，继而放弃购买该游戏，所以直播行为会"赶走"游戏的潜在销售者。但是，这种负面影响并不是直播行为造成的，而是游戏本身的质量问题所致。例如，游戏背景画面粗糙、战斗系统单调、游戏玩法与其他游戏有很大的相似度等问题，都会导致负面的评论。制作不精的游戏当然会获得较差的评论，即使没有网络直播，这种质量问题也会通过游戏论坛、游戏新闻、社交平台等途径在玩家群体内传播。而游戏直播也只是宣传的一种途径，其如实地反映了游戏的本来面目，并没有故意贬低、损害游戏作品本身，不能将游戏质量带来的负面影响归责于游戏直播。

况且，除"差评"之外，只要游戏足够优秀，有闪光点吸引玩家，那么市场也一定会作出与之相应的反应，出现许多"好评"。"好评"将吸引更多观众，进一步促进游戏的宣传销售。就好比观众在观看了美食节目后，自然会无意中加深对节目中出现的美食的关注度，并在有条件的情况下购买品尝，美食节目和饭店同时盈利，观众也能得到满足，达到了共赢的效果。游戏直播的观众，特别是原本不玩游戏的观众，不仅不会因为已经观看过游戏直播就不再接触被直播的游戏，反而会成为该游戏的潜在玩家。促成这种转化的原因，除了游戏本身足够出彩外，还包括游戏主播的精彩操作和解说，直播间里其他观众的弹幕对该游戏的交流，以及相关游戏社区对游戏的再度宣传……玩家对游戏的好奇心、从众心一旦产生，他们便会急于亲自体验，游戏本身对玩家的吸引力就此加深。

相反，游戏直播对游戏销售市场具有宣传作用。以国产独立游戏《返校》为例：在知乎网与 Steam 游戏平台的评论区中，有很多玩家表示其是通过直播了解到该款游戏的①；《人类：一败涂地》经过越来越多国内主播的直播推广，加上本身趣味性和解密性，在中国区获得极高销量；2018年1月，《饥荒》联机版在 Twitch 上的直播观看人数超过2万，再次带动玩家重新接受这款游戏。②《H1Z1》《绝地求生》……越来越多强互动游戏的核心玩家群是通过一个个主播建立起来的。③ 熊猫 TV 主播"女王盐"表示，有些观众会在观看直播之后，再决定是否购买该游戏。④ 就此而言，游戏销售市场不仅不会因直播市场的日益扩张而遭受挤压甚至被代替，相反地，越来越多的观众会因为观看直播而加入到游戏中去，转换身份成为一名玩家，去亲身体验游戏的魅力。这将给游戏销售市场带来新鲜血液，有助于其发展。美国2016年的相关调查显示，有大部分玩家通过游戏直播来认识某一款游戏，且有大约69%的玩家会购买或下载某游戏，

① 参见《直播平台和主播成游戏推广的主流方式?》，载 http：//news. iresearch. cn/content/2017/07/269335. shtml（访问日期：2024年9月2日）。

② 参见《Steam 国区1月销量榜：〈绝地求生〉热潮逐渐散去，直播助力游戏推广》，载 https：//baijiahao. baidu. com/s? id＝1591813396575263876&wfr＝spider&for＝pc（访问日期：2024年9月2日）。

③ 参见《〈绝地求生〉大热，主播会成为游戏推广的新潮流吗?》，载 https：//baijiahao. baidu. com/s? id＝1573518981487079&wfr＝spider&for＝pc（访问日期：2024年9月2日）。

④ 参见《直播平台和主播成游戏推广的主流方式?》，载 http：//news. iresearch. cn/content/2017/07/269335. shtml（访问日期：2024年9月2日）。

是因为在网上观看过某人玩这款游戏。①

网易公司作为《梦幻西游》的著作权人，曾以游戏直播侵权为由向 YY 直播平台提起诉讼。然而网易公司 CEO 丁磊先生表示，其提起诉讼的主要原因在于，被告的直播将《梦幻西游》的用户导向了其他网页游戏。但事实上，只要这些游戏平台不在直播中插播一些伪劣产品的广告，网易公司对于游戏主播和直播平台都会持开放和包容心态，并欢迎很多其他游戏主播也可以积极和网易进行合作，来直播这些作品中非常优秀的玩法。②

然而一些学者认为，游戏直播本身属于游戏的潜在市场价值，未经许可的直播行为会损害游戏公司对其进行许可收费的利益。③ 事实上，正如前文所述，"潜在市场或价值"通常指的是"传统意义上、合理的、很可能发展起来的"市场，对其应该结合作品创作时期的市场和技术条件进行考量。④ 自 1948 年首款电子游戏诞生以来，至今已有七十多年的历史。并且早在二十多年前，就有通过电视频道对游戏进行直播的产业，但并未见有游戏开发商对此进行收费或产生争议，这就充分说明游戏直播并非游戏开发商所预期的潜在市场。⑤ 当前游戏开发商之所以向网络游戏直播诉诸讨伐，最根本的原因正是当前网络游戏直播蕴含众多用户的流量和巨大的商业利益。综上所述，本书以为游戏直播具备较高程度的转换性，并且对原作市场影响较小，因而可以构成合理使用。

四、"梦幻西游直播案"和"王者荣耀直播案"的评析

近些年来，随着游戏直播产业的迅猛发展，我国司法实践中也爆发了

---

① See NPD, The NPD Group Reports On Consumer Viewing Habits of eSports' Streaming Gameplay, at https：//www.npd.com/wps/portal/npd/us/news/press-releases/2016/the-npd-group-reports-on-consumer-viewing-habits-of-esports-and-streaming-gameplay/（访问日期：2024 年 9 月 2 日）。

② 参见《网易高管解读财报：对游戏直播持欢迎和开放态度》，载 http：//tech.qq.com/a/20171116/016527.htm（访问日期：2024 年 9 月 2 日）。

③ 参见谢琳：《网络游戏直播的著作权合理使用研究》，载《知识产权》2017 年第 1 期。

④ See Happer & Row v. Nation Enterprises，471 U.S.539，566-68（1985）.

⑤ 参见崔国斌：《认真对待游戏著作权》，载《知识产权》2016 年第 2 期。

一系列关于游戏直播的著作权侵权纠纷，比较典型的是"梦幻西游直播案"和"王者荣耀直播案"。但是在这两个案件当中，法院未对"转换性使用"理论予以充分重视和理解，导致对游戏直播行为产生了错误定位。在"梦幻西游直播案"中，法院准确地阐述了"转换性使用"的内涵，指出"并非所有含有目的性转换要素的使用行为都足以被认定为合理使用。构成合理使用的'转换性使用'，应当达到使受众关注点由作品本身的文学、艺术价值，转移到对作品转换性使用所产生的新的价值和功能的程度。这种转换性使用行为增进社会知识财富的贡献应超过对著作权人利益的损害。转换性程度越高，距离著作权的原有独创性表达越远，对著作权人利益损害越小，则认定构成合理使用的可能性越大"①。再如在"王者荣耀直播案"中，法院也明确指出："构成合理使用的'转换性使用'，应当达到使受众关注点由作品本身的文学、艺术价值，转移到对作品转换性使用所产生的新的价值和功能的程度。这种转换性使用行为增进社会知识财富的贡献应超过对著作权人利益的损害。转换性程度越高，距离著作权的原有独创性表达越远，对著作权人利益损害越小，则认定构成合理使用的可能性越大。"② 从中可看出法院已经知悉了转换性使用的本质在于客观价值或功能的转换，并且其产生的社会公益价值越大，转换性程度越高。

然而法院在具体适用时又陷入了自相矛盾的境地：一方面，法院承认游戏直播行为具有转换性，但又试图说明游戏直播行为不属于我国"限制例外"情形。例如在"梦幻西游直播案"中，法院指出："从游戏直播行为目的来看，其在游戏整体画面的基础上形成游戏直播画面，既传播了游戏画面，也展示了主播个性，确实具有一定的转换性。但是，华多公司所称的'转换性使用'并非我国法律对著作权利限制的情形，不宜直接适用所谓的'转换性使用'的单一标准来判断是否构成合理使用。"在"王者荣耀直播案"中，法院也指出："字节跳动公司所称的'转换性使用'并非我国法律对著作权利限制的情形，不宜直接适用所谓的'转换性使用'的单一标准来判断是否构成合理使用。"③

---

① 广东省高级人民法院（2018）粤民终 137 号民事判决书。
② 重庆市第一中级人民法院（2021）渝 01 民终 3805 号民事判决书。
③ 重庆市第一中级人民法院（2021）渝 01 民终 3805 号民事判决书。

另一方面，法院在判断转换性时并未以其自身所界定的客观价值和功能来认定转换性使用，而是仍以游戏直播的视听体验方式、是否具有商业性和竞争性来认定转换性使用，进而对游戏直播的法律定性产生了错误认识。例如在"梦幻西游直播案"中，法院指出："涉案游戏整体画面的艺术价值功能在游戏直播中并未发生质的转变，仍是通过玩家或观众的视听体验得以实现。游戏直播的价值和功能在相当程度上仍来源于游戏著作权人的创造性劳动。而且，被诉游戏直播行为具有明显的商业性、竞争性使用性质，即使其使用目的存在转换性，但显然不占主导地位，以此抗辩构成合理使用，既没有法律依据，也不公平、不合理。"[①] 在"王者荣耀直播案"中，法院也承认，"游戏玩家制作案涉视频，确实存在一定程度上对游戏连续动态画面的剪辑、拼接或者添加配音、对话等内容，这既传播了游戏画面，也展示了主播个性，确实具有一定的转换性"，"此类视频中出现少部分案涉游戏连续动态画面，没有影响著作权人对作品的正常使用，也没有不合理地减损著作权人的合法权益，一审法院认定构成合理使用并无不当"，但法院还是依据游戏行为的市场影响对其进行了错误定性，法院指出："本案中，字节跳动公司传播的游戏视频是游戏玩家，游戏玩家制作案涉视频的目的就是将案涉游戏连续动态画面上传至各平台进行营利。游戏玩家上传的案涉游戏视频数量众多，且游戏玩家的游戏玩家制作的视频包含高比例的《王者荣耀》游戏连续动态画面，严重影响了权利人对游戏作品的正常使用，不合理地减损了权利人的利益，该行为不符合'三步检验法'规定的要件。"[②]

第二节　转换性使用界定规则对短视频
侵权案件的适用

互联网和移动通讯科技的迅速发展，新型应用软件以及社交平台的不

---

① 广东省高级人民法院（2018）粤民终 137 号民事判决书。
② 重庆市第一中级人民法院（2021）渝 01 民终 3805 号民事判决书。

断进步，为短视频平台的诞生和迅速成长提供了坚实基础。短视频作为短视频平台传播的主要内容，以其内容精练、信息量大、互动有力等特点受到了广大网络用户的喜爱。但是短视频平台的迅速发展，对传统长视频平台以及长视频权利人的利益造成了一定的冲击并产生了大量短视频著作权侵权纠纷。然而，并非所有未经许可利用长视频制作短视频的行为均构成侵权行为。著作权合理使用制度为短视频的制作传播提供了正当性基础，并且短视频具有构成合理使用的可能性。

一、短视频二次创作及其著作权争议

移动互联网技术迅猛发展和网络提速降费政策稳步落地，以及开放包容的社会风气与当今互联网用户碎片化时间利用习惯和个性化内容消费需求的碰撞融合，网络短视频行业应运而生，并自 2016 年以来呈现爆炸式发展的趋势。根据国家版权局网络版权产业研究基地发布的报告显示，2017 年短视频行业迎来用户和流量爆发期，国内短视频用户规模已突破4.1 亿人，同比增长 115%，短视频的全民化普及已全面实现，特别是短视频媒体营销价值凸显，推动市场规模呈几何级数增长。因用户量爆发，短视频受到品牌商的青睐，2017 年国内短视频市场规模达 57.3 亿元，同比翻两番。[①] 2018 年 12 月，短视频用户规模达到 6.48 亿，用户使用率达到 78.2%。[②] 根据国家广播电视总局发展研究中心发布的研究报告显示，2018 年 12 月至 2023 年 12 月 5 年间，短视频用户规模从 6.48 亿增长至10.53 亿，使用率也从 78.2%增长至 96.4%。截至 2024 年，我国短视频用户数达到了 10.5 亿，并且 2024 年中国短视频市场规模达到 504.4 亿元。[③]

然而在短视频蓬勃发展的商业市场背后，短视频行业侵权事件频发。

[①] 参见国家版权局网络版权产业研究基地：《中国网络版权产业发展报告（2018）》，载 https：//www. sohu. com/a/310529486 _ 455313（访问日期：2024 年 9 月 2 日）。

[②] 上述数据来源于玛丽·米克尔（Marry Meeker）于 2019 年 6 月 11 日发布的《2019 互联网趋势报告》。

[③] 参见国家广播电视总局发展研究中心：《中国短视频发展研究报告（2024）》，载 https：//www. baike. com/wikiid/7476044275345997858？ baike _ source ＝ doubao&anchor ＝ m7ogzom716ia（访问日期：2024 年 9 月 2 日）。

2018 年涉嫌侵权的短视频达百万条，据 YouTobe 的官方数据显示，该平台每天用户上传的视频数量大约为 30 万个，其中仅有 35％的视频拥有明确的版权，9％的视频会因为侵权而下架。① 例如，有些个人或平台未经许可直接照搬别人创作的短视频，甚至将他人的短视频变成自己的商业广告；或者擅自将别人的视频内容用于新闻报道；或者未经授权对他人的短视频进行编辑剪切，删除 LOGO 等，变成自己的作品。同时，一些短视频创作者未经许可使用影视剧的情况也很常见，或未经许可对影视作品进行二次创作，做成短视频；或直接将影视剧的片段上传至平台。另外，还有在短视频创作中随意使用他人音乐、文字、美术等作品的情况。对于各种涉嫌侵权行为，一些平台往往以"避风港规则"为借口为自己免责，不愿承担太多的责任，不主动进行内容审查。特别是一些平台出现了批量的影视剧、综艺节目片段，引发版权方不满，由此引发的版权诉讼也不少见。短视频行业当前的无序发展也引起了有关部门的高度重视。2018 年 3 月 22 日，国家新闻出版广电总局办公厅发布《关于进一步规范网络视听节目传播秩序的通知》（新广电办发〔2018〕21 号）明确要求"坚决禁止非法抓取、剪拼改编视听节目的行为"。7 月 16 日，国家版权局、国家互联网信息办公室、工业和信息化部、公安部四部委联合召开新闻通气会，启动"剑网 2018"专项行动，并将以合理使用为名对他人作品删减改编制作短视频并通过网络传播的版权问题作为其重点整治的内容之一。②

其中尤以网络影评类短视频侵权案件最为典型，且争议最大。早在 2006 年初，网络混剪视频《一个馒头引发的血案》就曾在学界掀起过关于著作权合理使用的热议。时隔近十年再次因为网络自媒体的发展，以"谷阿莫×分钟带你看完某电影（电视剧）"为代表的短视频讲解、评论电影（电视剧）行为，又一次引发了业界关于混剪视频既复杂又亟待厘清的版权问题之讨论。在该案中，谷阿莫未经许可撷取了原告影视作品中的 3～5 分钟片段，再配上个人对电影的评论及说明，制作了名为"×分钟

---

① 参见黄艳如：《5G 时代，短视频产业如何破解"侵权魔咒"》，载《文化产业评论》2019 年 8 月 1 日期。

② 参见窦新颖：《北京市部署"剑网 2019"专项行动》，载 https：//www.sohu.com/a/316797693_120026323（访问日期：2024 年 9 月 2 日）。

带你看完电影"的一系列网络影评类短视频。原告认为，谷阿莫未经许可的使用行为已然构成了对其著作权的侵权，而谷阿莫却以合理使用为由进行抗辩。美国的"Hosseinzadeh v. Klein 案"也体现了关于此类问题的争议。与"谷阿莫案"类似，被告克莱因大量使用了原告侯赛因托德制作的视频（使用篇幅达到 70% 以上），但该视频中穿插着被告对原视频的大量点评。① 针对网络影评类短视频未经许可的改编行为是否构成合理使用，理论界形成了截然相反的不同观点。一种观点认为：尽管谷阿莫的叙述方式属嘲讽与搞笑，但是谷阿莫仅是按照电影剧情顺序来描述电影内容，并大量使用相关的电影片段，其呈现的意念与内容完全与原电影相同，早已超越"引用"的意义，无法构成转换性使用。并且由于谷阿莫的影片等于是原电影的简缩版，属于原电影的替代物，将对原电影的市场产生相当的侵蚀。综上而言，被告的使用行为不构成合理使用。② 另一种观点认为：一方面，谷阿莫电影夹叙夹议的评论方式，具有强烈的讽刺意味，转换性程度较高；另一方面，影评类短视频也不会实质性地影响著作权人的潜在市场和利益。据此，被告的使用行为可以构成合理使用。③ 上述分歧，一方面反映出理论界对于短视频的法律定性的纷争，另一方面也凸显了合理使用尤其是转换性使用问题给学界带来的困惑。

二、短视频的定义及其影响

短视频已成为社会公众日常娱乐生活中不可或缺的一部分。然而，短视频类型广泛且没有一个明确的概念。在探讨短视频与长视频的法律关系视角下，讨论的对象实际上只涉及特定类型的短视频。因此，有必要明确

---

① See Matt Hosseinzadeh v. Ethan Klein and Hila Klein, 276 F. Supp. 3d 34 (S. D. N. Y. 2017).

② 参见江旻哲：《对模仿讽刺作品构成合理使用之判断标准反思——从谷阿莫被诉侵犯著作权案说起》，载《法制与社会》2017 年第 18 期；陈秉训：《电影评论与著作权合理使用——兼评谷阿莫评论影片之使用》，载《科技法学论丛》2017 年第 11 期。

③ 参见焦蕾、江曼：《戏仿作品的合法性分析——以谷阿莫为例》，载《山西青年职业学院学报》2018 年第 2 期；王骁、谢离江：《从"×分钟带你看完电影"系列看戏仿作品和合理使用》，载《新闻界》2017 年第 8 期；阮开欣：《从"谷阿莫"案看戏仿的版权限制》，载《中国知识产权报》2017 年 5 月 12 日第 10 版。

本书视角下短视频的定义，从而限定讨论对象的范围，并以此为基础明晰短视频对长视频产生的影响。

（一）短视频的定义与特点

短视频在不同的视角下具有不同的定义，因此短视频并不是一个精确的法律概念。有观点认为，短视频是指长度不超过 15 分钟，主要依托于移动智能终端实现快速拍摄和美化编辑，可在社交媒体平台上实时分享和无缝对接的一种新型视频形式。[①] 然而，也有观点将短视频的时长限定在 20 分钟内。[②] 可见，上述定义是从传播学的视角，根据视频时长来定义短视频。在短视频与长视频版权纠纷的视角下，时长并不是长短视频争论的关键因素。因此，本书讨论的短视频并非传播学意义上时长较短的视频，而是短视频平台用户基于在先影视作品（长视频）制作形成的视频，其争议焦点在于其是否有构成合理使用的可能性。[③] 因此，本书的讨论对象限于特定类型的短视频。按照短视频的制作素材可以将短视频分为原创类短视频和非原创类短视频。原创类短视频是指制作素材往往由制作者自行提供，制作者根据其表达愿望，对素材进行分析、选择、加工后形成的具有一定独创性的短视频。[④] 在"央视国际网络有限公司与暴风集团股份有限公司案"中，北京知识产权法院认定了涉案短视频构成视听作品。[⑤] 可见，原创类短视频的客体可版权性已经得到我国司法实践的肯定。由于原创类短视频并未根据长视频进行二次创作，不涉及对长视频构成合理使用可能性的讨论。因此本书的讨论对象是根据在先影视作品长视频制作的非原创类短视频，以下将其称为短视频。

虽然短视频基于长视频制作，但其相对于长视频而言具有自身的特点。首先，短视频内容更为精简且重点突出。短视频一般选取长视频中的精彩部分，对长视频进行删减、截取与剪辑。因此，这类短视频重点突出并且更能吸引网络用户的注意力。其次，短视频创作成本较低且传播迅

[①] 参见孙飞、张静：《短视频著作权保护问题研究》，载《电子知识产权》2018 年第 5 期。

[②] 参见董彪：《二次创作短视频合理规则的适用与完善》，载《政治与法律》2022 年第 5 期。

[③] 参见陈绍玲：《短视频版权纠纷解决的制度困境及突破》，载《知识产权》2021 年第 9 期。

[④] 参见徐俊：《类型化视域下短视频作品定性及其合理使用研究》，载《中国出版》2021 年第 17 期。

[⑤] 参见北京知识产权法院（2015）京知民终字第 1055 号民事判决书。

速。影视作品长视频的制作往往需要耗费大量的人力、物力、财力，成本较高且创作周期较长。并且，长视频的传播往往需要更加严格的审核和复杂的授权过程，然而，短视频的制作可以由用户个人经过简单剪辑即可完成，无须耗费过多的时间成本和物质成本。在传播方面，仅需用户在短视频平台完成发布即可进行传播。因此，与长视频相比，短视频的传播周期更短且传播速度更快。而短视频的这两个特点也对长视频以及长视频平台的发展产生了一定的影响。

（二）短视频对长视频的影响

短视频短小精简且信息含量丰富，因此更加迎合社会公众利用碎片化时间的需要。这也促进了网络短视频平台的涌现与迅速发展。然而，短视频平台的发展引起了对传统长视频平台的挑战与冲击。短视频对于长视频的影响主要体现在利益分配与维权困难方面。

一方面，短视频以在先影视作品长视频为基础进行创作的行为可能落入长视频权利人专有权利控制的范围。一些短视频对长视频中精彩的片段进行切片剪辑且不经任何加工即在网络上进行传播，这种行为构成对在先影视作品复制权的侵犯。用户通过观看这些切片短视频即可了解在先影视作品的大部分内容。一些短视频对长视频进行剪辑并辅以解说，向社会公众介绍长视频的内容。另外，一些短视频对长视频进行混剪形成了新的剧情，以搞笑、讽刺或引发讨论为目的。这些短视频虽然融入了短视频制作者自身的智力劳动和看法，具有一定的独创性，但是其独创性源于在先影视作品长视频，其行为可能属于长视频权利人改编权的控制范畴。若短视频制作者未经长视频权利人的许可在网络上传播短视频，则可能侵犯长视频权利人的信息网络传播权，从而引起著作权侵权纠纷。社会公众利用碎片化的时间即可了解长视频的大概内容。这些具有实质性替代作用的短视频会导致长视频的观看量减少，挤占长视频的市场，致使长视频平台的利益受损。另一方面，对于短视频的侵权行为，长视频权利人维权存在一定的困难。短视频创作成本低、传播迅速导致短视频的侵权成本较低且难以有效制止。短视频的制作往往仅需简单的剪辑，而大量网络用户均有能力对长视频进行剪辑，因此涉嫌侵权行为数量较大，这导致即使短视频平台采取相关措施也难以制止全部侵权行为。

虽然未经许可制作短视频对长视频权利人产生了消极影响，但是不能否认短视频对长视频也具有一定的积极效果。短视频精简地呈现长视频中的精彩内容，能够对长视频起到宣传作用，并为长视频引流。很多经典长视频正是因网络用户制作的短视频而焕发新的生命力。更重要的是，并不是所有未经长视频权利人许可制作的短视频均构成侵权行为。《著作权法》第 24 条规定的著作权限制和例外，为短视频的制作与传播提供了正当性基础。

三、短视频的类型与转换性使用界定规则的适用

短视频对长视频的利用形式多种多样，从而形成了不同类型的短视频。以笼统的短视频概念进行讨论不足以明确短视频的合理使用问题。因此，可以对短视频进行类型划分，分别判断不同类型短视频的合理使用可能性。

（一）切片类短视频

切片类短视频是以在先影视作品长视频为素材，以整体或者局部的视角截取长视频的画面或片段进行不完全式播放而形成的短视频。这类短视频的创作者仅以一部影视作品为素材，对其中的内容、人物、情节等进行切片剪辑，俗称"切条"。切片类短视频通常不经加工、编辑就对影视作品中具有代表性或精彩的内容进行切片，并在短视频平台上传播。[①]例如，短视频创作者将长视频切片为若干短视频后分别上传至个人主页。其他用户因偶然观看到的其中一段切片视频引起继续观看的兴趣，可以通过进入创作者主页进行连续观看。

对于大多数切片类短视频而言，以理性的短视频受众观之，单纯切片剪辑的短视频并没有形成创作者对自己思想的表达，切片类短视频仍属于再现原影视作品长视频的美感与表达，甚至仅构成对长视频片段的复制，并无任何介绍、评论或说明问题的目的，也无任何其他公共利益的目的，因而不构成转换性使用，同时由于切片类短视频是对长视频片段的简单复制，并且通过用户的主页，公众可以通过连续播放的方式获得长视频的实

---

① 参见陈丽丹：《二次创作类短视频侵权之二维视角及应对措施》，载《新闻与传播评论》2022 年第 6 期。

质内容，因而还可能对原作市场产生实质性的替代。在"杭州菲助公司诉培生公司案"中，北京知识产权法院认为："由于涉案短视频并未改变涉案图书表达的信息和内容，亦未对其教育功能进行实质性的转换和改变，且使用数量较大，缺乏必要性和适当性，使用过程中也没有指出著作权人，故不构成合理使用。综上，杭州菲助公司的主张不能成立，其通过涉案 App 向用户提供了涉案图书的主要内容，侵害了培生公司享有的信息网络传播权。"[①] 在该案中北京知识产权法院实质上是从转换性使用的角度，认为切片类短视频未进行实质性的转换和改变，进而不构成合理使用。如果切片类短视频用于商业目的，即便引用比例较低仍不构成合理使用。而在"银河长兴公司与益游嘉和公司案"中[②]，被告益游嘉和公司未经许可在抖音平台上使用了涉案动画作品片段，时长分别为 30 秒、5 秒、4秒。北京互联网法院同样认为："未经许可使用他人动画片片段用于游戏宣传，即使使用的片段时长不长，仍然构成著作权侵权。商家对其开发运营的游戏进行宣传，发布宣传短视频，目的是在短时间内突出游戏制作精良，迅速吸引用户眼球，但是未经许可利用他人作品谋取利益，构成侵权行为。"

　　但要注意的是，切片类短视频在特殊情况下有可能构成合理使用。在美利坚大学传播学院社会媒体中心发布的《合理使用制度在网络视频领域中的最佳实践准则》（*Code of Best Practices in Fair Use for Online Video*，以下简称"准则"）中指出[③]，为引发讨论或为纪念、保存特定经验、事件、文化现象而复制、引用、转发作品或其片段的短视频在符合特定条件下可以构成合理使用。例如，网络用户上传影视作品的某一片段并辅以标题提出问题，从而引发评论区的讨论。从转换性使用的角度考虑，若这种短视频足以引起与原作品表达不同的讨论内容，则该视频具有一定的转换性。并且，若复制、引用、转发作品或其片段的数量在表达目的范围内，则有可能构成合理使用。这在美国的判例中已有体现：原告

---

①　北京知识产权法院（2019）京 73 民终 2549 号民事判决书。
②　参见北京互联网法院（2021）京 0491 民初 19062 号民事判决书。
③　See Center for social media, Code of Best Practices in Fair Use for Online Video, at https：//cmsimpact. org/code/code-best-practices-fair-use-online-video/ # ONE-Commenting-on-or-Critiquing-of-Copyrighted-Material（访问日期：2024 年 9 月 2 日）。

Monster Communication 公司以拳王阿里赛事生涯中最知名的一场比赛为主题摄制了一部电影作品。被告 Turner 公司就阿里的一生制作了纪录片，使用了电影中的比赛片段作为素材。原告认为该行为构成侵权，但法院指出，拳王阿里是受公众关注的人物，其传记具有公益效果和教育价值，故使用行为合法，驳回了原告的禁令请求。① 因此，在特定目的下复制、引用、转发作品片段的切片类短视频具有构成合理使用的可能性。

（二）速看类短视频和解读类短视频

速看类短视频，其本质特征在于对影视剧进行浓缩，方便用户短时间内获悉影视剧的剧情和画面，并没有任何改编和评论。例如现在抖音、快手等短视频平台上都有各种类型的"×××分钟看电影或电视剧"的短视频，其内容便是对相关影视剧内容进行浓缩和剪辑，并无任何评论和说明。而解读类短视频，其本质特征在于对相关影视剧分析剧情，解释伏笔，帮助观众理解较为复杂的剧情。例如腾讯视频曾组织拍摄了一系列名为"解读《东方华尔街》"的短视频，其意在对《东方华尔街》剧集进行解读和分析。

就速看类短视频和解读类短视频而言，以理性的短视频受众观之，其对影视剧剧情或画面的引用是为了方便用户短时间内获悉剧情或对剧情本身进行解读，并无任何介绍、评论或说明问题的目的，也无任何其他公共利益的目的，因而不构成转换性使用，同时还可能对原作市场产生实质性的替代。在北京互联网法院判决的全国首例"图解电影"案中，原告诉称被告使用"图解电影"软件对其享有著作权的电视剧《三生三世十里桃花》制作成连续图集并通过网络向公众传播，侵犯了其对影视剧享有的信息网络传播权。法院经审理后认为，"本案中，涉案图集目的并非介绍或评论，而是迎合用户在短时间内获悉剧情、主要画面内容的需求，故不属于合理引用。"并且，"提供图片集的行为对涉案图剧集起到了实质性替代作用，影响了作品的正常使用。""由于替代效应的发生，本应由权利人享有的相应市场份额将被对图片集的访问行为所占据。"② 再如，在"优酷

---

① See Monster Communs. , Inc. v. Turner Broadcasting Sys. , 7935 F. Supp. 490，493 - 94 (S. D. N. Y. 1996).

② 北京互联网法院（2019）京 0491 民初 663 号民事判决书。

公司与上海聚力公司案"中，北京知识产权法院认为："被诉侵权短视频均系对涉案作品的选取剪切生成，且多为涉案作品的内容浓缩和核心看点，连续点击观看即可基本获得涉案作品的大致内容，与涉案作品具有较高相似性，甚至可以替代涉案作品，被诉侵权短视频从使用方式上并非为了说明、介绍、评论作品或问题，而是为呈现涉案作品受著作权保护的表达，从使用程度上也明显超出合理的范围。"①

（三）解说类短视频和混剪类短视频

解说类短视频是基于在先影视作品创作形成新作品的短视频。② 解说类短视频虽然仍需对长视频进行切片和剪辑，但与上述类型短视频不同的是，短视频创作者往往在剪辑长视频部分画面或片段的基础上融入自己的思想、观点，从而形成具有独创性的表达。在实践中，影视解说类短视频是解说类短视频的主要形式。这类短视频又可以分为剧情主导型和评论主导型两类。对于主要解说影视作品剧情的短视频，其可能对影视作品的剧情发展进行具体的介绍从而再现长视频的内容和美感，可能构成对长视频的演绎。而对于评论主导型的解说类短视频，其可能仅就影视剧中的价值观念、历史文化、艺术风格进行评论。不过剧情主导类和评论主导类的界限存在一定的模糊性，有一些解说型短视频往往夹叙夹议。例如前文所述的谷阿莫创作的短视频，其本质特征在于自媒体自身通过对影视剧本身的引用，对影视剧本身或其他议题进行恶搞或评论。以"谷阿莫×分钟带你看完某电影（电视剧）"为代表的视频剪辑方式，通常采用叙议结合的方式，不仅将冗长的电影、电视剧浓缩为2～10分钟，同时配合自身语言表达特色，以画外音形式对影视作品进行概括解说，并加入解说者犀利的影视评论。这类短视频制作者擅长抓住网络热点，根据受众的生活环境以及心理需求，特意选用修饰过的词语对时下热议的影片进行剪辑。再如"暴走看啥片"的影评作品《狄仁杰之四大天王：没有刘德华的四大天王是什么？》中，"'方术'在成就影片视觉表现力的同时也极大削弱了故事的悬疑探案类型属性"，"刘哔"作品《神剧吐槽娘道：爷爷辈眼中的罗曼蒂克

---

① 北京知识产权法院（2021）京73民终4062号民事判决书。
② 参见陈绍玲：《短视频版权纠纷解决的制度困境及突破》，载《知识产权》2021年第9期。

爱情史》在评论女主角形象设计缺乏批判性理念时，反问式调侃："请问她质的变化在哪呢？是变得更傻了吗？"该类型下的短视频作品对原影视作品的剪辑主要是依据故事发展的脉络，或夹叙夹议，或在结尾综合分析，且能够准确抓住影视作品的核心"有效信息"针砭时弊，带给受众相对正确的主流价值引导。

混剪类短视频是指根据制作者的思想确定相关主题，并在若干影视作品的基础上进行剪辑、拼接而形成的短视频。这类短视频具体表现为以混剪（mash-up）、重混（remix）等方式制作的短视频。《准则》将该类短视频描述为"为了重新组合元素而引用，使之成为一部新的作品"。《准则》将这一行为比喻为艺术领域的拼贴画。混剪类短视频的判断具有一定的复杂性，当前比较典型的是用户对影视游戏混剪、鬼畜类短视频，也即一些粉丝或用户对喜欢的影视、游戏作品进行利用和剪辑，有些仅是单纯的画面的展示，有些则会穿插相应的恶搞或评论。"胥渡吧"作为原创配音恶搞视频的第一人，也是红极一时的亚文化代表，其创作多选择《还珠格格》《新白娘子传奇》等家喻户晓的影视作品作为剪辑素材，将原作品中的人物台词消除后，重新对照角色口型配以其创作团队的改编对白。"胥渡吧"通常选择多部影视片段进行混剪，创作主题不尽相同，后期多是热议的现实话题。随后"淮秀帮""老湿""配音帝"也都如出一辙，先后涌现大量配音型视频剪辑，其最大特点在于混剪后作品完全脱离原作相关故事内容，而是仅仅借助角色表演上的特点配合主题表达。此种剪辑在创意上的娱乐戏谑，在手法上标新立异的混搭，以及在反映年轻人对社会现状不满和焦虑时的抵抗风格，都是新亚文化潮流中建构身份认同的表现。①

就自媒体评论类短视频和用户对影视游戏混剪、鬼畜类短视频而言，如果自媒体和用户对他人影视、游戏的利用，就理性的短视频受众观之，是为了实现对原作或政治、经济等议题的批判或讽刺，且其引用比例符合该目的需要，那么其便可能构成"滑稽模仿"或"嘲讽性表演"类转换性使用。以谷阿莫创作的"5 分钟看完《西游伏妖篇》"短视频为例，谷阿

---

① 参见程河清、张晓锋：《网络恶搞配音的亚文化风格的建构与消解——基于"胥渡吧"的考察》，载《当代青年研究》2017 年第 1 期。

莫创作的"×分钟带你看完某电影"系列借用原作内容对其进行调侃和讽刺，属于讽刺性模仿（也有学者和法官将其称为"滑稽模仿"）。讽刺性模仿是一种艺术创作形式，自古有之，"最为高级的那种讽刺性模仿可以被定义为一种诙谐的、在美学上令人满意的散文或韵文形式的作品，通常不带有恶意，在其中，通过严格控制的歪曲，一部文学作品、一个作者或者一个派别或一个作品类型的主题和风格中最为引人注目的特征被以一种方式来表达，而这种方式能够导致对原作产生一种含蓄的价值判断"[1]。因而，讽刺性模仿显然是一种有益于社会文化繁荣的公共价值。以影视作品领域的普通理性公众观之，谷阿莫创作的"×分钟带你看完某电影"系列，虽然也具有商业使用的目的（在其影片中经常可以看到对该影片进行赞助的广告）和一定的娱乐目的，但更重要的是其所传达的批判和评论价值，这是其主要目的和功能，因而具有较高程度的转换性。以谷阿莫创作的"5分钟看完《西游伏妖篇》"短视频为例，首先谷阿莫通过对原作部分内容的编排，通过其犀利的评论，以其独特视角表达了对唐僧沉迷女色和对待徒弟孙悟空采用双重标准的批判。[2] 其次，谷阿莫虽然在其短视频中大量使用了原作的画面，而且涉及原作的重要部分，但这是谷阿莫讽刺性模仿所必需的，因为其讽刺和评论的往往是原作品的价值取向、故事脉络、人物设定，要想达到理想的效果，也需要对原作品重要部分进行引用。最后，谷阿莫的影评短视频与原作之间不具有竞争替代关系，不会实质性地影响原电影的潜在市场和价值。电影公众并不会将"谷阿莫"的影评作为对原电影的替代品，即便相关公众在观看谷阿莫的短视频后，对原告电影的评价降低，最终导致原告电影票房的下降，也不是基于谷阿莫影评的替代性作用，而是由于原告电影自身的内容不被观众和市场所认可。综上而言，本书以为，谷阿莫创作的系列影评类短视频属于对原作的讽刺性模仿，构成了较高程度的转换性，不会对原作产生实质性的替代，因而构成合理使用。

再如在美国"Northland Family Planning Clinic 案"中，被告在其创

---

① Riewald J. G. , Parody as Criticism, 11061hilologus, 1966, 50（1）：125 - 148.

② 参见王骁、谢离江：《从"×分钟带你看完电影"系列看戏仿作品和合理使用》，载《新闻界》2017年第8期。

作的有关堕胎的短视频中引用了原告描述堕胎流程的视频片段，法院经审理后判决，被告的引用行为构成滑稽模仿，因为其引用原告视频是为了讽刺原告视频所传达的"堕胎是正常"的观点，并且其引用片段与其实现的目的相匹配，不会影响原作的市场价值。① 事实上，在美国的短视频侵权纠纷"Hosseinzadeh v. Klein 案"中，原告侯赛因托德（Matt Hosseinzadeh）在 Youtube 中上传了其制作的短视频，其讲述的是一个大胆的男人如何用各种方式追求自己心爱女子的故事，被告克莱因（Hila Klein）夫妇通过对原告视频的大量分解和使用（原告短视频长达 5 分 20 秒，被告使用的篇幅长达 3 分 15 秒），并穿插着被告对原告视频的大量评论。法院通过审理认为，判断被告是否构成合理使用的最重要的因素在于认定被告是否构成转换性使用。在该案中，法院认为被告对原告视频的使用当然构成了转换性使用，因为被告对原作的使用属于"批评"和"评论"，属于一种目的性的转换。被告的这种批评和评论是通过对原告碎片化视频的使用所穿插的：例如被告在对原作开场视频进行使用之后指出是原告写了该剧本，并仔细分析了原告是如何通过这一视频表达他对这个世界的看法的。再如，被告通过对原作中男主角迅速地从一个地点到另一个地点场景的切换这一视频片段的使用，批评原作是超现实主义。因而被告正是通过对原作视频的大量分解和利用，并在其中穿插着被告对原作视频的大量批评和评论，其并非为了再现原作视频的美感和价值，而是为了表达被告新的价值和观点，因而具有较高程度的目的转换性。虽然被告大量使用了原告的视频，但法院指出，"这些数量和程度都是为了实现被告转换性的评判和评论目的所必需"。最后，法院指出，被告的影评短视频与原作之间不具有竞争替代关系，并不会剥夺原本属于原作的市场价值，因为观看原作与被告视频有着完全不同的观赏体验，被告通过对原作视频的转换形成了一个时刻夹杂着评论的"风趣、刻薄"的作品。法院据此最终判定被告对原作的使用构成合理使用。②

---

① See Northland Family Planning Clinic, Inc. v. Center for Bio-Ethical Reform, 868 F. Supp. 2d 962, 983 (C. D. Cal. 2012).

② See Matt Hosseinzadeh v. Ethan Klein and Hila Klein, 276 F. Supp. 3d 34 (S. D. N. Y. 2017).

如果自媒体和用户对他人影视、游戏的利用仅仅是对原作画面、音乐的展示，而没有任何批判或评论，或者超出了其批判、评论的目的大幅引用原作，那么此类行为并不构成转换性使用，存在侵权的风险。例如一些粉丝为了表达其对所喜欢的影视剧或游戏的喜爱，援引了大量原作的画面和音乐内容，同时在视频当中穿插其如何喜欢原作的评论。虽然其制作的短视频十分精美足以构成原作的改编作品，但此类行为难言具有转换性。再如自由创作者胡戈曾因其创作的恶搞和讽刺《无极》电影的短视频《一个馒头引发的血案》而引发著作权争议。在胡戈事件中，《一个馒头引发的血案》视频中存在不少对《无极》进行讽刺性模仿的内容①，但就整体而言，《一个馒头引发的血案》对《无极》作品本身的批判或讽刺却没有占据太多比例，胡戈引用了大段与其所要批判或评论无关的内容，这使得没看过《无极》的用户也能通过该短视频了解原作的基本故事情节，实际上起到了对原作的实质性替代作用。

再以"胥渡吧"制作的《高考来袭》为例：其通过选用 15 部经典影视作品片段进行剪辑，通过变换配音对"高考"这一令无数学子"又爱又恨"的人生必经之路进行吐槽。尽管其针对的讽刺对象并非《西游记》《甄嬛传》等所使用作品的本身，不属于"滑稽模仿"。但《高考来袭》在内容上充满了戏谑嘲讽的意味，其借助原作品中演员丰富的情感演出和夸张的表演效果，搭配后期增添上的配音对话，完成对"高考"话题的评论和批判，并且其所引用的片段和内容与其所要实现之批判目的相适应，可以构成嘲讽性表演类转换性使用。

（四）说明类短视频

说明类短视频是指使用他人受版权保护的材料进行说明或举例。说明类剪辑视频意在"借此物言他事"，混剪视频的取材通常不只来源于同一

---

①　例如该视频一面再现了《无极》中的"满神"让幼年时的"张倾城"以终生放弃被爱的权利换取衣食无忧生活的画面，一面配以声音评论："她总是以荣华富贵来引诱未成年的小女孩。"在视频的末尾，又一本正经地在打出"满神"剧照的同时，告诫"家长们一定要告诉你们的子女，如果在外面遇到了一个头发竖起的阿姨，不管她问什么，一定要回答'不愿意'，以免延误终身大事"。显然，《馒头血案》引用《无极》"满神"的相关镜头，并非为了让观众欣赏《无极》这些镜头所表现的故事情节，而是为了讽刺《无极》中"满神"这一人物的虚伪和狡猾。参见王迁：《论认定"模仿讽刺作品"构成"合理使用"的法律规则》，载《科技与法律》2006 年第 1 期。

部影视作品，而是选择与表现主题相关的多部影视作品进行混剪，这样的片段剪辑能够更为直观具象地表达情感、说明问题，方便观众回溯事件、理解内容。例如，金庸先生与世长辞，其传奇的人生和在文坛上的辉煌成就，引起无数人的追思和缅怀。许多媒体将金庸先生生前著作拍成的经典电影、电视剧进行了采集混剪，并配以年代事迹的文字说明，引发几代人的共鸣，以此回顾金庸先生生平的创作贡献，这往往比单纯讲述式悼念更令人动容。再如历史题材剧情类纪录片《档案》，以记录历史、普及历史、保存历史真相为制作理念，在向观众说明某一历史事件或历史人物时，播放与之相关的影视作品片段作为背景介绍，能够起到令人印象深刻的效果。①

就说明类短视频而言，此种类型的短视频的目的一般不在于说明与原影视作品有关的问题，而是通过剪辑出的视频内容展示其他的相关问题。就理性的短视频受众观之，是为了帮助受众更为直观地理解历史、人物以及事件等在目的上有别于原作品，在结果上产生了提供信息、帮助筛选以及言论表达的新功能，因而体现着表达自由、公众知情等强烈的公益性。正如前文所言，拍摄纪录片在司法实践中属于典型的目的性转换性使用，其构成合理使用的可能性很大。

第三节　转换性使用界定规则对文本和数据挖掘问题的适用

一、文本与挖掘引发的著作权侵权问题

大数据（Big Data）是指"体量庞大、高速变动和/或种类繁多的信息资产，需要采用全新的处理形式以有助于提高人们在决策形成、视野扩展

---

① 参见孟奇勋、李晓钰：《网络混剪视频著作权转换性使用规则研究》，载《山东科技大学学报（社会科学版）》2019 年第 2 期。

和过程优化中的能力"①。换言之，大数据是数据分析的一种前沿技术，是从各种各样的数据中，快速获得有价值信息的能力。广义的大数据涵盖了自然界和人类社会的全部数据及其之间的关联。大数据运用的兴起是随着全球数字化、网络宽带化、互联网应用于各行各业，累积的数据量越来越大，越来越多的企业、行业和国家发现，可以利用类似的技术更好地服务客户、发现新商业机会、扩大新市场以及提升效率。哈佛大学的加里金教授认为："这是一场革命，庞大的数据资源使得各个领域开始了量化进程。无论学术界、商界还是政府，所有领域都将开始这种进程。"② 大数据时代下，运用文本和数据挖掘技术从海量数据中发掘有用信息文本和数据挖掘已成为数据产业乃至科技创新的重要支撑。TDM 是一个总括性的用语，其是指"将结构应用于非结构化的电子文本，并采用统计方法来发现新的信息和揭示处理过的数据中的模式的计算过程"③。这里的"文本"一词含义广泛，包括固定的图像、声音记录和视听作品。在信息过载的时代，TDM 为筛选、组织和分析大量文本提供了宝贵的工具。TDM 就其本质而言，是利用各种技术与统计方法将大量的历史数据进行整理分析、归纳与整合，从海量数据中"挖掘"隐藏信息，如趋势、特征及相关性的一种过程。

文本和数据挖掘又可分为文字挖掘（Text Mining）与数据挖掘（Data Mining）两种类型。文字挖掘与数据挖掘顾名思义分别是对文字与数据进行挖掘，文字挖掘是对不具结构性（例如网页资料）或半结构性（例如电子邮件）的内容进行挖掘，因文字挖掘的目标资料库将包含每个人不同的书写习惯、口语习惯，也可能存在文字与其想表达的真意相反或拼写错误的情况，所以相较于数据挖掘是对具有结构性且精确数字内容进行挖掘的特点，文字挖掘的复杂程度以及困难程度将高于数据挖掘。由于当前资料有将近80％的比例是以非结构化形式储存于资料库内的，如果

---

① 谢文：《大数据经济学》，北京联合出版公司 2016 年版，第 10 页。
② 张其金：《大数据时代下的产业革命》，中国商业出版社 2016 年版，第 1 页。
③ DuCato, Strowel A. M., Ensuring text and data mining: rernaining issues with the EU copyright exceptions and possible ways out, European Intellectual Property Review, 2021, 43: 322 - 337.

想要探寻资料库内的有用信息，需先透过文字挖掘将非结构化资料转化为结构化数据，故文字挖掘实质是数据挖掘的一环，为数据挖掘的前置处理步骤。文本和数据挖掘是生命科学、人文科学和语言学中发现知识的基本方法，它也是机器学习和互联网搜索技术的组成部分之一。例如在生命科学领域，研究人员经常使用 TDM 在不同的学科和子领域中进行搜索，以发现以前没有注意到的相关性或关联，如蛋白质的相互作用和基因疾病的关联。2005 年，希沙姆·穆拜德（Hisham Al-Mubaid）和拉吉特·K. 辛格（Rajit K Singh）使用 TDM 识别了参与亨廷顿氏症病和其他一些威胁生命或使人衰弱的疾病的不同分子。再如，TDM 也是使用机器学习的人工智能研究的一个固有部分。机器学习是人工智能的一个子集以及核心技术之一，使人工智能系统能够从接触的数据中学习，而无须明确编程。机器学习的目标是从输入数据中反复学习，进而自动分析获得算法模型，并利用算法模型对未知数据进行预测以及改善性能。2017 年，麻省理工学院计算机科学和人工智能实验室的研究人员利用 TDM 技术提出了一个新的系统，它学会了以专业摄影师的技巧自动修饰照片。在没有特别的摄影艺术指导的情况下，该系统通过研究一组 5000 张的训练图片来学习，每张图片都是由五个不同的摄影师修饰。[①] 此外，在政治领域当中也有运用 TDM 的著名案例。例如美国前总统奥巴马在 2012 年竞选总统时，竞选团队利用 2008 年第一次竞选的数据，同时合并了来自民意调查公司、网络社群、田野工作者等处取得的选民数据形成了大型数据库，并利用文本和数据挖掘技术的预测模式分析潜在选民，并将摇摆州选民支持奥巴马的可能性、前往投票的可能性、没有投票习惯的奥巴马支持者受刺激而前往投票的可能性，以及奥巴马对特定议题的谈话对潜在选民构成的说服力作为标准，将摇摆州选民依被说服的可能性进行排名，并预测对特定族群的选民最有说服力的竞选活动，以利于奥巴马及竞选团队，以最有效率的方式赢得了当时美国总统的选举。[②]

---

① See Matthew Sag，The New Legal Landscape for Text Mining and Machine Learning，66 J. Copyright Soc y of the U. S. A. 291（2019）.

② 参见李慈恩：《数位时代对著作财产权合理使用制度之挑战——以资料探勘技术之应用为中心》，2023 年中正大学财经法律学研究所硕士学位论文。

由于 TDM 的重要意义和价值，TDM 不但在社会科学、自然科学以及人文科学的研究，以及搜索引擎、商务智能、新闻媒体等众多领域有着广泛的应用，而且从 TDM 的技术和产业发展来看，TDM 具有越来越重要的经济价值和社会意义。一方面，TDM 在加强知识的传播与利用的同时也带来了极高的经济效用，欧盟委员会专家组在发布的名为《创新和技术发展尤其是文本和数据挖掘领域的标准化》的报告中指出，文本和数据挖掘对欧盟经济来说是一次重大机遇，大规模运用数据和文本挖掘将会为欧盟 GDP 额外增加数以百亿欧元的收入。① 另一方面，TDM 对于科学研究、公共健康风险评估及生物与制药领域等社会公共利益也具有重大价值和意义，例如，疾病和具有其他治疗功效的药物之间存在联系，沙利度胺（thalido-mide）具有新的治疗功能便是通过 TDM 发现的。尤其是 TDM 在数字图书馆领域的运用更是有助于保存古老文集、学术研究，普遍有益于社会公众。

TDM 的工作原理主要分为以下几个阶段：第一阶段先确定数据挖掘的目的，并查询所有与该目的相关的信息，挑选出适合 TDM 的数据；第二阶段进行数据预处理，收集相关的数据信息并将其复制到数据仓库中；第三阶段进行数据转换，将数据转换成统一适合挖掘的形式；第四阶段进行数据挖掘，从中发现被挖掘数据之间的关联、作用等；第五阶段结果可视化与模式评估，将文本数据转换为可视化表达，以便进行结果分析。② 而当前 TDM 技术也已在图书馆中进行了广泛的运用，典型例子是数字图书馆日益兴起，也即图书馆利用 TDM 技术，对纸质图书进行整体扫描并将纸质图书包含的信息都转换成可识别的电子图书数据，并对其进行分类整理，形成数字图书的数据库，进而为用户在线提供了检索图书的目录、索引和摘要等信息。从 TDM 的工作原理来看，需要对海量的文本、数据进行复制，将复制提取的结果转换为计算机可识别、处理的数据形式，再按照特定的程序方法进行分类、比较、解析，形成具有利用价值

① Ian Hargreaves, etc., Standardisation in the Area of Innovation and Technological Development, Notably in the Field of Text and Datamining, at https://op.europa.eu/ga/publication-detail/-/publication/d12e3edd-0960-46d1-a7ea-bda1b9cec42d/language-en. (last visited on Sep. 1st, 2024).

② 参见［美］哈默德·坎塔尔季奇：《数据挖掘：概念，模型，方法和算法》，王晓海、吴志刚译，清华大学出版社 2013 年版，第 5-6 页。

的报告。① 在此过程中获得的文本数据还可能被进一步传播、改编。这些文本和数据很多是受著作权法保护的作品,因此单从 TDM 的技术过程来看,文本和数据挖掘会涉及对作品未经许可的复制、改编和传播,由此引发了一系列著作权纠纷,比如荷兰的"Anne Frank's Diary 案"②、美国的"Authors Guild U. HathiTrust 案"③ 与"Authors Guild v. Google 案"④,以及我国的"王某诉谷歌案"⑤ 与"作家诉书生公司侵犯信息网络传播权案"⑥。

鉴于 TDM 重要的价值和意义,有必要在法律层面对此类行为进行明确。从我国现行《著作权法》第 24 条和《信息网络传播权保护条例》(以下简称《条例》)的规定来看,我国目前已有的限制与例外制度无法有效处理 TDM 问题。TDM 可能涉及四种目前现有的限制与例外规定,但这些规定均无法很好地为 TDM 提供抗辩:

首先,TDM 显然无法适用前述图书馆等六馆对馆藏作品的复制和传播的规定。正如前文所述,适用《著作权法》第 24 条第 8 项规定和《条例》第 7 款规定的前提是馆藏作品已经损毁或濒临损毁、丢失或失窃,或其存储格式已经过时,并且在市场上无法购买或只能以明显高于标定的价格购买。显然,TDM 涉及的作品使用行为并不符合该条款的要求。

其次,TDM 行为无法适用"个人使用"条款。《著作权法》第 24 条第 1 项规定了个人为学习、研究、欣赏而使用他人已经发表的作品的合理使用情形,但其适用的限定条件也是很明确的,即只能由个人适用,而 TDM 作为以大数据技术为载体的高精技术方式,实施主体需要具备一定的技术和物质条件,通常以法人或非法人组织的机构形式存在。因此,该项例外规定难以为 TDM 提供合法性支撑。

再次,对 TDM 行为无法适用"适当引用"条款。《著作权法》第 24

---

① 参见 [美] 哈默德·坎塔尔季奇:《数据挖掘:概念,模型,方法和算法》,王晓海、吴志刚译,清华大学出版社 2013 年版,第 5 - 6 页。

② Anne Frank's Diary Case, Rechtbank Amsterdam, C/13/583257 / HA ZA 15 - 270.

③ Authors Guild v. Hathi Trust, 755 F. 3d 87 (2nd Cir. 2014).

④ Authors Guild, Inc. v. Google Inc. , 804 F. 3d 202 (2d Cir. 2015).

⑤ 北京市高级人民法院 (2013) 高民终字第 1221 号民事判决书。

⑥ 中国作家网:《案例点评 25:数字图书馆不能侵权使用他人作品》,http://www. chinawriter. com. cn/2009/2009 - 07 - 22/74568. html (访问时间:2024 年 9 月 2 日)。

条第 2 项规定，为介绍、评论某一作品或者说明某一问题，允许在作品中适当引用他人已经发表的作品，《条例》第 6 条第 1 项也作了类似规定。显而易见，若想以该条作为免责依据，行为人引用的范围或幅度必须适当。而 TDM 行为人若想进行后续的分析整理步骤，便必不可少地对部分或大部分的作品或数据库进行复制与挖掘。因此，虽然行为人的目的可能满足"为介绍、评论某一作品或者说明某一问题"，但对作品的利用远远超出了该条所要求的"适当"要件，更难称为"引用"。

最后，对 TDM 行为无法适用"教学使用"条款。《著作权法》第 24 条第 6 项规定了"教学使用"的例外规定，其仅限于为教学或科学研究目的而在学校课堂教学或者科学研究中可以翻译、改编、汇编、播放或者可以少量复制已经发表的作品。《条例》第 6 条第 3 项规定，为学校课堂教学或者科学研究，可以向少数教学、科研人员提供少量已经发表的作品。然而在 TDM 的实践中，暂且不论行为主体是否属于科学研究目的或属于科研人员，基于前面的分析，TDM 的必要步骤是对作品或数据库进行大量复制，这显然无法满足"少量"复制的要求，更遑论后续的改编等行为。因此，对 TDM 也无法援引该项例外寻求豁免。①

二、文本与数据挖掘的比较法视野考察

有观点认为，TDM 对作品的利用行为可以通过双方协议获得许可，不应当增设合理使用条款。例如，欧洲出版协会（EPC）认为，建立 TDM 著作权限制与例外条款仅仅对试图免费使用版权作品的人有利，但版权许可不仅能取得同样的效果，更能减少用户的侵权风险。但相较于限制与例外制度，许可协议模式具有明显的弊端：一方面，许可协议模式可能限制行为人可以使用的作品数量、格式以及挖掘方法，谈判双方不平等的地位很可能使得许可制度名存实亡；另一方面，获取版权人的许可将造成高昂的交易成本。正如英国在引入 TDM 限制与例外前曾进行的案例调

---

① 参见王文敏：《文本与数据挖掘的著作权困境及应对》，载《图书馆理论与实践》2020 年第 3 期。

研显示：一个科研项目需要挖掘出版于 187 个期刊（来自 75 个出版者）的 3 000 篇文章，其许可成本在 3 399 英镑到 18 630 英镑之间，一个大型的科研机构每年需花费约 50 万英镑的许可成本。[①] 为了解决 TDM 所带来的著作权保护困境，英国、法国、日本等国家纷纷通过修改合理使用制度对其进行规制。下文将结合国际最新立法和司法实践对这一问题进行分析。目前，世界上已经有相当多的国家针对 TDM 给予了法律上的合法性来源，但各国在采用的保护模式，以及实施主体、行为范围等具体方面存在着较大差别。

（一）欧盟

2019 年生效的欧盟《数字单一市场版权指令》（以下简称"《指令》"）第 3 条规定了为科学研究目的进行文本和数据挖掘：

1. 成员国应对第 96/9/EC 号指令第 5 条第 1 款 a 项和第 7 条第 1 款、第 2001/29/EC 号指令第 2 条和本指令第 15 条第 1 款条所规定的权利作出例外规定，允许由研究机构和文化遗产机构出于科学研究的目的，对其合法获取的作品或其他客体进行文本和数据挖掘。

2. 按照第 1 款的规定制作的作品或其他客体复制件，应以适当的安全水平进行保存，并为科学研究目的而保留，包括为核实研究结果。

3. 应允许权利人采取一定措施，以确保作品或其他客体所在的网络和数据库的安全和完整。该措施不得超出实现这一目标所必需的范围。

4. 成员国应鼓励权利人、研究机构和文化遗产机构就第 2 款和第 3 款分别提及的义务和措施的实施确定共同商定的最佳做法。

《指令》第 4 条规定了文本和数据挖掘的例外或限制：

1. 成员国应规定对第 96/9/EC 号指令第 5 条第 1 款 a 项和第 7 条第 1 款、第 2001/29/EC 号指令第 2 条、第 2009/24/EC 号指令第 4 条第 1 款（a）和（b）项以及本指令第 15 条第 1 款所规定的权利作

---

① See European Commission，Impact Assessment on the Modern Isation of EU Copyright Rules，Brussels：EU，2016.

出例外或限制，允许以文本和数据挖掘为目的对合法获取的作品或其他客体进行复制或撷取。

2. 根据第 1 款所进行的复制或撷取（获得的结果），若是为了文本和数据挖掘目的所必需的，则可以予以保留。

3. 第 1 款规定的例外或限制的适用条件是，权利人并未以适当方式（例如，在内容在网上公开的情况下，以机器可读的手段）对其作品和其他客体的使用作出明确保留。

本条款不影响指令第 3 条的适用。①

《指令》第 3 条、第 4 条对 TDM 作出了较为相似的规定，但二者的适用范围显然是不同的，否则第 4 条将会架空第 3 条的规定。第 3 条规定的实际上是相关机构在进行挖掘与分析以前对作品或其他客体进行的复制，第 4 条规定的是 TDM 过程中涉及的复制，主要是临时复制行为，有学者分别将其称为"科研目的下的 TDM 例外"与"分析处理层面的 TDM 例外"②。在我国因为立法并未将临时复制视为侵权行为，自然无须为其设立豁免规则。

关于该例外的适用主体及其目的，"科研目的下的 TDM 例外"的适用主体仅限于科研机构和文化遗产机构，而非以营利为主要目的的私营主体。《指令》第 2 条规定，"科研机构"是指大学（包括其图书馆）、研究院或其他主体，其目的主要在于实施科学研究或实施涉及科学研究的教学性活动；"科研机构"的目的需符合两种情形之一：其一是非营利性质或所有的盈利会再次投入科学研究，其二是遵守成员国所认可的公共利益使命。并且，科学研究所获得的成果不能被对该科研机构具有决定性影响的企业偏向性地享用。而"文化遗产机构"是指公众可以接触到的图书馆、博物馆、档案馆或影音遗产机构。

同时，《指令》第 7 条规定，违反第 3 条的合同不具有执行效力，赋予了该项权利限制极强的排他性。

（二）英国

英国《1988 年著作权、外观设计和专利法》（2020 年修订）第 29A

---

① EU Digital Single Market Copyright Directives, Article 3 and Article 4.

② 阮开欣：《欧盟版权法下的文本与数据挖掘例外》，载《图书馆论坛》2019 年第 12 期。

条规定了 TDM 版权例外：

拥有作品合法访问途径的人对著作权作品的复制在以下前提下不构成侵权：

（a）复制是对作品中的任何内容以非商业用途研究作为唯一目的进行的分析；

（b）复制件要有充分的贡献承认（除非因实际原因或其他原因不可行）；

（2）本款中对作品的复制，构成对版权的侵犯：

（a）除版权人许可外，复制件被转移给其他人；

（b）除版权人许可外，复制件被用于第 1 款（a）项所述之外的其他目的；

（3）如果根据本条制作的复制品随后被处理：

（a）就该处理而言，该复制品将被视为侵权复制品；

（b）如果该处理侵犯了版权，则该复制品将被视为所有后续目的的侵权复制品。

（4）第 3 款中的"处理"是指出售或出租，或为出售或出租提供要约。

（5）如果合同条款旨在阻止或限制根据本条规定所进行的复制不会侵犯版权，则该条款不具有效力。①

英国关于 TDM 的例外仅限于对满足一定条件下复制行为的豁免，并对复制件后续的转移作出了较为严格的限制，这在目前规定了 TDM 例外的国家里是较为罕见的。同时，英国也明确了该项权利例外对于排除私法合意的效力。

（三）日本

日本《著作权法》（2020 年修订）第 30—4 条规定：

在下列情况或其他任何不以个人享受或使其他个人享受作品中表达出的想法和情感为目的的情况下，允许以任何方式适当程度地使用

---

① UK Copyright，Designs and Patents Act（2020），Section 29A.

作品，但鉴于作品的性质、目的或利用该作品的情况，该使用会不合理地损害著作权人的利益的除外：

……………

（ii）在数据分析中使用（指从大量作品或大量其他此类数据中提取、比较、分类或对组成语言、声音、图像或其他要素数据进行其他统计分析；同样适用于第47—5条第1款第ii项）；

（iii）在计算机数据处理过程中使用，或以其他不涉及人的感官所感知的作品所表达的内容（对计算机程序的利用不包括在计算机上使用作品），但不包括前两项规定的范围。

第47—5条规定：

任何人如果实施下列行为，通过计算机化数据处理创造新知识或信息，有助于促进对作品的利用，则可以利用公众可获得或已发表的作品；但如果该人明知向公众可获得或已发表作品构成侵犯版权而进行这种轻度利用，则不适用本条规定；如果根据公众可获得或已发表的作品的性质或目的或其轻度利用的情况，该行动会不合理地损害版权所有者的利益，则不适用本条规定……

（ii）进行计算机化数据分析并提供分析结果[1]；

2009年日本《著作权法》引入TDM例外时，规定了"在必要限度内，可以将作品录入储存媒介或者进行改编"[2]，但2020年修订的《著作权法》已将关于改编的规定删去，而只保留了对作品或其他数据可以进行"提取、比较、分类以及统计分析"。

（四）法国

法国《知识产权法典》（2021年修订）第L122—5条第10款规定：

作品公开发表后，作者不得禁止：以合法来源制作的数字拷贝件或复制品，其目的是探索科学作品中包含的或与之相关的文本和数据，以用于公共研究，但不包括任何商业目的。法令应规定对文本和

---

① Japan Copyright Law（2020），Section 30 - 4，47 - 5.
② Japan Copyright Law（2020），Section 47 - 7.

数据进行利用的条件，以及在研究活动结束时产生的文件的保存和交流方式；这些文件应构成研究数据。

同时，《法典》第 L342—3 条规定了针对数据库的类似条款。[①]

法国较为明确地规定了 TDM 例外仅适用于科学作品或与之相关的文本与数据，而非所有合法获得的作品。

（五）德国

德国《著作权及邻接权法》（2017 年修订）第 60（d）条规定了文本与数据挖掘例外：

（1）为了能够自动分析大量的作品（原始资料），以便于科学研究，应允许

1. 为创建，尤其是通过规范化、结构化和分类的方式，创建可供分析和使用的资料库，而自动和系统地复制原始材料；

2. 向公众提供资料库，供特定范围内的人进行联合科学研究，以及向个别第三人提供资料库，以便监督科学研究的质量。在这种情况下，用户只能追求非商业目的。

············

（2）研究工作一旦完成，应删除原始资料的文集和复制品，不得再向公众提供。但是，应允许为长期储存的目的，将资料库和原始资料的复制品转交给第 60（e）和 60（f）条所述的机构。[②]

德国对于 TDM 的例外不仅限于复制，同时规定在一定范围内"向公众提供"行为的合法性。同时，德国《著作权及邻接权法》第 60（e）、60（f）条所规定的机构是图书馆、档案馆、博物馆和教育机构。

（六）爱沙尼亚

爱沙尼亚《著作权法》（2019 年修订）第 19 条"合理使用条款"中规定：

可以在不具有商业目的的前提下以文本和数据挖掘的目的处理权

---

① See Code de la propriété intellectuelle（2021），L122－5，L342－3.
② Germany Act on Copyright and Related Rights（2017），Section 60（d）（e）（f）.

利对象，但需要注明作品和作者的名称。[①]

爱沙尼亚关于标明作品名称和作者姓名的规定在目前已对 TDM 作出例外规定的国家里较为罕见。

三、转换性使用界定规则的适用

由于 TDM 的重要意义和价值，TDM 目前已在社会科学、自然科学、人文科学的研究，以及搜索引擎、商务智能、新闻媒体等众多领域广泛应用。本书结合 TDM 使用领域和目的将其大致分为三种类型：

（1）科学研究目的型 TDM。比较典型的例子是数字图书馆计划，也即对图书馆的纸质图书进行整体扫描，将纸质图书包含的信息都转换成可识别的电子图书数据，并对其进行分类整理，形成数字图书的数据库（可视化表达）。进而为用户在线提供检索图书的目录、索引和摘要等信息，改善用户阅读体验，方便用户检索文献资料。再比如一些科研机构为提供更科学的调查报告，往往需要对构成作品的文本与数据进行挖掘和利用。

（2）纯商业目的型 TDM。即一些企业为生产产品或从事相关经营活动，运用文本与数字挖掘技术，未经许可对他人作品进行利用，其所生产产品或从事相关经营活动并没有公共利益的功能。例如在美国"Associated Press v. Meltwater U. S. Holdings, Inc. 案"中，Meltwater 公司利用 TDM 技术抓取了大量享有版权的新闻作品，自动生成了新闻文章的标题和摘要，同时创作了与搜索引擎功能相似的内容索引，然后通过 Email 的形式向订阅客户发送这些内容，用户可以根据内容索引找到其所需的新闻内容。再如在美国的"Fox News Network v. TVEyes 案"中，被告 TVEyes 利用 TDM 技术将他人大量享有版权的影视节目制成了可搜索内容的数据库，订阅用户能够根据搜索功能寻求其所需的影视节目。[②]

（3）其他目的型 TDM。TDM 除在科学研究方面具有重要性以外，现在一些主体机构还基于各种目的在各种行业中来使用 TDM，包括政府服

---

① See Estonia Copyright Act（2019），§ 19（31）.
② See Fox News Network，LLC v. TVEyes，Inc. 883 F. 3d 169（2d Cir. 2018）.

务、新应用程序和技术的开发。《海牙宣言》中还提到将 TDM 运用于公共健康风险评估、预警与决策、重大灾害的预警与防范、食品安全监管以及生物与制药领域。① 因而对文本和数据挖掘问题的分析，应该结合不同类型对其进行具体情况具体分析。

就科学研究目的型 TDM 而言，以相关作品领域的假想普通理性公众观之，由于其使用目的是著作权法所承认的科学研究这一社会公共利益目的，可以构成较高程度的转换性使用。正如在美国的 "Authors Guild v. HathiTrust 案" 与 "Authors Guild v. Google 案" 中，谷歌公司均使用了文本数据挖掘技术，对原作进行完整的数字化复制和利用。但其提供的搜索和片段浏览功能是为了方便用户搜索其感兴趣的书籍，提高用户检索图书的效率，同时也利于保存古老文集，有助于学术研究，有益于社会公众，因而具有高度转换性从而不构成侵权。② 并且谷歌公司对图书进行全文扫描的行为不影响其 "转换性"，此时即便是对原作的完整复制，也仍属于实现这一文本挖掘目的所必需的范畴，可以构成合理使用。法院甚至高度称赞了数字图书馆项目："数字图书馆将图书转化成电子数据，形成数据库，方便科学研究查找文本资料，开辟了全新的研究领域，而书本中的知识正在以一种以前从未被使用过的方式被使用。"③ 也正是基于此，欧盟 2019 年《指令》第 3 条明确规定科学研究目的型 TDM 适用著作权法的限制与例外规定。德国著作权法第 60（d）条④和法国《知识产权法典》第 L122—5 条第 10 款⑤都明确规定了 "科学研究""公共研究" 的 TDM 适用限制与例外规定。

就纯商业目的型 TDM 而言，由于其使用目的或功能与原作相同，仅具有单纯的商业目的，无法实现公共利益目的或功能，不能构成转换性使用。并且由于相同的商业目的，通常而言具有相同的竞争关系，TDM 的使用会对原作的市场和价值产生影响，无法构成合理使用。例如在 "As-

---

① 赵力：《数字时代知识发现海牙宣言之借鉴——以内容挖掘为核心》，载《图书馆》2015年第 9 期。
② See Authors Guild, Inc. v. Google Inc., 804 F. 3d 202, 229（2d Cir. 2015）.
③ Authors Guild, Inc. v. Google Inc., 804 F. 3d 202, 229（2d Cir. 2015）.
④ See Germany Act on Copyright and Related Rights（2017），Section 60（d）（e）（f）.
⑤ See Code de la propriété intellectuelle（2021），L122－5，L342－3.

sociated Press v. Meltwater U. S. Holdings，Inc. 案"中，法院指出，原告和被告均是通过提供新闻文章营利，被告利用 TDM 复制了大量原告享有版权的文章，并通过建立内容索引功能将其提供给客户，这一使用方式利用的仍是原作品的价值和美感，没有产生新的价值或功能，无法构成转换性使用。并且原被告双方都属于新闻服务领域，双方构成竞争关系，被告的使用行为影响了原告作品的市场和价值，无法构成合理使用。① 再如在"Fox News Network v. TVEyes 案"中，法院认为被告利用 TDM 构建的数据库使得用户可以通过搜索查看到大量享有版权的影视节目片段，具有与原告相同的商业目的，其本质仍然是利用原作的价值和美感，无法构成转换性使用。并且这种使用方式可能导致被告成为原告网站的替代品，将剥夺原告公司的相关利益，最终认定其无法构成合理使用。②

比较值得争议的是第三种类型的 TDM，从现有立法来看，当前各国立法例对于 TDM 例外的目的要件可分为宽松型要求和严格型要求。就宽松型要求而言，一些国家不但未对主体进行要求，而且也未对 TDM 目的进行严格限制。③ 例如日本《著作权法》第 30—4 条和第 47—5 条并未对 TDM 的目的进行限定（包括商业性和非商业性目的），这意味着一些企业基于商业性目的对数据进行挖掘和利用也可以构成合理使用。就严格型要求而言，一些国家不但要求 TDM 的主体为研究机构，而且要求 TDM 的目的仅限于"科学研究目的"。例如法国《知识产权法典》第 L122—5 条第 10 款规定："作品公开发表后，作者不得禁止：以合法来源制作的数字拷贝件或复制品，其目的是探索科学作品中包含的或与之相关的文本和数据，以用于公共研究，但不包括任何商业目的……"英国《版权法》第 29A 条规定了 TDM 版权例外："（1）拥有作品合法访问途径的人对著作权作品的复制在以下前提下不构成侵权：（a）复制是对作品中的任何内容以非商业用途研究作为唯一目的进行的分析……"上述立法用语"公共研究""以非商业用途研

---

① See the Associated Press v. Meltwater U. S. Holdings，Inc. 931 F. Supp. 2d 537 – 562 (2013).

② See Fox News Network，LLC v. TVEyes，Inc. 883 F. 3d 169（2d Cir. 2018）.

③ 参见王文敏：《文本与数据挖掘的著作权困境及应对》，载《图书馆理论与实践》2020 年第 3 期。

究作为唯一目的"等都是对 TDM 科学研究目的的严格限制。

上述各国规定的不同,一方面是各国 TDM 产业发展政策和利益平衡的产物,另一方面是各国合理使用制度的差异所致。本书认为由于 TDM 是当前数字图书馆、人工智能、数据库、商务智能等创新产业发展的重要技术,也是元宇宙空间下数字经济的重要方向,著作权法不应成为限制这些产业和经济发展的枷锁,因此无须将 TDM 过于严格地限于"科学研究目的",也无须将 TDM 的主体限定于研究机构。根据前文所总结的转换性使用界定规则,只要 TDM 的使用目的符合著作权法所承认的保障残疾人权益、国家机关执行公务、保护文化遗产等公共利益价值,那么其仍然可以构成转换性使用。

第五章 | 我国对"转换性使用"理论的借鉴与适用

于当前的 WEB 3.0 时代，网络技术的空前发展和商业模式的日新月异，使得作品传播形态和利用方式愈加多样化，纷至沓来的是愈加复杂的著作权利益纠纷，传统合理使用制度在新技术时代的适应性问题显得愈发突出和严峻。而美国的"转换性使用"理论虽然尚待完善，但是其作用和地位已经日益突出，并逐渐成为许多国家解决新型技术版权纠纷的主流路径。对于我国而言，虽然为应对日益复杂的著作权案例，我国法院早已开始借鉴转换性理论，但我国当前是否仍有必要借鉴这一理论？如果有必要，我国当前法院适用这一理论又存在哪些问题？以及我们又该如何对其进行完善？对于我国而言，中美的文化传统、产业格局和法律体系均有较大差异，如何将转换性使用规则本土化，将其顺利移植入我国的著作权法律体系，还需要更多的实践资料的支持和对相关资料的进一步研究。对此本章将予以详细论证。

第一节　我国借鉴"转换性使用"理论的必要性

一、我国合理使用制度的现状与缺陷

（一）我国合理使用制度的模式与规定

著作权人依据《著作权法》规定的一系列著作权，获得对其作品的排他权利。著作权人通过这种排他权利，控制他人利用作品的特定行为。一般情况下，行为人获得著作权人的许可后方能实施这些行为。如果行为人既没有得到权利人许可，又缺乏法律的特殊规定，那么其擅自实施受控制的这些行为，将构成对著作权的直接侵权，著作权人有权提起诉讼以维护自身权利。为满足社会公众利用作品的需要，著作权制度对权利本身进行了必要的限制。如《伯尔尼公约》第 9 条第 2 款规定："本同盟成员国法律得允许在某些特殊情况下复制上述作品，只要这种复制不损害作品的正常使用也不致无故侵害作者的合法利益。"这在 TRIPs 协议第 13 条以及 WCT 第 10 条等国际公约中都有相似的表述。因此，各大版权国际公约允许缔约国对著作权作出相应的限制。但纵观世界各国对著作权权利限制的立法体例，有较大区别。

正如前文所述，最早的著作权合理使用问题可追溯至英国 1741 年"Gyles v. Wilcox 案"中对书籍"节略"问题的探讨。该案主审法官认为，节略行为衍生出有别于原作的新作品，其不同于机械复制，将有利于促进公共利益。之后英国通过一系列判例建立了书籍"合理节略"规则。① 这一"合理节略"规则逐渐演变成了著作权法中的合理使用制度，也即著作权法出于社会政策的考虑，在赋予著作权人有限垄断权的同时，也要满足一定社会公共利益的需要，对著作权人的权利予以一定程度的限制，划出

---

① See Deazley R.，On the origin of the right to copy：Charting the movement of copyright law in eighteenth century Britain（1695—1775），Bloomsbury Publishing，2004：82 - 84.

一定范围的合理空间，使得相关公众在这一空间之内得以自由使用他人作品。由于不同国家文化、规范系统等存在差异，合理使用制度在世界各国主要演变成了三种模式："合理使用（fair use）模式"、"限制与例外模式"以及"合理利用（fair dealing）模式"。这三种模式在当前技术环境下都呈现出了不同程度的弊端与不适应性，具体分析如下：

首先，就"合理使用（fair use）模式"而言，典型代表国家有美国。美国著名的大法官 Joseph Story 在 1841 年的"Folsom v. Marsh 案"中，通过对英国早期判例的分析和总结，归纳出了美国合理使用判断的多要素法。① 这些要素后来被美国 1976 年的版权法第 107 条所明确吸收，演变成了美国合理使用判断的"四要素"判断法：（1）使用的目的和性质；（2）作品的性质；（3）使用作品的数量和质量；（4）使用行为对作品价值和潜在市场的影响。此外，美国还设置了一系列无须权利人许可，但需要向其支付报酬的使用作品的行为，并称之为"法定许可"。其他一些国家和地区也纷纷借鉴美国制定了相似的合理使用"四要素"条款，如韩国《版权法》第 35 条之三、以色列《版权法》第 19 条等。美国合理使用四要素法是结合个案的要素分析法，具有灵活性和开放性，可以应对不断变化的社会关系。但其弊端也是明显的：一方面，四要素具有高度的抽象性，使得每个要素都具有太多的主观判断空间，不但增加了司法的成本，而且高度依赖法官的司法解释，各级人民法院在每个要素的适用上都产生极大的歧异，同案不同判现象时有发生。② 另一方面，合理使用判断的四要素并非完全有用。美国的实证研究表明，美国法院逐渐注重对使用目的和市场要素的判断，作品的性质、使用作品的数量和质量等因素逐渐被忽视或仅作为宣示用语。③ 美国一些学者甚至认为，对相关无用因素予以摒弃将会使合理使用的整体运作更加高效。④

其次，就"限制与例外模式"而言，其代表性国家为法国、德国等欧

① 参见吴汉东：《著作权合理使用制度研究》，中国政法大学出版社 1996 年版，第 16 页。
② See United States Congress，House of Representatives Report，No. 94 - 1476，1976.
③ See Asay C. D.，Sloan A. F.，Sobczak D.，Is Transformative Use Eating the World，BCL Rev.，2020，61：905.
④ See Beebe B.，An Empirical Study of US Copyright Fair Use Opinions，1978—2005，U. Pa. L. Rev.，2007，156：549.

洲大陆法系国家，也即立法通过具体列举合理使用的情形，将合理使用方式完全限制在法条明确规定的类型化行为当中。这是因为大陆法系国家一贯奉行作者人格权利，作者对体现其人格的作品享有权利是天然正当的，但对这一权利的限制则是非必要的，应当受到法律严格的限制①，例如：德国《著作权法》第六章"对著作权的限制"，意大利《著作权法》第五章"例外和限制"，日本《著作权法》第二章"权利内容"中第五小节"著作权的限制"，巴西《著作权法》第四章"对著作权的限制"，印度《著作权法》（1957 年）第 52 条"某些不构成侵害著作权的行为"。大多数国家都有列举的限制情形如私人使用、简短引用、新闻报道、公共图书馆内的使用……然而，这些立法缺乏判断特定行为是否属于著作权限制的原则性条款。"限制与例外判断法"的优势在于以公式和类型化的方式具体、全面的列举合理使用的情形②，使法条的适用具有较普遍的可预测性和准确性，同时限缩了司法造法的空间，因而提升了合理使用制度的安定性。但立法所精心设计的封闭式情形往往具有滞后性，一方面，一些立法所规定的旧的使用情形可能早已脱离时代需求，进而没有对其予以明确规定的必要性；另一方面，新技术和商业模式发展所形成的有益于社会公益价值的新型使用行为，也可能因不在立法的明确情形中而无法被认定为合理使用。③

最后，就"合理利用模式"而言，其典型代表国家有英国、加拿大等国。此种判断方法一方面通过立法明确列举了合理使用的几种情形，另一方面又以判例法确定的原则作为法官个案审理时的补充。例如英国《版权法》第 29 条和第 30 条以及加拿大《版权法》第 29 条，都明确规定了学术研究、新闻报道、评论等几种合理使用情形。而法定之外的情形又依赖法官在个案中，结合使用作品的目的、使用作品的重要性、著作权人的合理利益等因素予以综合考量。④ 这一判断方法从表面上兼具"限制与例外

---

① 参见李琛：《论我国著作权法修订中"合理使用"的立法技术》，载《知识产权》2013 年第 1 期。

② 参见［美］阿瑟.R. 米勒、迈克尔.H. 戴维斯：《知识产权概要》，周林、孙建红、张灏译，中国社会科学出版社，1997，第 232 页。

③ 参见袁锋：《论新技术环境下"转换性使用"理论的发展》载《知识产权》2017 年第 8 期。

④ 参见黄铭杰：《著作权合理使用规范之现在与未来》，元照出版公司 2011 年版，第 94 - 100 页。

判断法"的明确性以及"合理使用要素判断法"的灵活性，但在具体实践中并非如此，体现在：一方面，其规定的法定情形太少，远远无法适应实践的需求；另一方面，虽然法官可以依据个案因素进行考量，但英国、加拿大等国并没有像美国在立法中明确规定具体判断的考量因素，而法官在司法实践中由于考量因素多样混乱、不统一，导致同案不同判的现象时有发生。[①]

　　就我国而言，我国《著作权法》设置了一系列对著作权的限制与例外情形，并与美国相似，包括"无须权利人许可，亦无须支付报酬"的"合理使用"行为，与"无须权利人许可，但应支付报酬"的"法定许可"行为。其中的合理使用条款为《著作权法》第24条：

　　　　第二十四条　在下列情况下使用作品，可以不经著作权人许可，不向其支付报酬，但应当指明作者姓名或者名称、作品名称，并且不得影响该作品的正常使用，也不得不合理地损害著作权人的合法权益：

　　　　（一）为个人学习、研究或者欣赏，使用他人已经发表的作品；

　　　　（二）为介绍、评论某一作品或者说明某一问题，在作品中适当引用他人已经发表的作品；

　　　　（三）为报道新闻，在报纸、期刊、广播电台、电视台等媒体中不可避免地再现或者引用已经发表的作品；

　　　　（四）报纸、期刊、广播电台、电视台等媒体刊登或者播放其他报纸、期刊、广播电台、电视台等媒体已经发表的关于政治、经济、宗教问题的时事性文章，但著作权人声明不许刊登、播放的除外；

　　　　（五）报纸、期刊、广播电台、电视台等媒体刊登或者播放在公众集会上发表的讲话，但作者声明不许刊登、播放的除外；

　　　　（六）为学校课堂教学或者科学研究，翻译、改编、汇编、播放或者少量复制已经发表的作品，供教学或者科研人员使用，但不得出版发行；

　　　　（七）国家机关为执行公务在合理范围内使用已经发表的作品；

[①] 参见黄铭杰：《著作权合理使用规范之现在与未来》，元照出版公司2011年版，第94—100页。

（八）图书馆、档案馆、纪念馆、博物馆、美术馆、文化馆等为陈列或者保存版本的需要，复制本馆收藏的作品；

（九）免费表演已经发表的作品，该表演未向公众收取费用，也未向表演者支付报酬，且不以营利为目的；

（十）对设置或者陈列在公共场所的艺术作品进行临摹、绘画、摄影、录像；

（十一）将中国公民、法人或者非法人组织已经发表的以国家通用语言文字创作的作品翻译成少数民族语言文字作品在国内出版发行；

（十二）以阅读障碍者能够感知的无障碍方式向其提供已经发表的作品；

（十三）法律、行政法规规定的其他情形。

前款规定适用于对与著作权有关的权利的限制。

需要注意的是，我国 2010 年《著作权法》第 22 条"合理使用条款"只明确列举了合理使用的 12 类情形，作为著作权侵权案件被告的抗辩事项。① 也就是说，我国 2010 年《著作权法》采用完全封闭的列举模式，并没有规定一般原则或兜底条款来判断特定行为是否落入合理使用之范畴。从这一点而言，我国立法模式是接近于德国、法国等大陆法系的"限

---

① 2010 年《著作权法》第 22 条规定："在下列情况下使用作品，可以不经著作权人许可，不向其支付报酬，但应当指明作者姓名、作品名称，并且不得侵犯著作权人依照本法享有的其他权利：（一）为个人学习、研究或者欣赏，使用他人已经发表的作品；（二）为介绍、评论某一作品或者说明某一问题，在作品中适当引用他人已经发表的作品；（三）为报道时事新闻，在报纸、期刊、广播电台、电视台等媒体中不可避免地再现或者引用已经发表的作品；（四）报纸、期刊、广播电台、电视台等媒体刊登或者播放其他报纸、期刊、广播电台、电视台等媒体已经发表的关于政治、经济、宗教问题的时事性文章，但作者声明不许刊登、播放的除外；（五）报纸、期刊、广播电台、电视台等媒体刊登或者播放在公众集会上发表的讲话，但作者声明不许刊登、播放的除外；（六）为学校课堂教学或者科学研究，翻译或者少量复制已经发表的作品，供教学或者科研人员使用，但不得出版发行；（七）国家机关为执行公务在合理范围内使用已经发表的作品；（八）图书馆、档案馆、纪念馆、博物馆、美术馆等为陈列或者保存版本的需要，复制本馆收藏的作品；（九）免费表演已经发表的作品，该表演未向公众收取费用，也未向表演者支付报酬；（十）对设置或者陈列在室外公共场所的艺术作品进行临摹、绘画、摄影、录像；（十一）将中国公民、法人或者其他组织已经发表的以汉语言文字创作的作品翻译成少数民族语言文字作品在国内出版发行；（十二）将已经发表的作品改成盲文出版。前款规定适用于对出版者、表演者、录音录像制作者、广播电台、电视台的权利的限制。"

制与例外模式"。而 2020 年新修订的《著作权法》作出了一定的修改,第 24 条在明确列举 12 种情形之外增设了一般性条款,也即"法律、行政法规规定的其他情形",从而具有一定程度的灵活性。从我国《著作权法》的体系来看,第 24 条中的"法律、行政法规"在我国主要指的是《著作权法实施条例》、《计算机软件保护条例》和《条例》,现行的上述条例并未增加新的情形。为配合最新《著作权法》的实施,未来《著作权法实施条例》、《计算机软件保护条例》和《条例》的修订过程中有可能增加新的限制与例外情形。但上述条例修订后,通过不断修订条例来增加新的限制与例外情形的概率也并不大。[1] 因此,2020 年新修订的《著作权法》第 24 条合理使用制度属于一种半封闭半开放式,本质上仍然属于大陆法系的"限制与例外模式",而非美国式的完全开放式模式。

此外需要注意的是,在适用我国合理适用规定的时候需要符合"三步检验标准"。"三步检验法"是制定限制与例外的基本标准和方法,在主要的著作权国际公约中,都通过"三步检验法"对各国进行合理使用的标准进行判断。也即《伯尔尼公约》、TRIPs 协议及 WCT 等国际著作权公约条款,在允许各国对著作权设置限制与例外的同时,还要求这些限制与例外情形必须符合以下三个条件:在某些特殊情况下作出、不影响作品的正常利用、不损害作者的合法利益。这三个前提条件就是"三步检验标准"。具体而言,《伯尔尼公约》第 9 条第 2 款规定:"成员国法律有权允许在某些特殊情况下(不经作者许可)复制作品。只要这种复制不致损害作品的正常使用,也不致侵害作者的合法利益。"TRIPs 协议第 13 条规定:"各成员对专有权作出的任何限制或例外规定仅限于某些特殊情况,且与作品的正常利用不相抵触,也不得不合理地损害权利持有人的合法权益。WCT 第 10 条规定:"(1)缔约各方在某些不与作品的正常利用相抵触、也不无理地损害作者合法利益的特殊情况下,可在其国内立法中对依本条约授予文学和艺术作品作者的权利规定限制或例外。(2)缔约各方在适用《伯尔尼公约》时,应将对该公约所规定权利的任何限制或例外限于某些不与作品的正常利用相抵触、也不无理地损害作者合法利益的特殊情况。"

---

① 参见王迁:《知识产权法教程》,中国人民大学出版社 2022 年版,第 309 页。

我国《著作权法实施条例》第 21 条规定："依照著作权法有关规定，使用可以不经著作权人许可的已经发表的作品的，不得影响该作品的正常使用，也不得不合理地损害著作权人的合法利益。"2020 年新修订的《著作权法》第 24 条规定："在下列情况下使用作品……并且不得影响该作品的正常使用，也不得不合理地损害著作权人的合法权益……"这就表明我国已经明确将国际公约规定的"三步检验标准"纳入了我国立法当中。这也意味着，法院在判断合理使用行为时，不仅要分析相应行为是否落入 12 类情形，还要考察该行为是否会影响作品的正常使用和是否会不合理地损害著作权人之利益。

（二）我国合理使用制度的缺陷性

对于我国而言，合理地借鉴美国的"转换性使用"理论显得尤其迫切和必要，这主要是因为我国当前著作权合理使用制度的固有缺陷，已经越发难以应对日新月异的技术发展和纷繁复杂的新型使用行为。与美国开放的合理使用要素分析法不同，我国的著作权合理使用制度比较类似于欧洲大陆法系国家采取的著作权"限制与例外"模式，即立法通过具体列举合理使用的情形，将我国的合理使用制度完全限制在法条明确规定的合理使用行为当中。我国采用这种封闭的"限制和例外"模式缺点有二：一方面，无法为法院提供合理的解释空间，另一方面，其所明确列举的情形远远少于其他大陆法系国家著作权立法所规定的情形，许多本应规定的限制和例外情形并没有被纳入。同时，我国的理论研究和实践操作的经验远远无法与著作权制度较为成熟的欧洲大陆国家相比，我国并不像德国、法国等采取限制与例外制度的国家，具有可以与合理使用相辅相成的其他著作权概念。例如许多欧洲国家虽采用封闭的"限制和例外"，但司法实践中法院经常借助其他制度对合理的使用行为进行解释，以弥补该种方式的不足。比如德国著作权法体系中就有"实质性使用"和"自由利用"的判定概念。"实质性使用"是西方著作权理论中侵权的构成要件之一，"实质性使用"的判定也包括对使用的量和质的判定，非实质性使用的免责在一定程度上起到了"合理使用"的类似效果。同时，德国《著作权法》第 24 条规定了"自由利用"制度：对他人作品进行与著作权无关的利用而创作的独立作品，可不经被利用的作品的著作权人许可，予以发表或使用。德国将"自由利用"的判定也交由法院进行个案解释，因此在实践中也承担了与合理使用一定相似性的作用。在法国，也曾有法院依据"著作权的目的"允许某种使用行为。① 加入新概念对我国著作权法体系将会产生更大的冲击，直接援引宪法言论自由或著作权目的条款在我国目前的司法体系下也显得不合时宜。

而从世界各国（地区）当前的整体立法趋势上看，合理使用制度的改革方向是增加判断标准的弹性规定，比如我国台湾地区和德国。我国台湾地区的"著作权法"在 1998 年之前对"合理使用"采用穷尽式列举，1998 年修订时将第 65 条改为："著作之利用是否合于第 44 条至第 63 条规定或其他合理使用之情形，应审酌一切情状，尤应注意下列事项，以为判断之标准……"由于增加了"其他合理使用之情形"，此条款变更为弹性规定。德国 2008 年对其著作权法第 51 条合理引用规定的修改也使其更具开放性。②

诚然，我国目前的限制与例外的制度模式可以提高合理使用制度的明确性，避免了美国等合理使用制度所导致的模糊性问题，但随着技术的进步和我国著作权市场的不断扩大，这样缺乏灵活性的立法模式已经无法适应当下的环境和要求。随着新技术和新商业模式对著作权法带来不断的冲击和改变，立法之初精心设计的封闭式合理使用条款已经远远不能满足实践的需要，尤其是置身于当前的以通信技术、计算机技术和网络技术为指征的信息社会，作品的传播途径更便捷，内容更多样化，最重要的是彻底改变了作品复制和传播的方式。例如我国近几年来司法实务中频发的搜索引擎提供快照服务类案件、网络短视频侵权案件、游戏直播类案件等，显然都无法根据《著作权法》明文列举的 12 种合理使用情形予以解决。为应对各种层出不穷的新型使用行为，我们需要建立一个更具灵活性和适应性的合理使用制度。而在合理使用制度中引入弹性规定，尤其是合理借鉴美国的"转换性使用"理论，不但可以对我国当前司法难题及时予以回应，而且符合当前技术发展与利益平衡的需求，无疑是当前新技术、著作

---

① 参见李琛：《论我国著作权法修订中"合理使用"的立法技术》，载《知识产权》2013 年第 1 期。

② 参见李琛：《论我国著作权法修订中"合理使用"的立法技术》，载《知识产权》2013 年第 1 期。

权人和公共利益之间最精妙的"平衡器"，有助于提供一个有利于创新并且灵活的法律框架。① 正如有学者所言，"在这个高度动态和不可预测变化的'信息社会'中，著作权法需要更多的灵活性，这几乎是不言而喻的"②。事实上，最高人民法院在《关于充分发挥知识产权审判职能作用推动社会主义文化大发展大繁荣和促进经济自主协调发展若干问题的意见》中曾提出："在促进技术创新和商业发展确有必要的特殊情形下，考虑作品使用行为的性质和目的、被使用作品的性质、被使用部分的数量和质量、使用对作品潜在市场或价值的影响等因素，如果该使用行为既不与作品的正常使用相冲突，也不至于不合理地损害作者的正当利益，可以认定为合理使用。"该意见突破了我国合理使用列举性的范围，引入了判断合理使用的抽象标准，实际上已经超越了立法的规定。但实际上这背后不仅反映了最高人民法院对司法实践中遇见的问题的回应，更是作为国家最高审判机关对合理使用范围问题的价值判断。

许多法院基于司法实践的需要，也往往突破我国当前封闭式立法的规定，或者直接采用"三步检验法"，或者参考美国合理使用的四要素进行判案。③ 参见例如"北影录音录像公司诉北京电影学院侵犯作品专有使用权纠纷案"中，被告北京电影学院学生将原告享有著作权的小说《受戒》改编为电影作品用于教学放映。根据《著作权法》（1990 年版）第 22 条第 1 款可知，我国《著作权法》（1990 年版）对出于教学目的的合理使用仅将范围限制在"翻译和复制行为"，将小说改编成电视剧的行为已经超出了该条款规定的范围，因此不应免除侵权责任。但北京市第一中级人民法院在判决中认为，被告北京电影学院从教学实际需要出发，挑选在校学生吴琼的课堂练习作品，即根据汪曾祺的同名小说《受戒》改编的电影剧

---

① See Dermawan A. ，Text and Data Mining Exceptions in the Development of Generative AI Models：What the EU Member States could Learn From the Japanese "Nonenjoyment" Purposes？，The Journal of World Intellectual Property，2023.

② Kollár P. ，Mind if I Mine? A Study on the Justification and Sufficiency of Text and Data Mining Exceptions in the European Union. ，A Study on the Justification and Sufficiency of Text and Data Mining Exceptions in the European Union（July 1，2021），2021.

③ 参见北京市第一中级人民法院（2012）一中民终字第 4035 号民事判决书和（2003）一中民初字第 12064 号民事判决书。

本组织应届毕业生摄制毕业电影作品，用于评定学生学习成果。虽然该电影剧本的改编与电影的摄制未取得小说《受戒》的专有使用权人——原告北影录音录像公司的许可，但该作品摄制完成后，在国内使用方式仅限于在北京电影学院内进行教学观摩和教学评定，作品未进入社会公知的领域发行放映。因此，在此阶段，北京电影学院摄制该部电影的行为，应属合理使用他人作品，不构成对北影录音录像公司依法取得的小说《受戒》的专有使用权的侵犯。① 这说明法院为了作出公平的判决，已经参考了美国合理使用的四要素进行判断，事实上已经突破了立法的规定。

在"覃某殷诉北京荣宝拍卖有限公司侵犯著作权案"中，被告在拍卖过程中对作为拍卖标的的原告作品进行了展览、幻灯放映，并复制在拍卖图录中。为拍卖目的而合理展示作品，是很多国家立法中明确规定的合理使用行为。尽管我国 2001 年修正的《著作权法》对此未作规定，但北京市第一中级人民法院认为：按照拍卖法的相关规定，拍卖人应当在拍卖前展示拍卖标的，并提供查看拍卖标的的条件及有关资料。被告作为拍卖公司，其复制国画《通途劈上彩云间》并向特定客户发行，以及在拍卖过程中以幻灯的方式放映该画的行为，均系按照拍卖法的规定，为了便于客户了解拍卖标的而提供的便利手段，原告没有证据证明被告的上述使用行为系出于其他目的，并且被告的行为既没有影响作品的正常使用，也没有不合理地损害原告的合法权益，因此，被告的上述行为并不构成对原告复制权、发行权和放映权的侵犯。②

这一判决表明，法院在案件处理过程中运用了"是否出于其他目的、是否影响作品正常使用、是否不合理地损害原告的合法权利"这一类似三步检验法的规则，从而超越我国现行法规定的合理使用制度认定被告的行为构成合理使用。

二、"转换性使用"理论的学理和实践价值

转换性使用理论之所以备受美国司法实践的青睐，成为其广泛使用的

① 参见北京市第一中级人民法院（1995）一中知终字第 19 号民事判决书。
② 参见北京市第一中级人民法院（2003）一中民初字第 12064 号民事判决书。

判案工具，是因为其具有十分充分的正当性与价值，主要体现在以下几个方面：

第一，转换性使用有利于增添公共文化及对其的利用方式，有利于鼓励更多的人参与创造文化环境，也有利于促进公众接触到更多的信息。① 因为人类的创作往往是从前人的文化遗产中获取素材和灵感，合理的改编行为能够创造新的作品，使新的创意得以开展，进而为人类文化的创新提供源源不断的劳动力。② 正如斯托里法官所认为的，"本质而言，在文学艺术和科学领域，存在一些事物，就抽象意义而言，是全新的并且是原创的。但在文学、科学和艺术领域，每一本书都借鉴了或者必然要借鉴并且使用之前的"③。文学艺术家需要一个不但灵活而且足够宽阔的合理使用规则来允许一定程度的改编创作④，而转换性使用所设置的合理性框架有利于更加灵活和自由地改编现有作品，与现代主义重视个性化、自由化的文化理念相符。

第二，转换性使用是平等尊重文学艺术创作群体以及新兴创作群体的体现，更是当前新技术、著作权人和使用者利益之间最精妙的"平衡器"。近年来，大量混搭创作以及用户创造内容（维基百科、字幕组翻译、短视频创作、同人作品等）的出现体现的是新技术时代新兴创作群体的兴起，克里斯·安德森称之为"创客"力量的崛起，传统的专业创作者与消费者之间的界限被打破，消费者也可以成为创作者。⑤ 技术的进步、网络的普及，使社群能够真正突破时间和空间的限制，极大释放了普通民众文化创造的能量和价值。⑥ 传统著作权制度是因商业群体的权利人所不断游说而进行构建的，此也导致其权利的不断扩张，作为使用者的消费者和公众力量由于无法形成一致意见，在立法博弈的舞台上总是居于弱势地位，始终

---

① See Fisher Ⅲ W. W. , Reconstructing the Fair Use Doctrine, Harv. L. Rev. , 1987，101：1659.

② See Sites B. , Fair Use and the New Transformative , Colum. J. L. & Arts, 2015，39：513.

③ Holland H. B. , Social Semiotics in the Fair Use Analysis, Harv. J. L. & Tech. , 2010，24：335.

④ See McEneaney C. L. , Transformative Use and Comment on the Original-Threats to Appropriation in Contemporary Visual Art, Brook. L. Rev. , 2012，78：1521.

⑤ 参见［美］克里斯·安德森：《创客：新工业革命》，中信出版社 2015 年版，第 30 页。

⑥ 参见徐远重：《社群经济》，中信出版社 2015 年版，第 12 - 13 页。

是一个看客。因而作为利益平衡器的合理使用制度应该发挥其应有之作用，随着著作权范围的不断扩大，著作权的限制也要相应地考虑新兴创作群体的利益，适度进行扩展，而"转换性使用"理论所具有的包容性和内涵能够充分满足技术发展的更新换代以及利益平衡的需求。

第三，"转换性使用"理论符合新技术环境下合理使用制度的政策转向。合理使用原则最初只是对法规的一种润色，是理解一部作品在早期作品基础上借鉴过多、贡献过少的一种方式。但随着时间的推移，合理使用的政策意义和价值愈加凸显。如今受技术乐观主义思潮的影响，合理使用已不仅仅是著作权政策，它还是文化政策、表达自由政策，现在更是影响技术发展的政策工具。所谓技术乐观主义思潮指的是伴随着技术的日新月异发展，在公众心中所形成的技术乐观主义观念。技术乐观主义广泛相信：自由市场、智能驱动的技术发展以及一系列以增长为导向的价值观。[1] 其中技术是技术乐观主义思潮的核心，技术是永恒的物质创造、增长和富足的引擎，而知识产权法与技术发展密切相关，因此技术乐观主义者会以功利主义的"技术发展最大化"为由影响知识产权法，尤其以合理使用制度的影响最为明显。[2] 正如美国联邦最高法院最近在"谷歌诉甲骨文案"中解释合理使用条款时，对平衡、技术变革和版权的目的作出的明确表述："我们认为该条款规定了一般原则，其适用需要根据相关情况，包括'技术的重大变化'而进行的司法平衡。"[3] 在最近的"Goldsmith案"中美国最高法院再次指出，合理使用是一种纯粹而简单的公共政策工具，是一种为更大利益而微调版权回报的方式，法官需要在作者利益受损的社会价值与允许继续使用的价值之间进行权衡。[4] 此外，欧盟法院也指出，著作权的限制与例外必须能够促进新技术的发展和应用。[5] 据此，索贝尔等学者认为，合理使用的开放性以及转换性使用规则是平衡技术发展

---

[1]　See Andreessen M. . The Techno-Optimist Manifesto，Andreessen Horowitz，2023.

[2]　See Diamond J. AI，Intellectual Property，and the Techno-Optimist Revolution，2023.

[3]　Google LLC vs. Oracle Am. ，Inc. ，141 S. Ct. 1183（2021）.

[4]　See Andy Warhol Foundation for the Visual Arts，Inc. v. Lynn Goldsmith，et al. ，143 S. Ct. 1258，1266（2023）.

[5]　See Joined Cases C-403/08 and C-429/08 Football Association Premier League Ltd. and others v QC Leisure and others［2011］ECLI：EU：C：2011：631，at 162－164.

与权利人利益，实现技术乐观主义目标的有效法律手段。[①]

第四，"转换性使用"理论也符合当前的国际发展趋势。从比较法视野来看，"转换性使用"的理念和规则并非美国所独有，而是早已成为各国著作权法的通用理念和规则。一方面，一些国家在其国内法和司法实践当中对转换性使用作出了内生性的规定，例如德国、意大利、瑞典和西班牙等国家规定了"自由使用"制度，其本质上类似于美国的"转换性使用"理念。[②] 另一方面，由于美国"转换性使用"理论所具有的灵活性和有效性，越来越多的国家和地区开始对其进行借鉴和适用，例如英国的高尔斯知识产权审查报告和爱尔兰立法委员会报告，荷兰政府向欧盟委员会提出的修法动议都明确提到了要构建转换性使用的理念和规则，澳大利亚的立法改革委员会出具的《版权与数字经济》最终报告中也提出引入转换性使用的立法构想。[③] 此外，新加坡也早已在司法实践当中引入了"转换性使用"理论。[④]

第二节　我国适用"转换性使用"理论所存在的问题

一、我国司法实践适用"转换性使用"理论的情形

从我国当前的司法实践来说，一些法院或者坚持我国合理使用的封闭式条款规定，或者未对"转换性使用"理论予以充分重视，导致相关判决

[①] See Sobel B. A., Taxonomy of Training Data: Disentangling the Mismatched Rights, Remedies, and Rationales for Restricting Machine Learning, Artificial Intelligence and Intellectual Property (Reto Hilty, Jyh-An Lee, Kung-Chung Liu, eds.), Oxford University Press, 2020.

[②③] See Östlund E., Transforming European Copyright: Introducing an Exception for Creative Transformative Works into EU Law, Feb. 5, 2013, available at http://www.diva-portal.org/smash/get/diva2:688462/FULLTEXT01.pdf, (Sep. 1st, 2024).

[④] See Tan D., The Transformative Use Doctrine and Fair Dealing in Singapore: Understanding the Purpose and Character of Appropriation Art, SAcLJ, 2012, 24: 832.

对一些新型使用行为进行了错误定位。近年来争议最大的要属游戏用户未经许可对电子游戏进行直播的定性，"上海耀宇文化传媒有限公司诉广州斗鱼网络科技有限公司案"（以下简称为"斗鱼案"）是这一争议的代表性案例。对于这一问题，法院面临着两难选择：一方面，游戏直播产业背后涉及巨大的产业利益，如果轻易认定游戏直播行为侵权则可能对该行业造成巨大冲击；另一方面，我国合理使用的封闭式条款却并未对这一类行为进行明确规定。为此，"斗鱼案"的初审法院回避了对这一问题的争论，而是以游戏用户直播的比赛画面不属于著作权法规定的作品为由，认定被告行为不构成著作权侵权。[①] 然而这一认定却建立在对游戏整体画面错误定性的基础之上，正如上海法院在"《奇迹 MU》网络游戏案"中所认为的，一些网络游戏与传统电影无论是在表现效果还是在创作过程上都高度相似，可以构成类电影作品。[②] 事实上，正如前文所论述的，对游戏直播的定性最恰当的解决思路是利用"转换性使用"理论予以认定，这样的结论不仅符合著作权法原理，而且有利于电子竞技产业的发展。[③]

再如在"马某明与广州网易计算机系统有限公司侵害作品信息网络传播权纠纷案"中，网易公司在其网站上转载了一篇报道某位音乐家去世的评论性文章，文章中有一张主人公生前的照片，该照片的著作权归原告所有。原告起诉被告构成信息网络传播权侵权，而被告网易公司则主张对涉案照片的使用属于转换性使用。但法院在判决书中指出，被告对于涉案图片的使用不属于合理使用范畴，其主观是否具备商业目的并不影响侵权行为的成立，被告亦未能举证证明其行为构成转换性使用。[④] 在此案中，被告已经履行了应尽的举证义务，并在其诉求中明确表明，其对涉案图片的引用构成转换性使用，而法院显然已知晓转换性使用的理念，但其最终仅以被告行为不符合 12 种合理使用情形为由，没有对被告行为是否构成转

①　参见上海市浦东新区人民法院（2015）浦民三（知）初字第 191 号民事判决书。

②　参见上海市浦东新区人民法院（2015）浦民三（知）初字第 529 号民事判决书。关于网络游戏整体画面的所引发的作品定性的争议，详细可见王迁、袁锋：《论网络游戏整体画面的作品定性》，载《中国版权》2016 年第 4 期。

③　参见王迁：《电子游戏直播的著作权问题研究》，载《电子知识产权》2016 年第 2 期。

④　参见上海知识产权法院（2017）沪 73 民终 181 号民事判决书。

换性使用进行分析论证，实为遗憾。① 此外，在"江苏省广播电视集团有限公司与上海美术电影制片厂有限公司侵害作品信息网络传播权纠纷案"中，法院认为："江苏广电的被诉行为系利用涉案美术作品增加节目效果、获取商业利益的行为，构成了对上影厂的合法权益的不合理损害，不符合合理使用的情形；江苏广电以被诉行为系转换性使用为由主张不构成侵权，缺乏相应的事实依据和法律依据，本院不予支持。"②

　　当然，当前不少法院为应对司法实践中的需要早已通过不同形式灵活借鉴和适用美国的"转换性使用"理论：一种方式是明确根据我国《著作权法》第 24 条（旧法为第 22 条）的著作权的限制与例外第 2 项的规定适用"转换性使用"理论，即"为介绍、评论某一作品或者说明某一问题，在作品中适当引用他人已经发表的作品"。此项规定是指为创作作品，特别是创作评论文章或学术著作所必需的"引用"他人作品的行为，其目的并非单纯再现原作本身，而是"介绍、评论和说明"，因而被引用作品的功能或价值在新的作品中应当发生改变或转换。例如，在"上海美术电影制片厂与浙江新影年代文化传播有限公司等著作权侵权纠纷案"中，被告浙江新影年代公司为配合电影《80 后的独立宣言》上映宣传，制作了被控侵权的海报。该海报背景的一小部分出现了原告上海美术电影制片厂享有著作权的"黑猫警长""葫芦兄弟"等人物形象。原告认为被告的行为构成对自身修改权、复制权、发行权、信息网络传播权的侵犯，因而向法院提起诉讼。审理该案的上海知识产权法院在判决书中基本上借鉴了美国联邦最高法院在"Campbell"案终审判决中的表述，将转换性使用视为给原作品增加了"新的价值、意义和功能"，进而认为"葫芦娃""黑猫警长"美术作品被引用在电影海报中具有了新的价值、意义和功能，其原有的艺术价值功能发生了转换，而且转换性程度较高，属于我国《著作权法》规定的，为了说明某一问题的情形。③ 在"中山医院照片侵权案"案中，原告是涉案 4 幅摄影作品的著作权人，被告中山医院在其经营的网站中未经许可使用了该 4 幅作品，并分别在图片旁边配有"什么人容易高血

---

① 参见上海知识产权法院（2017）沪 73 民终 181 号民事判决书。
② 北京知识产权法院（2021）京 73 民终 692 号民事判决书。
③ 参见上海知识产权法院（2015）沪知民终字第 730 号民事判决书。

脂?"等 4 段健康科普性文字表述。原告诉至法院,认为被告侵害了自己的信息网络传播权。原告一审胜诉,被告不服,提起上诉。在是否构成合理使用的问题上,法院认为,"引用他人已发表作品要构成对作品的合理使用,引用人对作品的使用应当是间接性、辅助性的,被引用作品的功能或价值在新的作品中应当发生改变或转换。"①

在"向某红与中国电影股份有限公司等著作权侵权案"中,被告梦想者公司等 4 被告在该电影以及该电影的先导预告片、终极预告片中出现的道具《鬼族史》图书、《华夏日报》报纸上未经许可使用了原告的书法作品"鬼""族""史""华""夏""日""报"等。法院经审理后认为,"梦想者公司等四被告之所以不选择其他常见字体而选择具有一定美感的涉案单字本身的事实也能说明涉案单字在涉案电影道具中不仅仅是起到表情达意的作用,同时也起到了传达艺术美感的意义,再现了涉案单字的美术价值。梦想者公司等四被告对涉案单字的使用并未通过增加新的理念或视角使涉案单字具有了新的价值或功能从而改变了该单字原有的美术价值,故梦想者公司等四被告对涉案单字的使用不具有转换性,不是为了介绍、评论或说明目的适当引用。"②

再如在"上海玄霆娱乐信息科技有限公司、北京乐触无限软件技术有限公司等与无锡天下九九文化发展有限公司、张某野著作权权属、侵权纠纷二审民事判决书案"中,法院指出:"本院认为,一审法院基于一审庭审比对结果,认定涉案游戏关卡前的文字描述内容大量抄袭《鬼吹灯》系列小说,超出合理使用的范围,构成侵害玄霆公司对《鬼吹灯》系列小说依法享有的复制权和作品信息网络传播权,并无不当。三上诉人诉称,涉案游戏使用《鬼吹灯》系列小说的文字内容很少,目的是引导玩家进行游戏而非阅读小说,属于转换性合理使用,不应被认定为侵害著作权。本院认为,根据我国著作权法规定,为介绍、评论某一作品或者说明某一问题,在作品中适当引用他人已经发表的作品,构成合理使用。所谓'转换性使用',是指对原作品的使用并非为了单纯地再现作品本身的文学、艺

---

① 广东省佛山市中级人民法院(2015)佛中法知民终字第 159 号民事判决书。
② 北京市朝阳区人民法院(2016)京 0105 民初 50488 号民事判决书。

术价值或者实现其内在功能或目的，而是通过增加新的美学内容、新的视角、新的理念或通过其他方式，使原作品在被使用过程中具有了新的价值、功能或性质，从而改变了其原先的功能或目的。在本案中，涉案游戏关卡前的文字描述是对《鬼吹灯》系列小说内容的直接引用，即使存在概括和缩写，也没有增加创造性内容，无论引用这些文字的目的以及数量，均是使游戏玩家可以在涉案游戏中阅读到《鬼吹灯》系列小说的文字内容，因此不属于著作权法上的合理使用，本院对该上诉理由不予采信。"①

在"刘某、广州市海珠区树华美术培训中心侵害作品信息网络传播权纠纷民事一审民事判决书案"中，法院也指出："本院认为，根据《中华人民共和国著作权法》第二十四条的规定，在下列情况下使用作品，可以不经著作权人许可，不向其支付报酬，但应当指明作者姓名或者名称、作品名称，并且不得影响该作品的正常使用，也不得不合理地损害著作权人的合法权益：（一）为个人学习、研究或者欣赏，使用他人已经发表的作品；（二）为介绍、评论某一作品或者说明某一问题，在作品中适当引用他人已经发表的作品……首先，被告作为经营美术培训的主体，在其运营的公众号发布推文并在文末附培训广告，有直接商业目的，并非个人学习、研究、欣赏。其次，从推文内容看，使用涉案图片并非介绍、评论某作品或说明某问题而进行适当引用。涉案图片在文中占比大，图片较高清，图片以外的文字仅近百字，其中《山神》的绘图步骤图文也源于原告自行发布，则推文的目的和内容并非讲解技法等'转换性使用'或探讨美术创作，而是引导读者欣赏图片本身，可见涉案图片已构成了推文的实质性内容，系主要以他人作品代替了自行创作，且对原告作品的正常使用有替代性，超过了适当引用的范围。"②

另一种方式是法院突破我国现行著作权法对限制与例外的封闭式规定，直接根据"三步检验标准"或美国合理使用原则来适用"转换性使用"理论，最为典型的便是我国发生的"谷歌数字图书馆案"：该案中，王某发现谷歌中国网站中收录了其创作的作品《盐酸情人》，并未经过其

---

① 上海知识产权法院（2017）沪 73 民终 324 号民事判决书。
② 广州互联网法院（2022）粤 0192 民初 7419 号民事判决书。

本人许可，向不特定公众提供。谷歌公司认可其实施了对该书的全文数字化扫描，并将该书拆分为多个片段进行传播，用户可以通过搜索结果中出现的'片段'来判断该书是否是自己正在找的书，并可决定是否购买该书等事项。王莘认为谷歌中国的行为侵犯了自身的复制权和信息网络传播权，向法院提起诉讼。北京高院扩大解释我国的"三步检验标准"，认为"如果某一行为虽属于著作权所控制的行为，但其不影响著作权人对作品的正常利用，且不会对著作权人的利益造成不合理的损害，则该行为符合合理使用行为的实质条件"。同时借鉴了美国的"转换性使用"理论，认为"涉案信息网络传播行为所采取的片段式的提供方式及其具有的为网络用户提供方便快捷的图书信息检索服务的功能及目的，使得该行为构成对原告作品的转换性使用行为，不会不合理地损害原告的合法利益"①。在"李某晖与广州华多网络科技有限公司著作权侵权纠纷诉案"中，多玩游戏网未经许可在其一篇《乱世无双》游戏评论中引用了原告拍摄的摄影照片，约占整篇文章1/8的比例，图片明显缩小使用，清晰度不高。法院在此案的审理中也直接适用了"转换性使用"理论，其提出"被控侵权图片所采取的缩略图方式以及该图片特定的指向意义，构成对李向晖作品的转换性使用，不会不合理地损害李向晖的合法权益"。法院进一步指出："上述文章中使用缩小化、清晰度不高的被控侵权图片，虽然整体内容与李向晖作品基本一致，但其不再是单纯地再现李向晖摄影作品的艺术美感和功能，而是通过公众熟知的人物形象，使人联想到三国时期的历史，进而与上述文章中以三国人物及故事为主题的《乱世无双》游戏相联系。因此，被控侵权图片使用在上述文章中具有新的指向意义和功能，其原有摄影作品的艺术美感和功能发生了转换，不会不合理地损害李向晖的合法权益。"②

再如在"杭州菲助科技有限公司诉培生（北京）管理咨询有限公司案"中，法院亦明确根据"转换性使用"理论进行判决，其指出，"由于涉案短视频并未改变涉案电子书表达的信息和内容，亦未对其教育功能进

---

① 北京市高级人民法院（2013）京民终字第1221号民事判决书。
② 广州知识产权法院（2017）粤73民终85号民事判决书。

行实质性的转换和改变，且使用数量较大，缺乏必要性和适当性，使用过程中也没有指出著作权人，故不构成合理使用"①。在"陈某英与北京奇虎科技有限公司侵害作品信息网络传播权纠纷案"中，法院认为："奇虎公司系搜索引擎服务提供商，在提供图片搜索服务时，为了使网络用户对于被搜索到的图片具有直观认识，通常会将被搜索到的图片进行一定比例的缩小即缩略图向网络用户进行展示，缩略图保存在其服务器，用户点击该缩略图可以进入到被链接网站查看被搜索到的图片原图。即一般意义上，搜索引擎服务提供商提供缩略图的目的并非提供缩略图本身，而在于向用户提供搜索结果，缩略图本身即系指向原图的链接，系对于原图链接的更为直观的展现形式，故缩略图在此具有转换性使用的功能，提供缩略图行为旨在更好服务于搜索引擎功能的发挥，该种缩略图提供行为一般可以认定构成合理使用……奇虎公司在提供涉案图片缩略图的同时在该缩略图上加载广告链接的行为，对于涉案图片的使用已不具有指向原图链接的转换性使用的功能，亦非服务于其搜索引擎功能的目的，该种使用方式一定程度上也影响了原图权利人对于图片的使用，故奇虎公司关于在该缩略图上加载广告链接的行为构成合理使用的辩称意见。"②

在"陈某英与虎扑（上海）文化传播股份有限公司、北京百度网讯科技有限公司侵害作品信息网络传播权纠纷审判监督民事裁定书"中，法院认为："百度公司系搜索引擎服务提供商，在提供图片搜索服务时，为了使网络用户对于被搜索到的图片具有直观认识，通常会将被搜索到的图片进行一定比例的缩小即以缩略图的形式向网络用户进行展示，缩略图保存在其服务器，用户点击该缩略图可以进入到被链接网站查看被搜索到的图片原图。就本案而言，百度公司提供缩略图的目的并非提供缩略图本身，而在于向用户提供搜索结果。缩略图本身即系指向原图的链接，系对于原图链接的更为直观的展现形式，故缩略图在此具有转换性使用的功能。提供缩略图行为旨在更好服务于搜索引擎功能的发挥，该种缩略图提供行为不影响涉案作品的正常使用，且未不合理损害权利人对涉案作品的合法权

① 北京知识产权法院（2019）京 73 民终 3573 号民事判决书。
② 上海知识产权法院（2020）沪 73 民终 30 号民事裁定书。

益，故不构成侵害作品信息网络传播权。"①

在"郑某海与北京某某科技有限公司侵害作品信息网络传播权纠纷一审民事判决书"中，法院认为："某某公司作为搜索引擎服务提供商，通过将被搜索到的图片转化为缩略图并确保能够搜索到对应原图，说明缩略图具有转换性使用的功能，这种方式有助于搜索行业的发展，可以认定某某公司构成合理使用。但是，合理使用意味着在提供搜索服务时应当如实呈现涉案作品，现某某公司在缩略图点击程序上植入广告链接，从一般大众的搜索习惯看，发现所需要图片的缩略图后直接点击缩略图并实现对相关图片的使用是正常的搜索模式。某某公司以植入广告的方式让使用者点击图片的需求与跳转页面的实际状况发生脱离，转入了具有广告收益的商业页面或者其他页面，影响了原告对图片的使用。故，某某公司的行为已经弱化了搜索服务中缩略图与原图的合理使用，强化了商业广告服务，侵害了原告的著作权，应当承担停止侵害、赔偿损失的民事责任。"②

在"张某、广州某网络科技有限公司侵害作品信息网络传播权纠纷民事一审民事判决书案"中，法院指出："被告未经原告许可，擅自将涉案摄影作品展示在其运营的网站上作为文章的配图，以'公之于众'的方式展示在开放性的、不特定任何人均可浏览的网络平台上，使公众可以在其个人选定的时间和地点获得涉案作品。被告抗辩其并未用于商业用途，属于分享性质，没有获得经济利益。但被告作为营利主体，结合其经营范围，涉案网站对其业务有一定推广作用，涉侵权图片所在文章含有广告，涉案图片也有一定引流作用，被告在运营时未注意涉案作品的著作权情况，具有过错。从文章内容看，展示涉侵权图片并非转换性使用，而是引导读者欣赏作品本身，对涉案作品有替代性。应认定被告侵犯了原告对两案摄影作品享有的信息网络传播权。"③

在"李某梅与上海星力资产经营管理有限公司等著作权侵权纠纷二审民事判决书案"中，法院维持了一审法院的意见，认为"涉案酒店大堂照片没有产生新的艺术价值，只是通过拍摄和网络上传对原作品进行记录和

---

① 上海市高级人民法院（2021）沪民申 805 号民事裁定书。
② 福建省福州市马尾区人民法院（2022）闽 0105 民初 2110 号民事判决书。
③ 广州互联网法院（2023）粤 0192 民初 3934、3935 号民事判决书。

再现，不属于转换性使用，不构成合理使用"①。在"胡某泰、北京奇虎科技有限公司侵害作品信息网络传播权纠纷民事一审民事判决书案"中，法院指出："北京奇虎公司系搜索引擎服务提供商，在提供图片搜索服务时，为了使网络用户对于被搜索到的图片具有直观认识，通常会将被搜索到的图片进行一定比例的缩小即缩略图向网络用户进行展示，缩略图保存在其服务器，用户点击该缩略图可以进入到被链接网站查看被搜索到的图片原图。即一般意义上，搜索引擎服务提供商提供缩略图的目的并非提供缩略图本身，而在于向用户提供搜索结果，缩略图本身即系指向原图的链接，系对于原图链接的更为直观的展现形式，故缩略图在此具有转换性使用的功能，提供缩略图行为旨在更好服务于搜索引擎功能的发挥，该种缩略图提供行为一般可以认定构成合理使用。但在本案中，搜索结果中出现带有'广告'字样的缩略图，点击该图片，网页直接跳转至广告所对应的第三方网站，而无法进入该图片所对应的原图页面。在此情况下，这些附有'广告'字样的图片，已不具有指向原图链接的功能，网络用户无法通过点击图片进入到被链接网站查看被搜索到的图片原图，其功能主要在于与特定的商品或服务广告链接相匹配，提供相关的广告服务，使得指向原图链接的搜索引擎功能被弱化，影响了原图权利人对图片的使用，不构成合理使用，侵犯了胡某泰对案涉作品的信息网络传播权，应承担停止侵权、赔偿损失的民事责任。"②

二、我国司法实践适用"转换性使用"理论的缺陷

本书认为，法院在利用上述方式适用"转换性使用"理论时具有以下几个缺陷。

首先，仅仅根据我国《著作权法》第 24 条第 2 项的规定来完全适用"转换性使用"理论是不够的，难以应对不断发展的新技术利用行为。

这是基于以下几点理由。

---

① 上海知识产权法院（2023）沪 73 民终 181 号民事判决书。

② 安徽省淮南市中级人民法院（2022）皖 04 民初 125 号、（2022）皖 04 民初 129 号民事判决书。

其一，《著作权法》第 24 条第 2 项规定的固有缺陷使其难以囊括所有的、正当合理的，"为介绍、评论某一作品或者说明某一问题"的使用行为。

《著作权法》第 24 条第 2 项的限制与例外将适用的客体限定在作品之上，所以若有人不是在作品中适当引用已经发表的作品，而是以其他形式引用已发表的作品，即使也是"为介绍、评论某一作品或者说明某一问题"目的进行使用，便不属于这一条的控制范围。例如，许多网络服务提供商时常为介绍目的而对受著作权保护的作品进行少量复制并提供作品的在线预览，如亚马逊网和当当网。显然，亚马逊网和当当网之所以提供部分内容预览，主要是为了便于读者感受相关图书的行文风格，并从正文前几页大致了解该书的结构与主要观点。而对于大部分作品而言，仅阅读作品目录、前几页，根本无法完整了解相关作品的内容。读者若因阅读预览部分而对原作产生兴趣而希望阅读全书，仍需通过合法渠道获得作品。此时权利人对作品的正常利用与合法权益并不受影响。因此，若严格依据《著作权法》第 24 条第 2 项的文义，只有在向公众提供的"作品"中引用他人作品方可适用本项，显然无法容纳上述合理行为。在我国的司法实践中，有法院显然已经意识到了这一问题，而为解决这一问题，一些法官往往突破现行《著作权法》对限制与例外的封闭式规定，根据著作权法基本原理和合理使用原则判定被告不构成侵权。例如在"吴某与北京世纪读秀技术有限公司侵犯著作权纠纷案"中，法院认为："读秀公司在其运营的读秀网上仅提供了涉案三种图书的版权页、前言、目录和正文 8～10 页的内容，其目的在于向读者介绍图书的主要内容，便于读者根据少量的正文阅览了解作者的表达风格。考虑到读秀公司对于涉案图书的使用量在整个作品中所占比例较小，没有对涉案作品的市场价值造成不利的影响，也不会对涉案作品的发行和传播构成威胁，即既未影响涉案作品的正常使用，也未不合理地损害作者吴锐对其作品享有的合法权益，因此，读秀公司的这种使用行为构成合理使用，无需征得著作权人的许可，未构成对吴某著作权的侵犯。"①

---

① 北京市第一中级人民法院（2008）一中民终字第 6512 号民事判决书。

　　再如就音乐市场而言，网络服务提供商会时常提供歌曲片段的试听服务。由于这一种行为模式不属于在作品中进行适当引用，而是在网站上介绍作品，故依据我国现有《著作权法》，这种商业模式很难被认定为合理使用。需要注意的是，当前"音乐试听"服务是受到版权方许可的。然而如果现在存在一个未经许可向公众提供免费"试听"服务的网站，其可以为用户提供与上述网站相类似的音乐片段"试听"服务，但并不提供下载服务，用户仍需通过合法渠道去购买音乐才能获得高品质、完整版的歌曲，尽管该网站提供的服务符合了"三步检验法"的要求，其仍然不能构成《著作权法实施条例》所规定的"合理使用"，因为网站的网页不能构成作品，不属于在作品中引用的构成要件。

　　在 Society of Composers，Authors and Music Publishers of Canada v. Bell Canada 案"中，被告作为加拿大网络服务商，其提供 30 秒至 90 秒的歌曲在线免费"试听"服务。在"试听"的过程中，用户的电脑中并不会形成"试听"作品的永久复制件，但其可以无次数限制地"试听"，而不论最终是否购买该歌曲。集体管理组织"加拿大作曲家、作者和音乐出版商协会"（简称 SOCAN）要求就该项服务收取许可费，但网络服务商认为其行为构成《加拿大版权法》中的"合理使用"（fair dealing）。

　　加拿大联邦最高法院对试听是否满足研究、个人学习、评论、批评或新闻报道的目的进行了判断，其认为由于试听的目的是让用户作出是否购买该音乐的决定，故满足调查研究的目的。随后，法院对先例中所确定的、判断合理使用的六个要素进行了逐条分析："对于第一个要素，即使用行为的目的，提供试听的目的是让用户判断其是否喜欢该音乐，从而作出购买与否的决定，而且用户只能在线试听音乐的部分片段，无法下载，音质也较差，故具有合理性……对于第二个要素，即使用行为的性质，由于试听结束用户并不会获得永久复制件，相反，该文件将自动从用户的电脑上删除，故具有合理性……对于第三个要素，即作品的数量，由于这一要素不能从总计的角度进行判断，而应从每一件作品进行判断，而试听部分只占整件作品的小部分，故具有合理性……对于第四个要素，即行为的可替代性，除了试听之外，很难有其他途径能够让用户便捷、有效地了解音乐的内容，并同时保护版权人的利益，故具有合理性……对于第五个要素，即作品是否被广泛传播，法院认为可以获得作品并不代表作品被传播，故具有合理性……对于第六个要素，即行为所导致的后果，由于试听的目的就是促进销量，传播受版权保护的作品也是为了向创作者提供报酬，故很难说试听对于作品具有负面影响。"[1]

最终法院认为在商业性质的音乐网站上对音乐作品提供试听服务属于加拿大《版权法》第29条规定的合理使用。从法院的分析可以看出，这种行为与在作品中进行适当引用所造成的后果并没有任何差别，故理应被认定为合理使用。

其二，《著作权法》第24条第2项的规定无法包含其他非基于"介绍、评论某一作品或者说明某一问题"目的的"转换性使用"行为。

例如在我国的"谷歌数字图书馆案"中，谷歌未经原告许可在网站中片段式提供原告作品的行为显然并非基于评论或说明的目的，而是"在于为网络用户提供更多种类、更为全面的图书检索信息"，显然是可以构成转换性使用的。此外，我国所发生的多起搜索引擎提供快照服务类案件也说明了这一点。对于搜索引擎提供快照服务类案件而言，搜索引擎服务商未经许可对原作提供快照服务显然也不是基于评论或说明的目的，但如果其提供的快照服务是为了辅助用户实现检索需求、方便用户对新旧网页进行对比、利用网页快照高亮的关键词快速查找信息等目的，那么根据"转换性使用"理论是可以构成合理使用的。正如"三面向公司诉人民搜索公司案"中法院所言，"搜索引擎为原始网站提供路径指引和用户流量，原始网站为搜索引擎提供网页和信息资源，搜索服务提供者提供网页'快照'服务仅为辅助用户实现检索需求，提高用户体验，无意通过网页'快照'服务代替用户对于原网站的访问"[2]。

其次，一些法院仅将"转换性使用"理论作为认定合理使用的宣示用语，而未能予以充分论证。

例如在"中山医院照片侵权案"中，法院认为被告在其官网上所呈现的摄影作品，"直接展现的是涉案作品中人物健康、和谐的艺术形象，被

---

① Society of Composers，Authors and Music Publishers of Canada v. Bell Canada，（2012）SCC 36，paras. 34，35，38，46，47，48.

② 北京市第二中级人民法院（2013）二中民终字第15446号民事判决书。

引用作品的功能或价值未发生改变或转换，该使用行为显然与优图佳视公司对涉案作品的正常使用相抵触"，最终认定被告的行为不构成合理使用。① 然而法院并未就"转换性使用"与合理使用的关联以及"转换性使用"的判断给出进一步论述，这就难免会引发"司法造法"的争议，也凸显了我国司法实践对"转换性使用"具体界定标准和方法的缺失。此外，一些法院在没有完全理解"转换性使用"的内涵，或虽正确认识了"转换性使用"，但在实践中产生了对"转换性使用"理论的错误适用，进而影响了法院的最终判决。最为典型的便是前文所述的"梦幻西游直播案"（由于前文第四章"梦幻西游直播案"的评析"已经进行了详细分析，此处不再赘述）。再如在"广州网易计算机系统有限公司与马建明侵害作品信息网络传播权纠纷上诉案"中，法院指出，"但本案涉及的是摄影作品，网易公司在其网站上转载《音乐教育家谭冰若去世：80 年代他就走出校园讲鲍勃·迪伦了》一文，并非必须要使用摄影作品，或者说必须使用被上诉人享有著作权的涉案摄影作品，而且该摄影作品本身作为肖像照片亦未传递任何事实消息，不属于图片新闻。此外，网易公司对涉案摄影作品的使用属于直接的复制性使用，不属于转换性使用，亦未指明作者姓名。据此，本院认为，一审法院对网易公司的使用行为不构成合理使用的评判并无不当，对网易公司的该项上诉请求亦不予支持"②。

最后，法院突破我国现行《著作权法》对限制与例外的封闭式规定，根据著作权法的基本原理和美国合理使用原则来适用"转换性使用"理论，虽可以解决一时问题，但也仅是权宜之计，因为我国不存在类似于美国"合理使用"的一般条款，法院判定被告构成"合理使用"在我国法律体系中欠缺规范依据。

我国为一个成文法国家，无论是法院创造性地借用，还是最高人民法院出台意见，都只是权宜之计，其效力层级都在目前生效的法律及国际条约之下。类似这一案例的情形在实践中时有发生，如果立法不及时作出回应，法律的权威性和可预见性将遭到破坏。

---

① 参见广东省佛山市中级人民法院（2015）佛中法知民终字第 159 号民事判决书。

② 上海知识产权法院（2017）沪 73 民终 181 号民事判决书。

第三节 "转换性使用"理论在我国适用的 完善路径

本书认为基于"转换性使用"理论和实践价值,为及时应对新技术和新商业模式对著作权法带来的不断的冲击和改变,解决各类新型技术问题,我国有必要借鉴"转换性使用"理论,同时为了更好地保证我国成文《著作权法》的稳定性和体系性,最佳做法是值此修法之际,通过对我国相应规定的调整,对"转换性使用"进行本土化改造,具体如下:

一、对《著作权法》第 24 条第 2 项进行修正

在法院频频参考美国合理使用制度乃至转换性使用规则的背景下,现行有效的《著作权法》需要被加以改进已成为不争的事实。正如前文所述,我国当前《著作权法》合理使用条款的第 24 条 2 项的"介绍、评论某一作品或者说明某一问题"类规定已经为法院适用"转换性使用"理论提供了足够的解释空间。法条中的"介绍"是指对某一作品的概括性的描述,使得读者对作品有所了解。"评论"是指引用某一作品,作出属于使用者本人、独立于原作品的价值观上的判断,"评论"的内容着眼于对作品的具有感情色彩的判断,如为了批评某一篇文章的见解荒诞,而引用其中的一些观点性语句作为"靶子"。"说明"是指为了解释清楚某一问题而引用他人的作品,最为典型的就是学术论文中引用他人作品中的一些语句来阐述自己的论点。这三种目的在客观上都需要以使用者本身所独创的内容为中心,而所引用的片段只是起到辅助作用。因此,符合这一款条件所产生的新作品的吸引力应该源自使用者自身独创的内容,而不是被引用的内容。① 由于该法条自身的局限性使其难以囊括所有的、正当合理的"为

---

① 参见袁锋:《同步解读类教辅著作权问题研究》,载《中国出版》2017 年第 13 期。

介绍、评论某一作品或者说明某一问题"的转换性使用行为，无法包含其他非基于"介绍、评论某一作品或者说明某一问题"目的的"转换性使用"行为。而我国当前的规定只有少数与我国现行《著作权法》规定类似。例如德国《著作权法》第 51 条就规定："为引用之目的，只要在此特殊目的范围内利用已发表的著作有正当理由，本法允许复制、发行与公开再现之。本法尤其允许（1）为说明内容而在独立的科学著作中收录已出版的单独的著作；（2）在独立的语言著作中引用已发表的著作的片段；（3）在独立的音乐著作中引用已出版的音乐著作的片段。"① 学者指出，这里对他人作品的借鉴必须满足的前提条件是，为创作一部受著作权保护的作品并且为自己的相关论述提供论据或者以与他人的思想、美学方面的论断有争议为目的制作出来的带有某种艺术构成的东西。② 再如法国《知识产权法典》第 122 条第 5 款规定："作品发表后，作者不得禁止：……（3）在明确指出作者姓名和出处的情况下：（a）如果使用引文的作品具有评论、论战、教育、科学或情报性质，则可进行分析及简短引用……"③ 从条文可以看出，可以进行简短引用的前提并不仅仅要求"具有评论、论战、教育、科学或情报性质"，而且要求在作品中进行引用。

为正确适用"转换性使用"理论，应当对这一条款进行修正。针对这一问题，有观点认为可以增设一种合理使用类型——预期性使用行为，将符合交易惯例的作品使用行为（其中包括提供试读服务等）纳入其中，从而完善当前立法。④ 但为节约立法资源，本书认为暂时不宜随意增加新设条款，而只需对现有规定进行改进，具体做法包括以下几方面。

（一）立法应取消在作品中引用他人作品的限制

"在作品中适当引用他人已经发表的作品"改为"在信息中适当引用他人已经发表的作品"，即将"作品"改为"信息"，这样一来类似图书预览、电影试看等新型技术服务本身即使未创作出作品，仍可满足此项合理使用规定而不构成侵权。

---

① German Copyright Act.
② 参见［德］雷炳德：《著作权法》，张恩民译，法律出版社 2005 年版，第 325 页。
③ French Intellectual Property Code.
④ 参见梁志文：《著作权合理使用的类型化》，载《华东政法大学学报》2012 年第 3 期。

事实上，从比较法的视野来看，许多国家的立法中都不要求必须在作品中进行引用。例如，2001年，欧盟在发布的《关于协调信息社会版权和相关权的指令》（以下简称《版权指令》）中对专有权利的例外与限制作出了如下规定，其第5条第3款第d项规定："为了批评或评论的目的而引用，条件是有关的作品或其他客体已经向公众合法提供并应指出来源，包括作者姓名，除非结果表明指出来源是不可能的，其使用以引用的特定目的为限，应符合公平惯例。"①

由此可见，同样地，欧盟并未要求其成员国必须在作品中进行引用，其仅仅要求满足"为批评或评论目的"、"已向公众合法提供"、"指明来源"和"公平惯例"等几个条件。

意大利《著作权法》第五章规定了专有权利的例外与限制，其中第一节有关复制及其他例外与限制，第二节有关为个人使用进行私人复制，第三节为共同规则。意大利《著作权法》第70条规定了"适当引用"的限制与例外："为了进行评论或者讨论，可以在符合上述目的的范围内，摘录、引用或者复制作品的片段或者部分章节并向公众传播，但是，不得与该作品的经济使用权构成竞争；为了教学或者科学研究的目的进行使用的，还应当仅限于进行展示且无商业性目的。"显然这一规定没有限制必须在作品中引用，也就是说即使不是在作品中引用，只要满足上述两个要求，都能够适用意大利《著作权法》第70条。②

此外，日本《著作权法》第二章"权利内容"中"著作权的限制"，其中，第32条规定："引用：（1）已经发表的作品可以通过引用加以使用。但引用必须符合公正的惯例，而且必须是在报道、批判、研究目的的正当范围内。"由此可见，日本《著作权法》没有要求在作品中引用，而是指出引用"必须符合公正的惯例，而且必须是在报道等目的的正常范围内"③。

现有英国《版权、外观设计和专利法案》并没有专门针对适当引用规定合理使用，而与我国适当引用最为接近的规定为其中的第30条第1款：

---

① Directive 2001/29/EC of the European Parliament and of the Council of 22 May 2001 on the Harmonisation of Certain Aspects of Copyright and Related Rights in the Information Society.

② See Italian Copyright Act.

③ Japanese Copyright Act.

"为对一件作品或另外一件作品或作品的表演进行批评、评论而合理地使用该作品，在进行充分说明的情况下不侵犯该作品的版权。"① 从条文的字面意思来看，该法并不要求在作品中进行引用，相反，其仅仅要求"为批评、评论"、"充分说明"和"合理的使用"这几个要件。

（二）立法应增设目的范围

正如前文第三章第二节所述，各国司法判例和立法所通常承认的公共利益的特征在于，与公众参与社会民主生活、从事学术研究和科学教育的自由相适应，转换性使用的范围包括而不限于批评、评论、新闻报道、教学、研究、保障残疾人权益、国家机关执行公务、保护文化遗产、保存历史文化的归档、拍摄纪录片、有利于提供信息定位功能、促进相关行业的良性竞争。而我国《著作权法》第 24 条第 2 项的引用条款目的范围太过狭窄，仅限于"介绍、评论某一作品或者说明某一问题"。当然我国《著作权法》第 24 条的其他项规定可能已经隐含了其他目的规定，例如第 3 项"为报道时事新闻，在报纸、期刊、广播电台、电视台等媒体中不可避免地再现或者引用已经发表的作品"和第 7 项"国家机关为执行公务使用已经发表的作品"，但仍然无法充分保障其他公共利益的转换性使用行为。据此，本书认为立法应当增设目的范围，将"介绍、评论某一作品或者说明某一问题"修改为"为介绍、评论、说明问题、教学研究、保障残疾人权益、保护文化遗产或其他正当的社会公共利益目的"。这样修改，一方面，将当前典型的、公认的目的范围予以明确列举；另一方面，通过设定"其他正当的社会公共利益目的"，不但突出了"正当的社会公共利益目的"——这是转换性使用的本质特征，而且通过设定"其他正当的社会公共利益目的"，将未纳入其中但已经出现或伴随着各国著作权立法的改进和司法实践的累积而将来出现的目的纳入其中，故更具灵活性。

事实上，从比较法的视野来看，一些国家也进行了类似规定，例如韩国《著作权法》第四节的第二分节为"著作财产权的限制"，其中，第 28 条（已公开作品的引用）规定："在新闻报道、批判、教育、研究等合理

---

① England Copyright，Designs and Patents Act 1998.

范围内，可以以符合合理惯例的方式引用已发表的作品。"① 韩国《著作权法》通过"等合理范围"，不但对目的范围进行了灵活性扩大，而且对目的的正当性也进行了"合理"的限制。

二、设置限制与例外的开放性规定

由于我国为传统的成文法国家，所以在一贯封闭式的合理使用制度下，法院也缺乏根据个案判定合理使用的经验，我国继续实行封闭式"合理使用"制度必将引发更多弊端，过于概括式的立法也不符合我国的实际。虽然 2020 年新修改的《著作权法》作出了一定的修改，第 24 条在明确列举 12 种情形之外增设了一般性条款，也即"法律、行政法规规定的其他情形"，从而具有一定程度的灵活性，但其本质上仍然依靠于其他法律的规定情形，因而仍然并非完全开放式规定，而仍然属于"限制与例外模式"。此外，为使得法院在司法实践中适用一般性条款和"转换性使用"理论更加有据可循，《著作权法》的修订只需保证法官在特殊情况下有权在法定情形之外认定"合理使用"，而不宜使立法之外的自由裁量成为常态。值得一提的是在国家版权局 2014 年公布的《著作权法（送审稿）》中将第 43 条关于合理使用的规定修改为："在下列情况下使用作品，可以不经著作权人许可，不向其支付报酬，但应当指明作者姓名或者名称、作品名称、作品出处，并且不得侵犯著作权人依照本法享有的其他权利：……（十三）其他情形。以前款规定的方式使用作品，不得影响作品的正常使用，也不得不合理地损害著作权人的合法利益。"这一规定显然是立法的一大进步，表明我国合理使用制度已经与国际接轨，我国封闭式列举的合理使用规定向开放式转变。同时正如前文所言，最高人民法院在《关于充分发挥知识产权审判职能作用推动社会主义文化大发展大繁荣和促进经济自主协调发展若干问题的意见》中曾提出："在促进技术创新和商业发展确有必要的特殊情形下，考虑作品使用行为的性质和目的、被使用作品的性质、被使用部分的数量和质量、使用对作品潜在市场或价值的影响等因

---

① Korean Copyright Act.

素，如果该使用行为既不与作品的正常使用相冲突，也不至于不合理地损害作者的正当利益，可以认定为合理使用。"上述内容引入了美国判断相关行为是否构成合理使用的四个要素，又称为"四要素标准"或"四因素说"。其中，使用的目主要考察的是是否具有转换性；被使用作品的性质主要考察作品是具有高度独创性的还是包含大量公有领域的材料；被使用部分的数量和质量则主要考虑被使用的部分占原作的比例及重要程度；对作品潜在市场或价值的影响主要考察使用是否会影响原作及演绎作品的市场销路。①"四要素标准"的作用不在于判断具体行为是否构成合理使用，而在于扩张《著作权法》法定的、构成合理使用的"特殊情形"。该意见突破了我国合理使用列举性的范围，引入了判断合理使用的抽象标准，但背后实际上反映了最高人民法院对司法实践中遇到的问题的回应，更是国家最高审判机关对合理使用范围问题的价值判断。事实上，在审判实践当中，正如前文所言，许多法院基于司法实践的需要，也往往突破我国当前的封闭式立法的规定，依据最高法院的前述司法政策，或者直接采用"三步检验法"，或者参考美国合理使用的四要素进行判案。

据此，本书认为，立法者应及时摒弃"限制与例外模式"，采纳更加高效、灵活和可操作性的合理使用判断方法和立法模式，才是大势所趋和最佳策略。为应对未来更加复杂的技术和商业环境变迁，同时也使得我国法院适用"转换性使用"理论更加有据可循，我国未来著作权合理使用制度应从半开放半封闭模式向完全开放式转变。具体做法是将《著作权法》第24条第13项的"法律、行政法规规定的其他情形"修改为"其他情形"，同时为使司法实践当中法院判断"其他情形"时更加有据可循，可以借鉴美国的要素判断法，在立法中明确法院判断合理使用成立的具体要素。

三、适用"三要素考察法"

正如前文所言，美国四要素判断法存在着判断要素多样化和混乱化，

---

① See 17 U. S. C. 107.

缺乏统一标准等问题。本书结合"转换性使用"理论，并通过总结各国立法例和司法实践，同时结合新技术的发展现状和趋势，归纳出了一个更加高效、灵活和具有可操作性的合理使用判断方法，本书称之为"三要素考察法"，具体分析如下：

第一要素，使用的客观目的功能或是否具有转换性。这一要素借鉴了当前美国司法实践所日益重视的"转换性使用"理论。目的性转换使用注重社会公共利益价值的目的或功能的转换，其更符合著作权法所要推进的，促进文艺发展的终极目标。在适用这一要素时，应注意以下几点：首先，法官在判断被告使用的客观目的功能或是否具有转换性时，不应以自身的角度作为判断视角，而是应以相关作品领域的目标理性公众作为判断视角。法院在判断转换性时，应以不同作品类型领域中对相关作品具有一定熟悉程度的目标理性公众作为其判断的拟制主体。其次，被告对原作的使用可能存在多种目的或功能，法官应以相关作品领域的目标理性公众为视角，按照该作品类型、表达方式等特性，判断该作品通常所具有的客观目的或功能之一是否发生了转换。最后，只要被告使用作品的客观目的或功能之一有助于实现著作权法所承认的社会公共利益价值，那么这种使用便很有可能构成转换性使用。越有利于社会公共利益价值，其转换性程度越高。当然由于著作权法自身属性和体系的限制，其无须，也无法承担所有公共利益的使命。就当前而言，各国司法判例和立法所通常承认的著作权法公共利益价值包括而不限于批评、评论、新闻报道、教学、研究、保障残疾人权益、国家机关执行公务等。

第二要素，使用方式是否与其所要实现的正当目的或功能相适应。对这一要素而言，主要考察的是被告使用原作的方式。通常而言，指的是引用作品的比例是否与其所要实现的正当目的或功能相适应。这是因为合理的使用行为应当是引用他人作品作为实现其正当目的或功能的一种素材或原材料，而非为了再现原作的美感和价值。这就有必要要求他人引用原作的比例是适当的且必要的。例如在"滑稽模仿类"案件中，法院往往认为被告为了实现其对原作的批判或讽刺，对原作的引用必须达到足以使得读者在脑海中"浮现"原作的标准，超过这一数量则可能构成侵权。然而，一种使用行为转换性程度越高，且使用的内容与使用的目的相符，有时候即便是对原作品的完整复制，亦有可能构成合理使用，尤其是在涉及一些新技术的合理使用类案件中。例如在前述的美国"Authors Guild 诉谷歌案"中，法院认为谷歌对原作全文进行数字化的复制和利用，有利于实现保存古老文籍和公众学术研究的目的，因而具有合理性。

第三要素，使用效果是否会对原作的当前或潜在市场带来实质性损害。市场的实质性损害并非一刀切的是非问题，而是一种程度判断。其要求法院一方面考虑使用行为是否会对原作的市场造成实质替代；另一方面考量当被告的行为变成在社会上广泛存在的行为时，是否会对原作的潜在市场或价值造成实质性影响，进而极大阻碍著作权人的再创作。潜在市场或价值的通常内涵指的是"传统意义上、合理的、很可能发展起来的"市场。此外，在评价使用效果是否会对原作市场带来现实和潜在影响时，只能以当前或近期市场和技术条件为基础，而不能对未来的发展作出推测，尽管市场中对作品的正常利用可能会因技术发展和消费者偏好的转变而发生变化。

在我国司法实践当中，一些法院为解决日益复杂的著作权纠纷和新型技术使用行为，已经开始适用前述的"三要素考察法"，比较典型的是"央视国际网络有限公司诉上海聚力传媒技术有限公司著作权侵权及不正当竞争纠纷案"。在本案中，法院在认定对涉案赛事画面的使用是否属于合理使用时指出，综合考虑引用目的、被引用作品占整个作品比例、对原作品正常使用或市场销售影响等因素予以认定。首先，从引用目的角度，主要考虑新作品在对原作品的使用过程中，是否对原作品内容进行了转换；如果使原作品产生了新的信息、功能或艺术表达，则构成合理使用。但是本案被诉侵权节目完整播放涉案赛事，并以涉案赛事为中心展开，辅以嘉宾分析、解说和竞猜等要素。被诉侵权节目中对涉案赛事的引用，实质上仅是单纯地再现涉案赛事，并没有使涉案赛事在新作品中产生新的信息、功能或艺术表达，不构成转换性使用。其次，从原作品占整个新作品比例的角度，主要考虑原作品在新作品中的呈现方式、原作品在新作品中的地位与功能等，来判断对原作品的引用是否适度合理。……涉案赛事实质上被完整播放且在被诉侵权节目中属于重要核心内容。……播放涉案赛事的大屏幕位居节目中央且面积超过整体节目画面的三分之一。聚力公司实质性替代了央视公司向相关公众提供涉案赛事。……因此，上诉人对涉案赛事的使用超出了对原作品适度合理引用的范围。最后，从对原作品正常使用或市场销售影响的角度，主要考虑新作品是否以合理使用的名义取代原作品，或与原作品在市场上的正常使用发生冲突，是否不合理地损害了原作品著作权人的合法利益。本案中，聚力公司在"2016 欧洲足球锦标赛"期间，在其网站首页中设置"2016 法国欧洲杯"专题页面，页面上有"［正在直播］欧洲杯揭幕战法国 VS 罗马尼亚东道主欲取开门红""［正在直播］智取法兰西第 2 期"等标签字样，上诉人制作相关节目的行为与央视公司产生竞争，其在网站页面上的相关文字表述、标签设置等对相关公众产生引导观看的效果，并进而取代涉案赛事或与涉案赛事在市场上的正常使用发生冲突，不合理地损害央视公司对涉案赛事的合法利益。综上，上诉人对涉案赛事画面的使用不属于合理使用。①

---

① 参见上海知识产权法院（2020）沪 73 民终 581 号民事判决书。

结　语

　　合理使用作为著作权法体系中古老悠久的"公平理性原则"之一，往往被认为是"整部著作权法中最难处理的问题"①，因为作为著作权法中实现各方利益的调节器，其精心设置的利益平衡机制经常会因科技、文化等方面的发展而被打破。在智能传播时代，各类新型技术使作品使用的方式和渠道日益多样、广泛，其所带来的结果必然是重构合理使用的利益关系，重新塑造我们对合理使用理论内涵的认知。为应对新型使用行为所带来的愈加复杂的问题与挑战，我们应当构建更具开放性和灵活性的合理使用理论与立法制度。事实上，这不是我国所面临的独有问题，近年来，包括日本、加拿大、英国、欧盟等在内的许多国家为应对新技术的挑战，都对本国（地区）合理使用制度进行了一定程度的完善。肇始于美国的"转换性使用"理论，由于其灵活性和包容性，对深陷各种新型疑难问题"藩篱"的版权制度而言，无疑是当前最为妥适的解决路径，并不断被各国所借鉴和引入。我国法院为应对日益复杂的实践形势，早就利用不同方式灵

---

　　①　Oellar v. Samueloold wynxne.，104 FZd 661，662（Zdeir. 1939）.

活借鉴和使用"转换性使用"理论，这也充分说明了我国当前具备适用"转换性使用"的基础和空间。

长久以来，学术界关于转换性使用界定规则的争论此起彼伏，从未停歇。这一方面反映了"转换性使用"问题的复杂性，另一方面也反映了当前著作权实践对一个更加清晰明确的"转换性使用"规则的迫切需要。"公平使用就像奥德修斯一样，经历了十年的风雨飘摇，迷失过，徘徊过，但现在已经将指南针重新对准了自己的目标。"① 本书在总结司法实践和学术理论的基础上，对"转换性使用"理论进行了全面和系统的研究：首先，通过正本清源，通过追溯"转换性使用"制度的起源和发展来明确"转换性使用"理论的内涵和意义，其次，对"转换性使用"在合理使用中的地位予以澄清，同时通过总结相关司法实践对"转换性使用"的界定提供一个较为明确的标准和方法，并以当前司法实践中备受困扰的网络游戏直播侵权案、短视频侵权、文本与数据挖掘等类型纠纷为例，就"转换性使用"界定规则的具体适用进行了剖析；最后，详细分析我国当前合理借鉴"转换性使用"理论的必要性以及可行性。本书一方面希望以此抛砖引玉引起社会各界对此类问题的共同关注与研究；另一方面也希望为法院有效解决相关问题，以及为未来著作权修法提供有益借鉴和指引。

"转换性使用"因其复杂性和不确定性被有的学者评价为一个"哥德巴赫猜想"般难解的重要问题。而法理学传统要求我们使用客观标准，我们不可能超越本我的限制而看清任何事物的本来面目。② 尽管如此，本书以为，"通过解决问题的尝试和失败去学会理解问题"是一个在我们的能力限度之内应当努力争取的理想③，这也是我们之所以为学者的使命和任务。正如费希特在《学者的使命》所言，"学者阶层的真正使命：高度注视人类一般的发展过程，并经常促进这种发展过程"④。

---

① Leval P. N. ，Campbell v. Acuff-Rose：Justice Souter's Rescue of Fair Use，Cardozo Arts & Ent. L. J. ，1994，13：19.

② 参见［美］卡尔．波普尔：《客观的知识》，舒炜光、卓如飞、梁永新等译，上海译文出版社 2005 年版，第 207 页。

③ 参见［美］本杰明．卡多佐：《司法过程的性质》，苏力译，商务印书馆 2002 年版，第 65 页。

④ ［德］费希特：《论学者的使命》，梁志学、沈真译，商务印书馆 1984 年版，第 148 页。

参考文献

一、中文译著

[1]〔美〕詹姆斯·W.汤普逊：《中世纪晚期欧洲经济社会史》，徐家玲等译，商务印书馆1992年版

[2]〔美〕道格拉斯·C.诺思：《经济史中的结构与变迁》，陈郁等译，上海三联书店1994年版

[3]〔澳〕布拉德·谢尔曼、莱昂内尔·本特利：《现代知识产权法的演进：英国的历程（1760—1911）》，金海军译，北京大学出版社2006年版

[4]〔美〕卡尔.波普尔：《客观的知识》，舒炜光、卓如飞、梁永新等译，上海译文出版社2005年版

[5]〔美〕本杰明·卡多佐：《司法过程的性质》，苏力译，商务印书馆2002年版

[6]〔德〕雷炳德：《著作权法》，张恩民译，法律出版社2005年版

[7]［美］克里斯·安德森：《创客：新工业革命》，中信出版社 2015 年版

[8] D. Q. 麦克伦尼：《简单的逻辑学》，赵明燕译，浙江人民出版社，2013 年版

[9]［美］莱曼·雷·帕特森、斯坦利·W. 林德伯格：《版权的本质：保护使用者权利的法律》，郑重译，法律出版社 2015 年版

[10]［加］迈克尔·盖斯特：《为了公共利益——加拿大版权法的未来》，李静译，知识产权出版社 2008 年版

[11]［美］兰德斯、波斯纳：《知识产权法的经济结构》，金海军译，北京大学出版社 2005 年版

[12]［美］阿瑟·R. 米勒、迈克尔·H. 戴维斯：《知识产权概要》，周林、孙建红、张灏译，中国社会科学出版社 1998 年版

[13]［美］迈克尔·D. 贝勒斯：《法律的原则——一个规范的分析》，张文显等译，中国大百科全书出版社 1996 年版

[14]［德］拉伦茨：《德国法上损害赔偿之归责原则》，王泽鉴译，中国政法大学出版社 2005 版

[15]［英］戴维·M. 沃克：《牛津法律大辞典》，北京社会与科技发展研究所组织编译，光明日报出版社 1988 年版

[16]［美］罗伯特·P. 莫杰思：《知识产权正当性解释》，金海军、史兆欢等译，商务印书馆 2019 年版

[17]［德］姚斯、［美］霍拉勃：《接受美学与接受理论》，周宁、金元浦译，辽宁人民出版社 1987 年版

[18]［美］斯坦利·费什：《读者反应批评：理论与实践》，文楚安译，中国社会科学出版社 1998 年版

[19]［美］哈默德·坎塔尔季奇：《数据挖掘：概念，模型，方法和算法》，王晓海、吴志刚译，清华大学出版社 2013 年版

[20]［德］费希特：《论学者的使命》，梁志学、沈真译，商务印书馆 1984 年版

二、中文著作

[1] 郑成思：《知识产权法》，法律出版社 1997 年版

[2] 李明德、许超：《著作权法》，法律出版社 2009 年版

[3] 李明德：《美国知识产权法》，法律出版社 2003 年版

[4] 吴汉东：《著作权合理使用制度研究》，中国人民大学出版社 2013 年版

[5] 刘春田：《知识产权法》，中国人民大学出版社 2014 年版

[6] 冯晓青：《知识产权法利益平衡理论》，中国政法大学出版社 2006 年版

[7] 王迁：《著作权法》，中国人民大学出版社 2023 年版

[8] 朱理：《著作权的边界——信息社会著作权的限制与例外研究》，北京大学出版社 2011 年版

[9] 章忠信：《著作权法逐条释义》，五南图书公司 2007 年版

[10] 周贺微：《著作权法激励理论研究》，中国政法大学出版社 2017 年版

[11] 范长军译：《德国著作权法》，知识产权出版社 2013 年版

[12] 《十二国著作权法》翻译组：《十二国著作权法》，清华大学出版社 2011 年版

[13] 徐远重：《社群经济》，中信出版社 2015 年版

[14] 马新国：《西方文论史》，高等教育出版社 2008 年版

[15] 王太平：《商标法：原理与案例》，北京大学出版社 2015 年版

[16] 王迁：《知识产权法教程》，中国人民大学出版社 2022 年版

[17] 吴汉东：《著作权合理使用制度研究》，中国政法大学出版社 1996 年版

[18] 黄铭杰：《著作权合理使用规范之现在与未来》，元照出版公司 2011 年版

[19] 郭民生：《未来知识产权制度的愿景》，知识产权出版社 2008 年版

[20] 谢文：《大数据经济学》，北京联合出版公司 2016 年版

[21] 张其金：《大数据时代下的产业革命》，中国商业出版社 2016 年版

三、中文论文

[1] 李雨峰、张体锐：《滑稽模仿引发的著作权问题》，载《人民司

法》2011 年第 17 期

[2] 周贺微：《美国转换性使用转型及对我国的借鉴》，载《新闻界》2019 年第 4 期

[3] 罗娇、严之：《著作权合理使用的转换性使用理论研究》，载《人民法治》2018 年第 9 期

[4] 谢琳：《论著作权转换性使用之非转换性》，载《学术研究》2017 年第 9 期

[5] 华劼：《版权转换性使用规则研究——以挪用艺术的合理使用判定为视角》，载《科技与法律》2019 年第 4 期

[6] 孟奇勋、李晓钰、苑大超：《转换性使用规则的判定标准及其完善路径》，载《武汉理工大学学报（社会科学版）》2019 年第 4 期

[7] 杨莹：《合理使用裁判中"转换性使用"标准适用》，载《中国出版》2018 年第 18 期

[8] 王迁：《电子游戏直播的著作权问题研究》，载《电子知识产权》2016 年第 2 期

[9] 李扬：《网络游戏直播中的著作权问题》，载《知识产权》2017 年第 1 期

[10] 吴汉东：《论合理使用》，载《法学研究》1995 年第 4 期

[11] 李雨峰：《表达自由与合理使用制度》，载《电子知识产权》2006 年第 5 期

[12] 尤杰：《数字传播时代的版权与言论自由权之争——对转换性使用的哲学思考》，2011 年上海大学博士学位论文

[13] 冯晓青：《著作权合理使用制度之正当性研究》，载《现代法学》第 4 期

[14] 李扬：《改编权的保护范围与侵权认定问题：一种二元解释方法的适用性阐释》，载《比较法研究》2018 年 1 期

[15] 叶金强：《私法中理性人标准之构建》，载《法学研究》2015 年第 1 期

[16] 杨红军：《理性人标准在知识产权法中的规范性适用》，载《法律科学》2017 年第 3 期

[17] 林昱梅：《艺术自由与嘲讽性模仿之著作权侵害判断》，载《成大法学》2004 年第 7 期

[18] 沈宗伦：《著作权法之基本用语与法律体系概述》，载《月旦法学教室》2015 年第 4 期

[19] 杜宇：《再论刑法上之"类型化"思维——一种基于"方法论"的扩展性思考》，载《法制与社会发展》，2005 年第 6 期

[20] 祝建军：《网络游戏直播的著作权问题研究》，载《知识产权》2017 年第 1 期

[21] 李扬：《网络游戏直播中的著作权问题》，载《知识产权》2017 年第 1 期

[22] 崔国斌：《认真对待游戏著作权》，载《知识产权》2016 年第 2 期

[23] 江旻哲：《对模仿讽刺作品构成合理使用之判断标准反思——从谷阿莫被诉侵犯著作权案说起》，载《法制与社会》2017 年第 18 期

[24] 陈秉训：《电影评论与著作权合理使用——兼评谷阿莫评论影片之使用》，载《科技法学论丛》2017 年第 11 期

[25] 焦蕾、江曼：《戏仿作品的合法性分析——以谷阿莫为例》，载《山西青年职业学院学报》2018 年第 2 期

[26] 王骁、谢离江：《从"×分钟带你看完电影"系列看戏仿作品和合理使用》，载《新闻界》2017 年第 8 期

[27] 阮开欣：《从"谷阿莫"案看戏仿的版权限制》，载《中国知识产权报》2017 年 5 月 12 日第 10 版

[28] 孟奇勋、李晓钰：《网络混剪视频著作权转换性使用规则研究》，载《山东科技大学学报（社会科学版）》2019 年第 2 期

[29] 程河清、张晓锋：《网络恶搞配音的亚文化风格的建构与消解——基于"胥渡吧"的考察》，载《当代青年研究》2017 年第 1 期

[30] 王迁：《论认定"模仿讽刺作品"构成"合理使用"的法律规则》，载《科技与法律》2006 年第 1 期

[31] 梁志文：《著作权合理使用的类型化》，载《华东政法大学学报》2012 年第 3 期

［32］王迁、袁锋：《论网络游戏整体画面的作品定性》，载《中国版权》2016 年第 4 期

［33］林嘉敏：《利用原作品人设进行二次创作的性质认定分析》，载《法制与济》2018 年第 7 期

［34］华劼：《美国转换性使用规则研究及对我国的启示——以大规模数字化与数字图书馆建设为视角》，载《同济大学学报（社会科学版）》2018 年第 3 期

［35］李让：《互联网表情包产业版权问题研究》，载《科技创业月刊》2018 年第 3 期

［36］王岱申：《美国转换性使用理论的扩张及回应》，载《经贸实践》2018 年第 6 期

［37］袁锋：《论新技术环境下"转换性使用"理论的发展》，载《知识产权》2017 年第 8 期

［38］邹艳琴：《转换性使用制度的国外困境》，载《法制博览》2017 年第 23 期

［39］何萌：《论转换性使用规则在我国的实施——以上海美术电影制片厂诉浙江新影年代公司为视角》，载《法制博览》2017 年第 20 期

［40］许辉猛：《玩家游戏直播著作权侵权责任认定及保护途径》，载《河南财经政法大学学报》2017 年第 3 期

［41］蒋雨吟：《网络游戏直播的著作权问题研究》，载《法制博览》2017 年第 18 期

［42］彭桂兵：《新闻聚合的著作权合理使用问题研究》，载《中国出版》2017 年第 10 期

［43］宋凯：《我国重混作品的规制路径分析》，载《广东蚕业》2017 年第 5 期

［44］熊琦：《"用户创造内容"与作品转换性使用认定》，载《法学评论》2017 年第 3 期

［45］周玲玲、马晴晴、陈扬：《基于转换性使用的著作权例外及其对图书馆界的启示》，载《图书馆建设》2017 年第 4 期

［46］祁温瑶：《"转换性使用"原则的分析及在我国法律体系中的生

存空间探索》，载《法制与社会》2017 年第 4 期

[47] 白伟：《同人小说构成"转换性"合理使用的理解与适用——基于金庸诉江南《此间的少年》著作权侵权案的评论》，载《电子知识产权》2016 年第 12 期

[48] 林楠：《三步检验法的司法适用新思路——经济分析主导下合理使用的引入》，载《西南政法大学学报》2016 年第 6 期

[49] 袁博：《略论视觉艺术作品间的"挪用"——以"从摄影到油画"的高精度临摹为视角》，载《中国版权》2016 年第 5 期

[50] 李国庆：《谷歌图书馆案 The Authors Guild，Inc. v Google，Inc. 判决述评——以合理使用制度为视角》，载《中国版权》2016 年第 4 期

[51] 晏凌煜：《美国司法实践中的"转换性使用"规则及其启示》，载《知识产权》2016 年第 6 期

[52] 王施施：《论"转换性使用"与著作权合理使用制度》，载《法制与社会》2016 年第 17 期

[53] 高军、王文敏：《数字图书馆合理使用规则新发展——美国 HathiTrust 案与 Google Books 案的比较》，载《图书馆论坛》2016 年第 6 期

[54] 尤杰：《"版权作品使用共识"与参与式文化的版权政策环境》，载《上海大学学报（社会科学版）》2016 年第 1 期

[55] 刘迪：《浅析 3D 打印技术下的合理使用制度——以美国版权法的"四要素"为切入点》，载《中国版权》2015 年第 5 期

[56] 朱叶秋、陈新仁：《界性识解与可数性使用——对中国英语学习者名词可数性误用的认知解读》，载《外语教学理论与实践》2015 年第 2 期

[57] 邵燕：《"转换性使用"规则对我国数字图书馆建设的启示》，载《图书馆论坛》2015 年第 2 期

[58] 陈雅秋：《In re NCAA Student-Athlete Name & Likeness Licensing Litigation》，载《知识产权法研究》2014 年第 1 期

[59] 蔡晓东：《数字图书馆与作品的合理使用》，载《图书与情报》

2012 年第 3 期

[60] 权彦敏、徐正大：《从两则版权案例谈续写作品的合理使用》，载《中国出版》2010 年第 19 期

[61] 冯珏：《汉德公式的解读与反思》，载《中外法学》2008 年第 4 期

[62] 王哲、郭义贵：《效益与公平之间——波斯纳的法律经济学思想评析》，载《北京大学学报（哲学社会科学版）》1999 年第 3 期

[63] 袁锋：《我国移植和构建专利链接制度的正当性研究——对现行主流观点之质疑》，载《科技与法律》2019 年第 6 期

[64] 李琛：《质疑知识产权之"人格财产一体性"》，载《中国社会科学》2004 年第 2 期

[65] 杨桦：《福克纳批评中的形式主义与存在主义之维》，载《外语学刊》2013 年第 4 期

[66] 杜宇：《再论刑法上之"类型化"思维——一种基于"方法论"的扩展性思考》，载《法制与社会发展》，2005 年第 6 期

[67] 谢琳：《网络游戏直播的著作权合理使用研究》，载《知识产权》2017 年第 1 期

[68] 黄艳如：《5G 时代，段视频产业如何破解"侵权魔咒"》，载《文化产业评论》2019 年 8 月 1 日

[69] 孙飞、张静：《短视频著作权保护问题研究》，载《电子知识产权》2018 年第 5 期

[70] 董彪：《二次创作短视频合理规则的适用与完善》，载《政治与法律》2022 年第 5 期

[71] 陈绍玲：《短视频版权纠纷解决的制度困境及突破》，载《知识产权》2021 年第 9 期

[72] 徐俊：《类型化视域下短视频作品定性及其合理使用研究》，载《中国出版》2021 年第 17 期

[73] 陈丽丹：《二次创作类短视频侵权之二维视角及应对措施》，载《新闻与传播评论》2022 年第 6 期

[74] 王文敏：《文本与数据挖掘的著作权困境及应对》，载《图书馆

理论与实践》2020 年第 3 期

[75] 阮开欣：《欧盟版权法下的文本与数据挖掘例外》，载《图书馆论坛》2019 年第 12 期

[76] 赵力：《数字时代知识发现海牙宣言之借鉴——以内容挖掘为核心》，载《图书馆》2015 年第 9 期

[77] 李琛：《论我国著作权法修订中"合理使用"的立法技术》，载《知识产权》2013 年第 1 期

[78] 袁锋：《同步解读类教辅著作权问题研究》，载《中国出版》2017 年第 13 期

[79] 胡波：《共享模式与知识产权的未来发展——兼评"知识产权替代模式说"》，载《法制与社会发展》2013 年第 4 期

[80] 朱泮子美：《我国转换性使用规则适用的类型化解析与问题应对》，载《西部学刊》2024 年第 9 期

[81] 金海军：《合理使用认定中"转换性使用"的重新界定——基于"戈德史密斯案"的思考》，载《中国版权》2024 年第 2 期

[82] 李杨：《著作权侵权认定中的转换性使用理论适用阐释》，载《北方法学》2023 年第 3 期

[83] 胡心兰：《再论挪用艺术与著作权合理使用原则》，载《月旦民商法杂志》2023 年第 12 期

[84] 胡心兰：《做了一个"挪用"的动作——论转化性于挪用艺术之适用》，载《东海大学法学研究》2016 年第 8 期

[85] 合肥知识产权法庭：《2018 年合肥知识产权法庭著作权典型案例及评析》，载《中国出版》2019 年第 1 期

[86] 付亚超：《理性人标准在知识产权法中的规范性适用》，载《法制博览》2019 年第 26 期

[87] 胡伟强：《理性人标准在知识产权法中的规范性适用》，载《法制博览》2018 年第 16 期

[88] 梁志文：《版权法上的审美判断》，载《法学家》2017 年第 6 期

[89] 梁志文：《版权法上实质性相似的判断》，载《法学家》2015 年第 6 期

［90］陈志红：《罗马法"善良家父的勤谨注意"研究》，载《西南民族大学学报（人文社科版）》2005 年第 8 期

［91］王俊、陈霞：《英美侵权法中的理性人标准初探》，载《求实》2006 年 S2 期

四、国外著作及论文

［1］Deazley R.，On the origin of the right to copy：Charting the movement of copyright law in eighteenth century Britain（1695—1775），Bloomsbury Publishing，2004.

［2］McCarthy J. T.，McCarthy on trademarks and unfair competition，Thomson/West，2006.

［3］Seltzer L. E.，Exemptions and fair use in copyright：The exclusive rights tensions in the 1976 Copyright Act，Harvard University Press，1978.

［4］Randall P. Bezanson.，Bezanson R. P.，Art and freedom of speech，University of Illinois Press，2009.

［5］Goldstein P.，Goldstein on copyright，Aspen Publishers，2005.

［6］Larenz K.，Hegels Zurechnungslehre und der Begriff der objektiven Zurechnung，R. Berger，1927.

［7］Stigler S. M.，The history of statistics：The measurement of uncertainty before 1900，Harvard University Press，1986.

［8］Tan D.，The transformative use doctrine and fair dealing in Singapore：Understanding the "purpose and character" of appropriation art，Singapore Academy of Law Journal，2012，24：832 – 866.

［9］Leval P. N.，Toward a fair use standard，Harvard Law Review，1990，103（5）：1107.

［10］Tushnet R.，Content，purpose，or both，Wash. L. Rev.，2015，90：869.

［11］Lape L. G.，Transforming fair use：The productive use factor in Fair Use Doctrine，Alb. L. Rev.，1994，58：677，724.

［12］Zimmerman D. L. , The More Things Change, the Less They Seem Transformed: Some Reflections on Fair Use, J. Copyright Society USA, 1998, 46.

［13］Adler A. , Fair use and the future of art, NYU L. Rev. , 2016, 91.

［14］Bunker M. D. , Eroding Fair Use: The "Transformative" Use Doctrine After Campbell, Communication Law & Policy, 2002, 7 (1): 1－24.

［15］Cotter T. F. , Transformative Use and Cognizable Harm, Vand. J. Ent. & Tech. L. , 2010, 12.

［16］Sag M. , Predicting fair use, Ohio St. L. J. , 2012, 73: 47, 52.

［17］Nolan J. M. , The Role of Transformative Use: Revisiting the Fourth Circuit's Fair Use Opinions in Bouchat v. Baltimore Ravens, Va. J. L. & Tech. , 2011, 16: 539.

［18］Beebe B. , An empirical study of US copyright fair use opinions, 1978－2005, U. Pa. L. Rev. , 2007, 156: 549, 606.

［19］Netanel N. W. , Making sense of fair use, Lewis & Clark L. Rev. , 2011, 15: 715, 743.

［20］Asay C. D. , Is Transformative Use Eating the World?, Available at SSRN 3332682, 2019

［21］Jonathan Francis, On Appropriation: Cariou v. Prince and Measuring Contextual Transformation in Fair Use, Berkeley Technology Law Journal, vol. 29, no. 4, 2014.

［22］Laura A. Heymann, Everything is Transformative: Fair Use and Reader Response, Columbia Journal of Law & the Arts, Vol. 31 (2008).

［23］Edward Lee, Technological Fair Use, Southern California Law Review, Vol. 83: 797 (2010).

［24］Shipley D. E. , A Transformative Use Taxonomy: Making Sense of the Transformative Use Standard, Wayne L. Rev. , 2017, 63: 267.

［25］Mary W. S. Wong, "Transformative" User-Generated Content in Copyright Law: Infringing Derivative Works or Fair Use?, 11 Vand. J. Ent. &. Tech. L. 1075, 1108 (2009).

[26] Ned Snow, Proving Fair Use: Burden of Proof as Burden of Speech, 31 Cardozo L. Rev. 1781, 1787 – 1788 (2010).

[27] LydiaPallas Loren, Fair Use: An Affirmative Defense?, 90 Wash. L. Rev. 685, 688 (2015).

[28] I. Fred Koenigsberg, Copyrights, in Practicing Law Institute, Understanding Copyright Law. 49, 65 (2010).

[29] Kelvin Hiu Fai Kwok, Google Book Search, Transformative Use, and Commercial Intermediation: An Economic Perspective, 17 Yale J. L. &. Tech. 283, 316 (2015).

[30] Mark A. Lemley, The Economics of Improvement in Intellectual Property Law, 75 Tex. L. Rev. 989 (1997).

[31] Barton Beebe, An Empirical Study of U. S. Copyright Fair Use Opinions, 1978 – 2005, 156 U. PA. 549, 606 (2008).

[32] Neil Weinstock Netanel, Making Sense of Fair Use, 15 Lewis &. Clark L. Rev. 715, 743 (2011).

[33] R. AnthonyReese, Transformativeness and The Derivative Work Right, 31 Colum. J. L. &. Arts 467, 468 – 469 (2008).

[34] Ginsburg J. C. , Copyright 1992 – 2012: The Most Significant Development, Fordham Intell. Prop. Media &. Ent. L. J. , 2012, 23: 465.

[35] Monika Isia Jasiewicz, "A Dangerous Undertaking": The Problem of Intentionalism and Promise of Expert Testimony in Appropriation Art Infringement Cases, 26 Yale J. L. &. Human. 143, 171 (2014).

[36] Caroline L. McEneaney, Transformative Use and Comment on the Original-Threats to Appropriationin Contemporary Visual Art, 78 Brook. L. Rev. 1521, 1548 – 1550 (2013).

[37] Brian Sites, Fair Use and the New Transformative, 39 Colum. J. L. &. Arts 513, 545 (2016).

[38] Robert Kirk Walker Ben Depoorter, Unavoidable Aesthetic

Judgments in Copyright Law: A Community of Practice Standard, 109 NYU L. Rev. 343, 349 (2015).

[39] Simon D A. Reasonable Perception and Parody in Copyright Law, Utah L. Rev., 2010: 779.

[40] Pamela Samuelson, Unbundling Fair Uses, Fordham Law Review, vol. 77, 2009.

[41] Nichols W. J., Painting through pixels: the case for a copyright in videogame play, Colum. J. L. & Arts, 2006, 30: 101.

[42] Riewald J. G., Parody as criticism. 11061hilologus, 1966, 50 (1): 125-148.

[43] Fisher Ⅲ W. W., Reconstructing the fair use doctrine, Harv. L. Rev., 1987, 101: 1659.

[44] Sites B., FairUse and the New Transformative, Colum. J. L. & Arts, 2015, 39: 513.

[45] Holland H. B., Social semiotics in the fair use analysis, Harv. J. L. & Tech., 2010, 24: 335.

[46] Timberg, A Modernized Fair Use Code for the Electronic as Well as the Gutenberg Age, 75 NYU L. Rev. (1980).

[47] Wendy J. Gordon, Fair Use as Market Failure: A Structural and Economic Analysis of the Betamax Case and Its Predecessors, 82 Colum. L. Rev. 1600, (1982).

[48] Zohar Efroni, Access-Right: The Future of Digital Copyright Law, OUP USA (2011).

[49] Oren Bracha, The Ideology of Authorship Revisited: Authors, Markets, and Liberal Values in Early American Copyright, 118 Yale L. J. 186 (2008).

[50] Pamela Samuelson, The Quest for a Sound Conception of Copyright's Derivative Work Right, 101 Geo. L. J. 1505, (2013).

[51] Pamela Samuelson, Unbundling Fair Uses, 77 Fordham L. Rev. 2537 (2009).

［52］ Patrick R. Goold, Corrective Justice and Copyright Infringement, Vand. J. Ent. & Tech. L. Vol. 16：2：251 (2014).

［53］ Paul Goldstein, Fair Use in Context, 31 Colum. J. L. & Arts 433, 433 (2008).

［54］ Peter S. Menell, In Search of Copyright 'S Lost Ark：Interpreting the Right to Distribute in the Internet Age, Journal, Copyright Society of the U. S. A. (2015).

［55］ Pierre N. Leval, Toward a Fair Use Standard, 103 Harv. L. Rev. 1105, (1990).

［56］ Rebecca Tushnet, User-Generated Discontent：Transformation in Practice, 31 Colum. J. L. & Arts 497 (2008).

［57］ Robert S. Boynton, The Tyranny of Copyright?, N. Y Times, Jan. 25 (2004).

［58］ Shyamkrishna Balganesh, Foreseeability and Copyright Incentives, 122 Harv. L. Rev. (2009).

［59］ Shyamkrishna Balganesh, The Obligatory Structure of Copyright Law：Unbundling the Wrong of Copying, 125 Harv. L. Rev. 1664, at 1682 (2012).

［60］ Steven Hetcher, The Fault Liability Standard in Copyright, in Shyamkrishna Balganesh, Ntellectual Property and Thecommon Law (2013).

［61］ Thomas F. Cotter, Fair Use and Copyright Overenforcement, 93 Iowa L. Rev. 1271 (2008).

［62］ Thomas F. Cotter, Transformative Use and Cognizable Harm, 12 Vand. J. Ent. & Tech. L. 701 (2010).

［63］ Adrienne J. Marsh, Fair Use and New Technology：The Appropriate Standards to Apply, Cardozo L. Rev. (1984).

［64］ Angel S. Diaz, Fair Use & Mass Digitization：The Future of Copy-dependent Technologies After Authors Guild V. Hathitrust, 28 Berkeley Tech. L. J. (2013).

〔65〕Barton Beebe，An EmpiricalStudy of U. S. Copyright Fair Use Opinions，1978 – 2005，156 U. PA. L. REV. 549，594621 (2008)．

〔66〕Beth Warnken Van Hecke，But Seriously，Folks：Toward a Coherent Standard of Cohen，Fair Use in the Law of Copyright，6 Copyright L. Symp. (ASCAP) (1955)．

〔67〕Gideon Parchomovsky & Kevin A. Goldman，Fair Use Harbors，93 VA. L. Rev. 1483，(2007)

〔68〕Miller A. D. ，Perry R. The reasonable person，NYU L. Rev. ，2012，87：323 – 392．

〔69〕Parisi F. ，Liability for negligence and judicial discretion，University of California at Berkeley，1992：7．

〔70〕Ashten Kimbrough. ，Transformative use vs. market impact：Why the fourth fair use factor should not be supplanted by transformative use as the most important element in a fair use analysis，Ala. L. Rev. ，2011，63：625．

〔71〕Yanisky-Ravid S. ，Velez-Hernandez L. A. ，Copyrightability of Artworks Produced by Creative Robots and Originality：The Formality-Objective Model，Minn. J. L. Sci. & Tech. ，2018，19：1 – 53．

〔72〕See Heymann L. A. ，The Reasonable Person in Trademark Law，Louis U. L. J. ，2007，52：781 – 794．

〔73〕Thatcher S. G. ，From the University Presses-Is "Functional" Use "Transformative" and Hence "Fair"? A Copyright Conundrum，Against the Grain，2013，21 (3)：25 – 69．

〔74〕Woo J. ，Redefining the Transformative Use of Copyrighted Works：Toward a Fair Use Standard in the Digital Environment，Hastings Comm. & Ent. L. J. ，2004，27：51 – 78．

〔75〕Sun H. ，Copyright law as an engine of public interest protection，NYU J. Tech. & Intell. Prop. ，2018，16：123．

〔76〕Sun H. ，Overcoming the Achilles Heel of Copyright Law，NYU J. Tech. & Intell. Prop. ，2006，5：265．

［77］ William Landes. ，Copyright，Borrowed Images and Appropriation Art：An Economic Approach" （2000），George Mason Law Review，9 （1）：1 - 24.

［78］ Thomas Cotter. ，Transformative Use and Cognizable Harm，Vand. J. Ent. & Tech. L. ，2010，12：701 - 753.

［79］ Ginsburg J. C. ，Fair Use for Free，or Permitted-but-Paid?，Berkeley Technology Law Journal，2015，29 （3）：1383 - 1446.

［80］ Matthew Sag，The New Legal Landscape for Text Mining and Machine Learning，66 J. ，Copyright Society of the U. S. A. 291 （2019）.

［81］ European Commission. ，Impact assessment on the modern isation of EU copyright rules，Brussels：EU，2016.

［82］ Asay C. D. ，Sloan A. ，Sobczak D. ，Is transformative use eating the world，BCL Rev. ，2020，61：905.

［83］ Dermawan A. ，Text and data mining exceptions in the development of generative AI models：What the EU member states could learn from the Japanese "nonenjoyment" purposes?，The Journal of World Intellectual Property，2023.

［84］ Kollár P. ，Mind if I Mine? A Study on the Justification and Sufficiency of Text and Data Mining Exceptions in the European Union，A Study on the Justification and Sufficiency of Text and Data Mining Exceptions in the European Union （July 1，2021），2021.

［85］ Andreessen M. ，The Techno-Optimist Manifesto，Andreessen Horowitz，2023.

［86］ Sobel B. ，A taxonomy of training data：Disentangling the mismatched rights，remedies，and rationales for restricting machine learning，Artificial Intelligence and Intellectual Property （Reto Hilty，Jyh-An Lee，Kung-Chung Liu，eds. ），Oxford University Press，2020.

［87］ Carroll M. W. ，Jaszi P. A. ，The Triumph of Three Big Ideas in Fair Use Jurisprudence，Tulane Law Review，2024，99 （2）.

［88］ Litman J. D. ，Copyright compromise and legislative history,

Cornell L. Rev. , 1986，72：857.

［89］Elkin-Koren N. , Fischman-Afori O. , Rulifying fair use, Ariz. L. Rev. , 2017，59：161.

［90］Sag M. , God in the Machine：A New Structural Analysis of Copyright's Fair Use Doctrine, Mich. Telecomm. & Tech. L. Rev. , 2004，11：381.

［91］Leval P. N. , Campbell as fair use blueprint，Wash. L. Rev. , 2015，90：597.

［92］Balganesh S. , Menell P. S. , Going'Beyond'Mere Transforma-tion：Warhol and Reconciliation of the Derivative Work Right and Fair Use, Columbia Journal of Law & the Arts, 2024：47.

［93］Leval P. N. , Toward a fair use standard，Harvard law review，1990，103（5）：1105－1136.

［94］LydiaPallas Loren. , Fair use：an affirmative defense, Wash. L. Rev. , 2015，90：685－712.

［95］Pierre N. , Toward a fair use standard，Harvard law review，1990，103（5）：1105－1136.

［96］Gordon W. J. , Fair use as marketfailure：A structural and eco-nomic analysis of the Betamax case and its predecessors, Columbia Law Review，1982，82：1600－1657.

［97］Kimbrough A. , Transformative use vs. market impact：Why the fourth fair use factor should not be supplanted by transformative use as the most important element in a fair use analysis，Ala. L. Rev. , 2011，63：625.

［98］Caile Morris. , Transforming Transformative Use：The Growing Misinterpretation of the Fair Use Doctrine, Pace Intell. Prop. Sports & Ent. LF, 2015，5：10－31.

［99］Kwok K. H. F. , Google book search, transformative use, and commercial intermediation：an economic perspective, Yale J. L. & Tech. , 2015，17：283－318.

[100] Lemley M. A. , Beyond Preemption: The Law and Policy of Intellectual Property Licensing, Californin Law Review, 87: 111.

[101] Lemley M. A. , Economics of improvement in intellectual property law, Tex. L. Rev. , 1996, 75: 989.

[102] Beebe B. , An empirical study of us copyright fair use opinions updated, 1978 - 2019, NYU J. Intell. Prop. & Ent. L. , 2020, 10: 1.

[103] Jennifer Pitino. , Has the Transformative Use Test Swung the Pendulum Too Far in Favor of Secondary Users?, Advocate (05154987), 2013, 56 (10): 26.

[104] Matthew Sag. , Predicting fair use, Ohio St. L. J. , 2012, 73 (1): 47 - 91.

[105] Liu J. , An Empirical Study of Transformative Use in Copyright Law' (2019), Stan. Tech. L. Rev. , 22: 163.

[106] Netanel N. W. , Making sense of fair use, Lewis & Clark L. Rev. , 2011, 15: 715.

[107] Eisenberg T. , Appeal rates and outcomes in tried and nontried cases: Further exploration of anti-plaintiff appellate outcomes, Journal of Empirical Legal Studies, 2004, 1 (3): 659 - 688.

[108] Liz Brown. , Remixing transformative use: A three-part proposal for reform, NYU J. Intell. Prop. & Ent. L. , 2014, 4: 139 - 181.

[109] Bruce P. Keller & Rebecca Tushnet. , Even more parodic than the real thing: parody lawsuits revisited, Trademark Rep. , 2004, 94: 979 - 1016.

[110] Matthew D. , Bunker & Clay Calvert. The jurisprudence of transformation: Intellectual incoherence and doctrinal murkiness twenty years after Campbell v. Acuff-Rose Music, Duke L. & Tech. Rev. , 2013, 12: 92 - 128.

[111] Jiarui Liu. , An empirical study of transformative use in copyright law, Stan. Tech. L. Rev. , 2019, 22: 163 - 241.

[112] Östlund E. , Transforming European Copyright: Introducing

an Exception for Creative Transformative Works into EU Law，2014.

[113] Gervais D. , The derivative right, or why copyright law protects foxes better than hedgehogs，Vand. J. Ent. & Tech. L. , 2012，15：785 – 855.

[114] J. I. S. U. K. Woo. , Redefining the Transformative use of copyrighted works：toward a fair use standard in the digital environment, Hastings Comm. & Ent. L. J. , 2004，27：51 – 78.

[115] R. Anthony Reese. , Transformativeness and the Derivative Work Right，Columbia Journal of Law & the Arts, 2008, 31（4）：101 – 129.

[116] Michael D. , Murray. What is Transformative? An Explanatory Synthesis of the Convergence of Transformation and Predominant Purpose in Copyright Fair Use Law，Chicago-Kent Journal of Intellectual Property Law，Forthcoming，Valparaiso University Legal Studies Research Paper, 2012，260 – 292.

[117] Jane C. Ginsburg. , Copyright 1992 – 2012：The Most Significant Development，Fordham Intell. Prop. Media & Ent. L. J. , 2012，23：465 – 501.

[118] Liu J. , An empirical study of transformative use in copyright law，Stan. Tech. L. Rev. , 2019，22：163 – 241.

[119] Lape L. G. , Transforming fair use：The productive use factor in Fair UseDoctrine，Alb. L. Rev. , 1994，58：677；Ginsburg J. C. , Copyright 1992 – 2012：The Most Significant Development，Fordham Intell. Prop. Media & Ent. L. J. , 2012，23：465 – 501.

[120] Jasiewicz M. I. , A Dangerous Undertaking：The Problem of Intentionalism and Promise of Expert Testimony in Appropriation Art Infringement Cases，Yale J. L, & Human. , 2014，26：143 – 183.

[121] Rebecca Tushnet. , Content, purpose, or both, Wash. L. Rev. , 2015，90：869 – 892.

[122] Fromer, Jeanne C. , and Mark A. Lemley. , The Audience in

Intellectual Property Infringement, Mich. L. Rev., 2013, 112: 1251 - 1304.

[123] Simon, David A., Reasonable Perception and Parody in Copyright Law, Utah L. Rev., 2010: 779.

[124] Manta, Irina D., Reasonable copyright, BCL Rev., 2012, 53: 1303 - 1355.

[125] Lemley, Mark A., Our bizarre system for proving copyright infringement, J. Copyright Society USA, 2009, 57: 719 - 749.

[126] Walker R. K., Depoorter B. Unavoidable Aesthetic Judgments in Copyright Law: A Community of Practice Standard, NYU L. Rev., 2014, 109: 343 - 382.

[127] Tushnet R., Content, purpose, or both, Wash. L. Rev., 2015, 90: 869 - 892.

[128] Parchomovsky G., Stein A., Originality, Va. L. Rev., 2009, 95: 1505 - 1550.

[129] Nimmer D., Copyright in the Dead Sea Scrolls: Authorship and Originality', Hous. L. Rev., 2001, 38: 1.

[130] Cohen D. L., Copyrighting the Dead Sea Scrolls: Qimron v. Shanks, Me. L. Rev., 2000, 52: 379 - 423.

[131] VerSteeg R., Rethinking Originality, Wm. & Mary L. Rev., 1992, 34: 801 - 883.

[132] McClean D., Piracy and authorship in contemporary art and the artistic commonwealth, Copyright and Piracy: An Interdisciplinary Critique, 2010: 311 - 39.

[133] Linz D., Donnerstein E., Land K. C., et al., Estimating community standards: The use of social science evidence in an obscenity prosecution, Public Opinion Quarterly, 1991, 55 (1): 80 - 112.

[134] Moran M., The Reasonable Person: A Conceptual Biography in ComparativePerspective, Lewis & Clark L. Rev., 2010, 14: 1233.

[135] Rabin R. L., The historical development of the fault principle: A reinterpretation, GA. l. reV., 1980, 15: 925 - 961.

[136] Blumenthal S. L., The default legal person, UCLA L. Rev., 2006, 54: 1135－1265.

五、司法判决书

[1] 北京互联网法院（2019）京 0491 民初 663 号民事判决书

[2] 北京市高级人民法院（2013）京民终字第 1221 号民事判决书

[3] 北京知识产权法院（2019）京 73 民终 3534 号民事判决书

[4] 上海市浦东新区人民法院（2015）浦民三（知）初字第 191 号民事判决书

[5] 广州知识产权法院（2019）粤 73 知民初 141 号民事判决书

[6] 广东省高级人民法院（2018）粤民终 137 号民事判决书

[7] 北京知识产权法院（2019）京 73 民终 3573 号民事判决书

[8] 上海知识产权法院（2017）沪 73 民终 324 号民事判决书

[9] 北京市朝阳区人民法院（2016）京 0105 民初 50488 号民事判决书

[10] 上海市浦东新区人民法院（2016）沪 0115 民初 88366 号民事判决书

[11] 上海知识产权法院民事判决书（2015）沪知民终字第 730 号民事判决书

[12] 广州知识产权法院（2017）粤 73 民终 85 号民事判决书

[13] 广东省佛山市中级人民法院（2015）佛中法知民终字第 19 号民事判决书

[14] 广东省佛山市中级人民法院（2015）佛中法知民终字第 159 号民事判决书

[15] 北京市高级人民法院（2013）京民终字第 1221 号民事判决书

[16] 北京市高级人民法院民事判决书（2009）高民终字第 3034 号民事判决书

[17] 广东省广州市天河区人民法院（2017）粤 0106 民初 14587 号民事判决书

［18］广东省高级人民法院（2018）粤民终 137 号民事判决书

［19］北京市一中院（2012）一中民终字第 4035 号民事判决书

［20］北京市一中院（1995）一中知终字第 19 号民事判决书

［21］北京市一中院（2003）一中民初字第 12064 号民事判决书

［22］上海市浦东新区人民法院（2015）浦民三（知）初字第 191 号民事判决书

［23］上海知识产权法院（2017）沪 73 民终 181 号民事判决书

［24］上海知识产权法院（2015）沪知民终字第 730 号民事判决书

［25］北京市高级人民法院（2013）京民终字第 1221 号民事判决书

［26］北京市第一中级人民法院（2008）一中民终字第 6512 号民事判决书

［27］北京市第二中级人民法院（2013）二中民终字第 15446 号民事判决书

［28］广东省佛山市中级人民法院（2015）佛中法知民终字第 159 号民事判决书

［29］北京知识产权法院（2021）京 73 民终 692 号民事判决书

［30］上海知识产权法院（2015）沪知民终字第 730 号民事判决书

［31］广东省佛山市中级人民法院（2015）佛中法知民终字第 159 号民事判决书

［32］广州互联网法院（2022）粤 0192 民初 7419 号民事判决书

［33］北京市高级人民法院（2000）京知初字第 19 号民事判决书

［34］上海知识产权法院（2020）沪 73 民终 30 号民事判决书

［35］上海市高级人民法院（2021）沪民申 805 号民事裁定书

［36］福建省福州市马尾区人民法院（2022）闽 0105 民初 2110 号民事判决书

［37］北京市东城区人民法院（2016）京 0101 民初 11616 号民事判决书

［38］广州互联网法院（2023）粤 0192 民初 3934、3935 号民事判决书

［39］上海知识产权法院（2023）沪 73 民终 181 号民事判决书

［40］安徽省淮南市中级人民法院（2022）皖 04 民初 125 号、（2022）皖 04 民初 129 号民事判决书

［41］上海市浦东新区人民法院（2015）浦民三（知）初字第 529 号民事判决书

［42］福建省高级人民法院（2017）闽民终 303 号民事判决书

［43］最高法院 94 年度台上字第 7127 号刑事判决书

［44］智慧财产法院 98 年度民著诉字第 44 号民事判决书

［45］智慧财产法院 98 年度民著上易字第 3 号民事判决书

［46］安徽省高级人民法院（2010）皖民三终字第 00059 号民事判决书

［47］广东省高级人民法院（2018）粤民终 137 号民事判决书

［48］广州知识产权法院（2015）粤知法著民初字第 16 号民事判决书

［49］北京市高级人民法院（2011）京民终字第 3131 号民事判决书

［50］北京市第二中级人民法院（2008）二中民终字第 02232 号民事判决书

［51］重庆市第一中级人民法院（2021）渝 01 民终 3805 号民事判决书

［52］上海市第一中级人民法院（2011）沪一中民五（知）初字第 127 号民事判决书

［53］北京知识产权法院（2015）京知民终字第 1055 号民事判决书

［54］北京知识产权法院（2019）京 73 民终 2549 号民事判决书

［55］北京互联网法院（2021）京 0491 民初 19062 号民事判决书

［56］北京知识产权法院民事判决书（2021）京 73 民终 4062 号民事判决书

［57］重庆市高级人民法院（2012）渝高法民终字第 00170 号民事判决书

［58］北京市第一中级人民法院（2012）一中民终字第 4035 号民事判决书

［59］北京市第一中级人民法院（1995）一中知终字第 19 号民事判决书

［60］北京市高级人民法院（2014）京民（知）终字第 3451 号民事判决书

［61］北京市第一中级人民法院（2003）一中民初字第 12064 号民事判决书

［62］上海知识产权法院（2020）沪 73 民终 581 号民事判决书

［63］最高人民法院（2010）民三终字第 6 号民事判决书

六、国外案例

［1］Silver Ring Splint Co. v. Digisplint，Inc.，543 F. Supp. 2d 509，517（W. D. Va. 2008）.

［2］Atari，Inc. v. N. Am. Philips Consumer Elecs. Corp.，672 F. 2d 607，614‐15（7th Cir. ），459 U. S. 880（1982）.

［3］Lyons P'ship，L. P. v. Morris Costumes，Inc.，243 F. 3d 789，801（4th Cir. 2001）.

［4］Sid & Marty Krofft Television Prods.，Inc. v. McDonald's Corp.，562 F. 2d 1157（9th Cir. 1977）. Lewinson v. Henry Holt & Co.，659 F. Supp. 2d 547，565（S. D. N. Y. 2009）.

［5］La Resonlana Architects，PA，v. Reno，Inc.，555 F. 3d1171，1180（10th Cir. 2009）.

［6］Dawson v. Hinshaw Music，Inc.，905 F. 2d 731，737（4th Cir. ）.

［7］Gaylord v. United States，595 F. 3d 1364，1373（Fed. Cir. 2010）.

［8］Cariou v. Prince，714 F. 3d 694，708‐711（2d Cir. 2013）.

［9］Polaroid Corp. v. Polarad Elecs. Corp.，287 F. 2d 492，495，128 U. S. P. Q. 411，413（2d Cir. 1961）.

［10］Dr. Seuss Enterprises v. Penguin Books USA，109F. 3d1394，1399（9th Cir. 1997）.

［11］Castle Rock Entm't，Inc. v. Carol Publ'g Grp. Inc.，150 F. 3d 132，141（2d Cir. 1998）.

［12］Ringgoldv BlackEntm't Ielevision，hnc.，126F. 3d70（2d Cir.

1997).

[13] Blake A. Field v. Google，412 F. Supp. 2d 1106，1118 - 1119 (D. Nev. 2006).

[14] Perfect 10 v. Google，508 F. 3d 1146，1168（9th Cir. 2007）.

[15] Authors Guild，Inc. v. Google Inc.，804 F. 3d 202，229 (2dCir. 2015).

[16] Monge v. Maya Magazines，Inc.，688 F. 3d 1164，1174（9th Cir. 2012).

[17] Google LLC vs. Oracle Am.，Inc.，141 S. Ct. 1183（2021）.

[18] Bill Graham Archives v Dorling Kindersley Ltd.，448 F. 3d 605 (2d Cir. 2006).

[19] Sony Computer Entm't，Inc. v. Connectix Corp.，203 F. 3d 596，599（9thCir. 2000）.

[20] DSC Commc'ns Corp. v. DGI Techs.，Inc.，81 F. 3d 597，601 (5th Cir. 1996).

[21] Bateman v. Mnemonics，Inc.，79 F. 3d 1532，1539（1st Cir. 1996）.

[22] Happer& Row v. Nation Enterprises，471 U. S. 539，566 - 568 (1985).

[23] American Geophysical Union v. Texaco，Inc.，802 F. Supp. 1 (S. D. N. Y. 1992).

[24] Kelly v. Arriba Soft Corp.，336 F. 3d 811，821（9th Cir. 2003）.

[25] Davis v. Gap，Inc.，246 F. 3d 152，174（2d Cir. 2001）.

[26] Authors Guild v. Google，Inc.，804 F. 3d 202，221 - 223（2d Cir. 2015).

[27] Warner Bros. Entrn't Inc. v. RDR Books，375 F. Supp. 2d 513，541 - 551（2008）.

[28] Fox News Network，LLC v. Tveyes，Inc.，124 F. Supp. 3d 325（S. D. N. Y. 2015）.

[29] Capitol Records，LLC v. ReDigi Inc.，910 F. 3d 649，661（2d

Cir. 2018).

［30］Matt Hosseinzadeh v. Ethan Klein and Hila Klein, 276 F. Supp. 3d 34（S. D. N. Y. 2017）.

［31］Monster Communs. , Inc. v. Turner Broadcasting Sys. , 7935 F. Supp. 490, 493 – 94（S. D. N. Y. 1996）.

［32］Northland Family Planning Clinic, Inc. v. Center for Bio-Ethical Reform, 868 F. Supp. 2d 962, 983（C. D. Cal. 2012）.

［33］Anne Frank's diary case, Rechtbank Amsterdam, C/13/583257 / HA ZA 15 – 270.

［34］Authors Guild v. Hathi Trust, 755 F. 3d 87（2nd Cir. 2014）.

［35］Fox News Network, LLC v. TVEyes, Inc. 883 F. 3d 169（2d Cir. 2018）.

［36］The Associated Press, v. Meltwater U. S. Holdings, Inc. 931 F. Supp. 2d 537 – 562（2013）.

［37］Society of Composers, Authors and Music Publishers of Canada v. Bell Canada,（2012）SCC 36, paras. 34, 35, 38, 46, 47, 48.

［38］Oellar v. Samueloold wynxne, 104 FZd 661, 662（Zdeir. 1939）.

［39］Gyles v. Wilcox（1740）26 ER 489.

［40］Cary v. Kearsley, 4 Esp. 168（1802）.

［41］Lewis v. Fullarton,（1839）2 Beav. 6; 48 ER 1080.

［42］Roworth v. Wilkes, 1 Camp. 94.

［43］Bramwell v Halcomb（1836）2 My& Cr 737.

［44］Universal City Studios, Inc. v. Sony Corporation of America. 659 F. 2d, 970（1981）.

［45］Sony Corp. of America v. Universal City Studios, Inc. , 464 U. S.（1984）

［46］Basic Books, Inc. v. Kinko's Graphics Corp. , 758 F. Supp. 1522, 1530 – 1531（S. D. N. Y. 1991）.

［47］Twin Peaks Prods. v. Publ'ns Int'l, Ltd. , 996 F. 2d 1366, 1375（2d Cir. 1993）.

［48］Am. Geophysical Union v. Texaco，Inc. 802 F. Supp. 1，12 - 13 (S. D. N. Y. 1992).

［49］Brief for Composers and Songwriters et al. as Amici Curiae Supporting Respondent at 20 - 21，Campbell v. Acuff-Rose Music，Inc. ，510 U. S. 569 (1994) (No. 92 - 1292).

［50］Brief of American Civil Liberties Union as Amicus Curiae in Support of Petitioners at 11 - 12，Campbell v. Acuff-Rose Music，Inc. ，510 U. S. 569 (1994) (No. 92 - 1292).

［51］Leibovitzv Paramount Pictures Corp. ，137F. 3d 109 (2d Cir. 1998).

［52］Suntust Bankv Houghton Miflin Co. ，268 F. 3d 1257 (11th Cir. 2001).

［53］Sketchworks indus. Strength Comedy，inc. v. Jacobs，2022 U. s. Dist. LEXIS 86331 (S. D. N. Y. 2022).

［54］David Adjmi v. DLT Entertainment Ltd. 97 F. Supp. 3d 512 (S. D. N. Y. 2015).

［55］Dr. Seuss Enterprises，L. P. v. Penguin Books USA，Inc. ，109 F. 3d 1394，1401 (9th Cir. 1997).

［56］Ty，Inc. v. Publ'ns Int'l，Ltd. ，333 F. Supp. 2d 705 (N. D. Ill. 2004).

［57］Mattel，Inc. v. Walking Mountain Prods，353 F. 3d 792，802 (9th Cir. 2003).

［58］Airow Productions，ITD. v Weinstein Co. LLC，44 F. Supp. 3d 359 (S. D. N. Y. 2014).

［59］N. Jersey Media Grp. ，Inc. v. Piro，74 F. Supp. 3d 605 (D. D. C. 2014).

［60］Northland Family Planning Clinic，inc. v. Ctr. for Bio-Ethical Reform，868 F. Supp. 2d 962 (c. D. Cal. 2012).

［61］Blanch v. Koons，396 F. Supp. 2d 476 (S. D. N. Y. 2005).

［62］Cariouv. Prince，714 F. 3d 694 (2d Cir. 2013).

［63］ Seltzer v. Green Day，Inc. ，725 F. 3d 1170，1173 - 1174（9th Cir. 2013）.

［64］ Morris v. Young，925 F. Supp. 2d 1078，1086（2013）.

［65］ Andy Warhol Found. for Visual Arts，Inc. v. Goldsmith. ，382 F. Supp. 3d 312，330 - 331（S. D. N. Y. 2019）.

［66］ Andy Warhol Foundation for the Visual Arts，Inc. v. Goldsmith，No. 1：7-cv-02532，11 F. 4th 26（2d Cir. 2021）.

［67］ Andy Warhol Found. for the Visual Arts v. GoldSmith，143 S. Ct. 1258，215 L. Ed. 2d 473（2023）.

［68］ Blake A. Field v. Google，412 F. Supp. 2d 1106，1118 - 1119（D. Nev. 2006）.

［69］ White v. W. Pub'g Corp. ，29 F. Supp. 3d 396（S. D. N. Y，2014）.

［70］ Fox News Network，LLC v. TVEyes，Inc. ，43 F. Supp. 3d 379（S. D. N. Y，2014）.

［71］ A. V. ex rel. Vanderhye v. iParadigms，562 F. 3d 630（4th Cir. 2009）.

［72］ Sega Enters. ，Ltd. v. Accolade，Inc. ，977 F. 2d 1510，1523（9th Cir. 1992）.

［73］ Sony Computer Entm't，Inc. v. Connectix Corp. ，203 F. 3d 596，603（9th Cir. 2000）.

［74］ Blake A. Field v. Google，412 F. Supp. 2d 1106，at. 1118 - 1121（D. Nev，2006）.

［75］ Kelly v. Arriba soft，336 F. 3d，at. 811，816，818 - 819（9th Cir，2003）.

［76］ Blake A. Field v. Google，412 F. Supp. 2d 1121 - 1122（D. Nev，2006）.

［77］ Associated Press v. Meltwater U. S. Holdings，Inc. ，931 F. Supp. 2d 554（fn. 13）（S. D. N. Y. 2013）.

［78］ Princeton Univ. Press v. Michigan Document Services，99 F. 3d 1381，1395（6th Cir. 1996）.

［79］ Bateman v. Mnemonics，Inc.，79 F. 3d 1532，1542 （11th Cir. 1996）.

［80］ Lenz v. Universal Music Corp.，801 F. 3d 1126，1133 - 1134 (9th Cir. 2015).

［81］ Harper & Row Publishers，Inc. v. Nation Enter.，471 U. S. 539，561 (1985).

［82］ Universal City Studios，Inc. v. Corley，273 F. 3d 429，459 （2d Cir. 2001）.

［83］ Harper & Row Publishers，Inc. v. Nation Enters.，471 U. S. 539，566 (1985).

［84］ American Geophysical Union v. Texaco Inc.，60 F. 3d 913，930 (1994).

［85］ Blanch v. Koons，467 F. 3d 244 （2d Cir. 2006）.

［86］ Seltzer v. Green Day，Inc.，et al.，No. 11 - 56573 （9th Cir. 2013）.

［87］ Frank Gaylord v. United States，595 F. 3d 1364，1373 （Fed. Cir. 2010）.

［88］ Rogers v. Koons，960 F. 2d 301，310 （2d Cir. 1992）.

［89］ Hart v. Elec. Arts，Inc.，717 F. 3d 141 （3d Cir. 2013）.

［90］ Graham v. Prince，265 F. Supp. 3d 366 （S. D. N. Y. 2017）.

［91］ Leibovitz v. Paramount Pictures Corp.，137 F. 3d 109 （2d Cir. 1998）.

［92］ Friedman v. Guetta，No. CV 10 - 00014 DDP JCX，2011 WL 3510890，7 （C. D. Cal. 2011）.

［93］ Morris v. Guetta，No. LA CV12 - 00684 JAK （RZx），2013 WL 440127，13 （C. D. Cal. 2013）.

［94］ Educational Testing Serv. v. Stanley H. Kaplan，965 F. Supp. 731，736 （D. Md. 1997）.

［95］ Abilene Music，Inc. v. Sony Music Enter.，Inc.，320 F. Supp. 2d 84，89 - 90 （D. N. Y. 2003）.

［96］Arthur Rutenberg Homes, Inc. v. Maloney, 891 F. Supp. 1560, 1567 (M. D. Fla. 1995).

［97］Knitwaves, Inc. v. Lollytogs Ltd. , Inc. , 71 F. 3d 996, 1002 (2d Cir. 1995).

［98］Novelty Textile Mills, Inc. v. Joan Fabrics Corp. , 558 F. 2d 1090, 1093 (2d Cir. 1977).

［99］Peter Pan Fabrics, Inc. v. Martin Weiner Corp. , 274 F. 2d 487, 489 (2d Cir. 1960).

［100］Horgan v. MacMillan, Inc. , 789 F. 2d 157, 162 (2d Cir. 1986).

［101］Wildlife Express Corp. v. CarolWright Sales, Inc. , 18 F. 3d 502 (7th Cir. 1994).

［102］Boisson v. Banian, Ltd. , 273 F. 3d 262, 271 - 72 (2d Cir. 2001).

［103］Computer Associates Int'l, Inc. v. Altai, Inc. , 982 F. 2d 693, 714 (2d Cir. 1992).

［104］Whelan Associates, Inc. v. Jaslow Dental Lab. , Inc. , 797 F. 2d 1222, 1232 (3d Cir. 1986).

［105］Arnstein v. Porter, 154 F. 2d 464 (2d Cir. 1946).

［106］Ferguson v. Nat'l Broad. Co. , 584 F. 2d 111, 113 (5th Cir. 1978).

［107］Mannion v. Coors Brewing Co. , 377 F. Supp. 2d 444, 458 (S. D. N. Y. 2005).

［108］Sid & Marty Krofft Television Prods. , Inc. v. McDonald's Corp. , 562 F. 2d 1157, 1164 - 65 (9th Cir. 1977).

［109］Seth Swirsky v. Mariah Carey, 376 F. 3d 841, 845 (9th Cir. 2004).

［110］Kline v. 1500 Massachusetts Avenue Apartment Corp. , 439 F. 2d 477 (D. C. Cir. 1970).

图书在版编目（CIP）数据

新技术环境下合理使用制度的困境与出路：以转换性使用的理解与适用为视角 / 袁锋著. --北京：中国人民大学出版社，2025.5. --（知识产权法律与政策前沿问题研究丛书）. --ISBN 978-7-300-33815-6

Ⅰ. D923. 414

中国国家版本馆 CIP 数据核字第 2025WM6094 号

知识产权法律与政策前沿问题研究丛书
主 编 王 迁
新技术环境下合理使用制度的困境与出路
——以转换性使用的理解与适用为视角
袁 锋 著
Xin Jishu Huanjing xia Heli Shiyong Zhidu de Kunjing yu Chulu：Yi Zhuanhuanxing
Shiyong de Lijie yu Shiyong wei Shijiao

出版发行	中国人民大学出版社	
社　　址	北京中关村大街 31 号	**邮政编码** 100080
电　　话	010 - 62511242（总编室）	010 - 62511770（质管部）
	010 - 82501766（邮购部）	010 - 62514148（门市部）
	010 - 62511173（发行公司）	010 - 62515275（盗版举报）
网　　址	http://www.crup.com.cn	
经　　销	新华书店	
印　　刷	唐山玺诚印务有限公司	
开　　本	720 mm×1000 mm　1/16	**版　　次** 2025 年 5 月第 1 版
印　　张	15.75 插页 1	**印　　次** 2025 年 5 月第 1 次印刷
字　　数	238 000	**定　　价** 75.00 元